DENG XIAO PING
AND THE MAKING OF MODERN CHINA

邓小平传

［英］理查德·伊文思◎著
田山◎译

Richard Evans

国际文化出版公司
·北京·

图书在版编目（CIP）数据

邓小平传 /（英）伊文思著；田山译．—北京：国际文化出版公司，2014.1（2025.11 重印）

ISBN 978-7-5125-0644-2

I．①邓… II．①伊…②田… III．①邓小平（1904 ～ 1997）—传记 IV．① A761

中国版本图书馆 CIP 数据核字（2014）第 012807 号

著作权登记号 图字：01-2013-0336

邓小平传

作　　者	[英] 理查德 · 伊文思
译　　者	田　山
责任编辑	李　璞
统筹监制	鲁良洪
策划编辑	杨婷婷
美术编辑	丁鉷煜
印制总监	张震宇
出版发行	国际文化出版公司
经　　销	国文润华文化传媒（北京）有限责任公司
印　　刷	文畅阁印刷有限公司
开　　本	710 毫米 ×1000 毫米　16 开 29 印张　260 千字
版　　次	2014 年 1 月第 1 版 2025 年 11 月第 16 次印刷
书　　号	ISBN 978-7-5125-0644-2
定　　价	70.00 元

国际文化出版公司
北京市朝阳区东土城路乙 9 号　邮编：100013
总编室：（010）64270995　传真：（010）64270995
销售热线：（010）64271187
传真：（010）64271187-800
E-mail：icpc@95777.sina.net

前言

理查德·伊文思先生1928年出生于英国，1952年开始就职于英国外交部门。20世纪50年代中期，他来到中国，担任英国驻华代办处的政治参赞。他到中国后，最先做的几项重要工作之一就是把1956年邓小平在中共八大上所做的《关于修改党章的报告》传递回英国。那时的伊文思先生，对邓小平了解得不多，也不了解共产主义和中国共产党。然而，他却被邓小平的报告所吸引，并对邓小平本人产生了浓厚的兴趣。

在以后的30多年中，一直从事外交工作的伊文思先生，不论在北京，还是在伦敦，不论在日内瓦，还是在巴黎，始终关注着中国，关注着邓小平。1984年至1988年，他担任英国驻华大使，有机会更加深入全面地了解中国。他参与了中英关于香港问题的会谈，为促进中英友好做了许多有益的工作。

伊文思先生花费了多年时间收集资料，研究邓小平本人的经历和他的著作。经过多年的努力，1993年伊文思先生完成了本书（原书名为《邓小平与当代中国》），将他30多年来对中国历史的了解，对中国共产党的了解，尤其是对邓小平本人的了解展示给了广大读者。他站在独特的立场，以平和的眼光看待并展示邓小平不平凡的一生，也带着读者重温20世纪中国的发展历史。

在这部书中，伊文思先生按时间顺序分15章，叙述了1904年至1993年邓小平的主要历史活动，展示了一位“农民的儿子”到国家领导人，再到光荣退休的革命历程。

由于本书作者是国外人士，其立场和观点与国内学术界有不尽一致的地方，个别提法看法有失偏颇片面，仅供参考。另外，由于本书涉及众多的历史事件与人物，时间跨度大，内容上难免有不够准确之处，请读者在阅读时加以鉴别。此次出版中译本，除对第十四、十五章个别地方做了些删节之外，还订正了部分对史实的错误记述。

编者

目录
Contents

邓小平本名叫邓希贤，他年轻时从事革命活动后才改名为邓小平。他 1904 年 8 月 22 日出生于中国西南最大的省——四川省的农村。邓小平的父亲邓文明，是个小地主。母亲淡氏，是邓文明的第二任妻子。邓家居住在距广安县城几里远的牌坊村。广安县位于四川省的东部，这里山川密布，景色秀丽。

邓小平在开始职业革命生涯后不久，就赢得了一个雅号：油印博士。这从许多勤工俭学学生的回忆录中都能看到，但究竟是谁给他起的这个雅号，目前已无从考证了。他之所以被冠以“油印博士”的雅号，主要是因为他非常认真地在蜡版上刻写旅欧共青团支部的半月刊《赤光》上的每一篇文章，并且负责油印工作。他所刻写的这些文章，有很多被保存了下来，上面的字迹一看就知道是邓小平的，同他的个性特点一样，他的字体也保持着清晰、有力的特点。

在邓小平留法的五年间，中国的政治状况也发生了很大的变化。军阀割据愈演愈烈，各地军阀为扩大和占领地盘的争夺蔓延到了除西藏、新疆等边远地区以外的整个国家，大小军阀的数量急剧增加，发展至数以百计。

邓小平回国时，正值国内战乱纷纭，内战打得激烈之时。从这以后4年的大部分时间里，他一直是在随时会有生命危险的环境中度过的，其中相对安全的一段时间是他刚回国时在西安的那4个月，当时，他在冯玉祥的国民军中做政治工作。

长征开始的时候，邓小平仍然担任《红星》报的主编。红军出发时携带了大量装备，其中肯定也包括编印报纸所需的印刷设备。但在11月底，他们横渡广西东北部的湘江时受到三面夹击，红军携带的大部分装备被迫丢掉。尽管如此，6个星期后，当军队在贵州省遵义进行第一次休整时，《红星》报还是出版了一期综合性的特刊。邓小平一定参与了特刊的编纂。另外，他又一次担任了中央委员会秘书长，这是他第二次担任中央秘书长，有很多工作需要他去处理。

邓小平到一二九师时，该师已深入太行山区。太行山位于山西东南部，“山高势险”，“易守难攻”。事实上日本人并没有企图进攻太行山。1937年11月攻占省会太原后，日本人集中设防于从北、南、东通往太原的铁路线。依托山区，刘邓开始建立根据地，并考虑如何处理日军侵略后山西省的形势。

1946 年 7 月至 1947 年 6 月，是全面内战的第一年。八路军和新四军后更名为人民解放军。整个武装力量分成四个野战军，在除满洲之外的全国各个地方展开了防御战。整整一年的时间，刘邓的部队在山东西部，也就是在黄河南岸由东向西的铁路线两侧，同优势的国民党军队作战，他们重创敌军，尽管他们本身的伤亡并不重，但还是做了不少退却，让出不少土地。直到 1948 年春天，邓小平及其部队的处境才开始有了转机。其余的共产党部队的防线进入了黄河与大别山区之间。这时，邓小平才能离开大别山区向豫北进军。5 月，他在那里被任命为党的中原局第一书记和中原野战军的政治委员，仍然同刘伯承并肩作战。

任何年长的中国大陆的作家、艺术家或专业人员，都忘不了 1957 年，这一年发起了百花齐放运动。对中国大陆的知识分子来说，这一年是在怀疑中开始，在希望中度过，但最后却以绝望结束。鼓励百花齐放的正是毛泽东。他当时希望中国经济进步，并且希望中国的党外知识分子能够积极参与经济建设。他认为党需要进行一次新的整风运动。这场运动如果能够鼓励党外人士参与，将会更为有效。

从 1958 年到 1962 年，中国经历了“大跃进”的混乱，以及混乱后灾难性的后果。“大跃进”是在 1957 年 12 月第一个五年计划完成后开始的。“大跃进”的主要口号是“政治挂帅”和“两条腿走路”。“政治挂帅”，表达了毛的一个信念，即精神的或者说非物质的刺激在经济领域同样能产生出在政治运动中那种显著的效果。“两条腿走路”，是指城市的资本密集型的高技术工业部门和农村的劳动密集型的低技术部门（包括工业和农业）共同发展。

1967年1月至8月，刘、邓两人在理论上都还是自由之人。但是，他们只能躲在中南海的围墙之内，甚至即使躲在中南海内也免不掉受到骚扰。1966年12月，刘少奇和他的妻子王光美身边的一些服务人员，在他们家中对他们夫妇举行了一次斗争大会。在街头，红卫兵不断示威声讨他们，官方和红卫兵的报纸更是不停地刊登诋毁他们两人的文章。刘少奇是他们最主要的攻击目标，并被指责为是“中国的赫鲁晓夫”和“中国第一号走资派”。在红卫兵的文章中，把邓小平称作“中国的第二号走资派”。

1976年10月5日，在政治局会议上，大家做出最后的决定，逮捕“四人帮”。“四人帮”以及其他不知情的委员都未参加。10月6日傍晚，当张春桥、王洪文和姚文元走进中南海准备参加华国锋召开的一次会议时，被汪东兴指挥的部队逮捕。大约在同一时候，毛远新和江青也分别在他们的住处遭到逮捕。据说，江青被带走的时候，还对着逮捕她的人大声怒骂。

逮捕“四人帮”的第二天，中共中央政治局选举华国锋为中共中央主席、中共中央军委主席，从而更巩固了他的总理职位。但是，逮捕“四人帮”的消息并没有向外界透露，华国锋、叶剑英和汪东兴三位策划者希望这一行动能够继续保密，以便解除地方上“四人帮”余党的武装。“四人帮”在被逮捕前，已将重型武器分发给了上海和其他一些地方的民兵武装，王洪文还在中南海设立了特别指挥中心，命令各地的民兵随时准备采取武装行动。

在20世纪80年代，中国乃至整个国际社会都一致认定，邓小平是中国的国家领导人。然而，这个地位与他所担任的职务并不相称。他不是党的主席或总书记，也不是政府首脑，更没有像刘少奇一样担任国家主席，他的地位来自他的权威，而这种权威源于他过去的经历、领导才能以及随着时间的推移他作为一名决策者、发言人和设计师所取得的成就。

1989年春天，席卷中国大陆各大城市——不仅只有北京而已——并因而动摇全国基础的一项大运动发生了。导致1989年学生运动的一项事件，是事先不可能预料到的：胡耀邦在4月初参加政治局的一项会议时，突然心脏病发作，一个星期后，在4月15日，胡耀邦去世了。到了4月15日傍晚，北大学生已经在校园的树上挂上白色花环，并在墙上贴上大字报。第二天，其他大专院校也群起效法。4月17日星期一，几百名学生从北京西北郊区的大学区游行前往天安门广场，并在人民英雄纪念碑下面拉开悼念胡耀邦的挽联。

邓小平说他的身体仍旧很好。应该说，没有任何理由怀疑这一事实。但是，看上去他忽然间显得老了许多。就身体状况来说，他选择这个时候退休是正确的。退休后他是如何打发时间的呢？大部分时间他是和孩子们在一起。他的孩子们大多也是中年人了。他似乎与小女儿邓榕的关系最亲近。1992年10月，在第十四次党代会上扶着他走进会场的就是她。邓小平继续打桥牌，还是与他的老牌友一起，包括万里和杨尚昆等人。他偶尔也接见外国来访者。1989年秋，他会见了基辛格和朝鲜的金日成。

第一章

耕农的儿子

（1904—1920）

邓小平本名叫邓希贤，他年轻时从事革命活动后才改名为邓小平。他 1904 年 8 月 22 日出生于中国西南最大的省——四川省的农村。邓小平的父亲邓文明，是个小地主。母亲淡氏，是邓文明的第二任妻子。邓家居住在距广安县城几里远的牌坊村。广安县位于四川省的东部，这里山川密布，景色秀丽。

20 世纪 70 年代的广安县城。

邓小平本名叫邓希贤，他年轻时从事革命活动后才改名为邓小平。他 1904 年 8 月 22 日出生于中国西南最大的省——四川省的农村，农历是七月十二日。邓小平从小到青年时期一直使用农历的出生日期。他于 20 世纪 20 年代赴法勤工俭学时，所登记的出生日期就是七月十二日。

邓小平的父亲邓文明，是个小地主。母亲淡氏，是邓文明的第二任妻子。邓家居住在距广安县城几里远的牌坊村。广安县位于四川省的东部，这里山川密布，景色秀丽。邓文明拥有大约 10 公顷田，好的年份，一年可以收获 10 吨谷物。广安县地域广大，有数千户居民，但它不是四川的繁华地区。四川的大动脉长江，从西南部流向东北部，贯穿全省，沿途有不少支流汇入。广安县城坐落在长江的支流嘉陵江边，但距长江河谷还有很长的距离。广安距省会成都有 600 多里，要绕过几座绵亘的山脉才能到达成都。重庆是距广安最近的大城市，但离广安也有 300 多里。

邓家的祖先是从华南移居四川的，时间至少是在邓小平出生的两百年以前。如果再往前追溯，邓家的祖先最早是从中原迁往华南的客家人。客家人是汉族的一部分，原居住在中原，后来迁移到南方。但在这之前的几个世纪里，他们的情况并不为人们所知，颇具神秘色彩。客家人所讲的方言和沿袭下来的很多风俗习惯，与中国南方当地的其他汉族人或其他民族的人都不同。不过，邓家可能早在迁入四川前，就已经放弃了客家话和客家的生活方式，尤其是到了 18 世纪初，就更可以肯定这一点，因为在那个时候，邓家出了一位名人，在朝廷做了大官。此人名叫邓时敏，在乾隆时期当过翰林、大理寺正卿。1774 年，邓时敏告老还乡。在他去世后不久，人们为了纪念他，在村口建起了一座牌坊，上面刻着皇帝御笔亲题的字，从此，这个村子就改叫牌坊村了。“文化大革命”期间，这成为当时失势的邓小平的一条罪状，牌坊村改名为反修生产队，牌坊也被捣毁。虽然后来村子又改回牌坊村的原名，但牌坊却一直没有重建。

邓小平的父亲邓文明的画像。

邓文明精力充沛，开明乐观，热心地方公益。在邓小平离开家以后的一段时间里，邓文明一度曾成为广安及周边地区颇有影响的人物。他指挥过数百人的民军，当过广安县的警卫总办（又称团练局长）。牌坊村一些还记得邓文明的老人曾对外国游客介绍说，邓文明平易近人，乐于同人交往，能够和各个阶层的人打成一片，在调解地方争端时能够秉公处理。在家里，他严厉而又温厚，对子女的要求极为严格，但当孩子们犯错误时，他也能倾听他们的辩解。他生前没有留下任何照片，但人们还记得，他在中年时就已经谢顶，蓄着胡子。邓小平倒一直没有谢顶，但他在性格和气质上则继承了父亲的大部分优点：自信、有抱负、处事果断。

邓小平的母亲淡氏却并不引人注目。邓文明在确定他的第一任妻子张氏无法生育后，才娶了淡氏。淡氏娘家的家境很好，她嫁到邓家时的嫁妆是一张雕刻精美的大红木床，这样的嫁妆，贫苦人家是负担不起的。邓小平就出生在这张床上。20 世纪 80 年代，在邓文明的旧居里还能看到这张床。淡氏为邓文明生了四个子女[①]：一女三男，邓小平排行老二，却是三个男孩中最大的，是家里的长子。后来，或许是在邓小平 1920 年出国之前，淡氏变得体弱多病，并于 20 世纪 20 年代末期死于肺结核。没有人写过或讲到过她和子女之间的关系，因此很难推断她对子女们有什么样的影响，也无从判断她和子女们关系的亲密程度和子女们对她有多大的依恋。

邓文明后来又结过两次婚。他的第三个妻子姓萧，为他生了一个儿子（四子）。第四个妻子夏伯根是嘉陵江船工的女儿。夏氏只比邓小平大一岁[②]，她为邓

邓小平的母亲淡氏的画像。

①据《邓小平年谱（1904—1974）》（上）第一页记载：邓绍昌（邓文明）和淡氏生育五个子女：长女邓先烈，长子邓先圣（邓小平），次子邓先修（邓垦），三子邓先治（邓蜀平），次女邓先珍（十岁时夭折）。——译注

②夏伯根比邓小平大五岁。——译注

邓小平与妹妹邓先芙。

文明生了一个女儿。夏氏先前嫁过人，改嫁邓文明时，带了一个女儿过门。因此，邓小平共有一个姐姐、两个弟弟、一个同父异母的弟弟、两个同父异母的妹妹，以及一个异父异母的妹妹。由于他16岁时就离开家乡，而且后来再也没有回去过，所以他直到40多岁，才见到这几个同父异母或异父异母的弟妹。至于中间一个同父异母的妹妹，他更是从来没有见过面，因为在1949年邓小平作为共产党部队的政委返回四川前夕，她就去世了。

在中国，父母在给孩子取名字时，都会从大量的字、词中选择一两个字，以表达他们对孩子的愿望或期望（在邓小平出生的那个时候，往往表达的只是父亲的愿望或期望），或者是为孩子的出生讨个吉利。邓文明为他的长子取名为“希贤”，这两个字的意思是“渴望”和“善良”，寓示有才智。邓文明还给他取了一个表示他在家族中的辈分的名字，即先圣。他的姐姐已取名先烈，邓文明随后为接下来出生的子女们都取了以“先”字开头的名字。邓文明的第三个和第四个妻子所生的孩子们也都终生使用这样按辈分指定的名字。所不同的是，邓小平和他的两个同父母的弟弟并没有坚持用父亲给他们取好的名字，他们后来都改了名。

邓小平故居正堂屋。

邓小平出生和长大的那座房子20世纪80年代时还在，不过已经被当地干部进行过较大的修缮，他们想把它改为博物馆。无论是过去还是现在，那座看起来极其普通的房子都算得上宽敞，整座房子共有22个房间，房间与房间之间用高高的木梁作为横楣隔开。后来拆掉了一左一右两个厢房中的右厢房，房间就没有先前那么多了。院子里铺着石块，但房顶在邓小平童年时代却是铺的茅草，窗户也是纸糊的长条格子窗。有些房间的地面是硬泥地。当时没有自来水，可以确定，邓小平吃得不错，冬天能睡在温暖的被窝里。但邓小平的房间里并没有挂什么字画，也没摆设贵重的家具。

邓文明属于中国传统的统治阶层——读书人中的最底层。他的地位不是继承来的，也不是靠财富获得的，而是靠他所受的教育得来的。跟他的祖先邓时敏一样，邓文明读过几年私塾，学过文言文和中国古代的文史哲。但与他的先辈不同的是，他没有参加过科举考试。邓文明可能在重庆的一所现代法政学校学习过一两年。邓文明所交往的都是些地方官员和当地有地位的头面人物。所以，他享有一些特权，诸如，可以免除一些义务和劳务，一旦犯法，也不必受肉体上的刑罚等。

邓文明算得上当地的知名人物，他也是个很传统的人。哥老会是中国最古老的民间帮会组织之一，它的势力在四川最强盛。邓文明就参加了哥老会的协兴乡分会，后来还当上了它的首领。他笃信佛教，经常去庙里拜佛。1938年[1]的一天，他在拜佛后回家的路上，被土匪或仇敌暗杀。他同邓小平的母亲结婚时，第一个妻子还活着[2]，而且仍然生活在他的家里，这是当时中国社会很传统的做法。

[1] 应为1936年。——译注

[2] 邓文明同邓小平的母亲淡氏结婚时，第一个妻子已经去世。——译注

但在教育上，邓文明却很开明，能跟得上时代的步伐。虽然邓小平的启蒙教育是在旧式的私塾完成的，但在念了两年私塾后，邓小平6岁时就进入协兴乡的初级小学堂读书。在读了五年小学后，他考入广安县的中学，成为寄宿生，每周回家一次。因此，邓小平从早年就开始学习一些现代学科，如算术、自然科学和地理，而且他所学的国文是白话文，而不是古时学者所使

协兴乡初级小学堂旧址。1910—1915年，邓小平在这里读初小。据邓小平的同乡胡伦后来写的参加革命前的个人简历说，这所学校是1908年由协兴乡人胡光白（留日学生，革命党人）和邓文明等创办的。

用的文言文。

邓小平早年的求学经历并没有文字记载。与毛泽东、周恩来不同，邓小平从未向外国人谈起过他求学的情形。不过，关于他早年的学习情况，还是有一些趣闻逸事流传下来。20 世纪 80 年代，牌坊村的老人们，包括邓小平的舅父淡以兴，曾对外国来访者说过，邓小平儿时活泼、聪明，喜欢和同学们玩耍，不管学什么，都是一学就会。有位老人说，他读书只要读三遍就能记住并背诵出来。晚年，邓小平的桥牌搭档和亲密的政治伙伴万里曾向一位外国人透露，邓小平对牌的记忆力惊人的好，这就使他比技术水平相当的选手略胜一筹。牌坊村的老人们还回忆说，邓小平小时候是个有主见的孩子，即使有些事情是违反传统的，做了会受到惩罚，他还是无所畏惧，照样去做。

按照当时新的教育制度，在十八九岁之前邓小平应该一直在中学学习，然后，如果他学得好，而且他本人和他父亲都愿意，他就可以到一所设在成都或重庆的高等学校继续学习。但在 1918 年的某个时候或 1919 年年初，邓小平才只有 14 岁时，邓文明从重庆给儿子写信说，他看到报纸上有一则广告，内容是重庆即将开设一所留法勤工俭学预备学校，培训年轻男子（或许也有年轻女子）准备到法国“勤工俭学”。他问邓小平是否想到这所学校学习。邓文明还给他的

1919 年，位于夫子祠的重庆留法预备学校旧址。

远房表弟邓绍圣写了一封内容大致相同的信，邓绍圣只比邓小平年长三岁。他们两人收到信后都没有马上答复，但也没有拖延太长时间。1919 年夏末或初秋，他们离开牌坊村，进了重庆的这所留法预备学校。

从表面上看，邓文明当时的举动令人难以理解。邓小平还是个孩子，他还从未离开过广安，对广安这个小天地之外的世界没有任何生活经验，他的这位远房叔叔邓绍圣的情况比他强不了多少。他们的教养和所受的教育都不足以使他们能够应付遥远的外国的不稳定的生活。此外，邓文明一定已经意识到，送他的长子到法国去读书，其结果意味着他们的家庭将失去这个儿子。如果邓小平怀揣着工科毕业证书回国，他一定不会想当农民，而且他也不可能在并没有什么工业的四川工作。

由此可以推测，邓文明很可能是受了某个热衷于推动留学运动的人，甚至可能是某个外国人的影响。或者是他和儿子关系不好，认为儿子很任性，才想要把他送出国去。然而几种可能性都没有任何根据，而且当时的实际情况也与这几种推测不符。

留法预备学校的创始人吴玉章。

重庆留法预备学校的创始人吴玉章，原是成都的一名教师。邓文明应该没有见过他。20 世纪 20 年代以热心支持四川学子出国留学闻名的杨森，虽然是广安人，并且跟邓文明是同时代的人，但在邓小平成长的过程中，他并不在广安。当时，广安有一个法国传教士，但邓文明是个虔诚的佛教徒，不可能和法国传教士有什么来往。至于邓家父子之间的关系，据牌坊村的老人们讲，两人犹如同辈朋友般亲近。因此，对邓文明送儿子去法国这一举动，可以简单地理解为，一位做父亲的政治野心、爱国心以及他对整个世界形势的判断和了解。

毫无疑问，邓文明对国家政治很关注，也很感兴趣，他所参加的哥老会当时正参与四川的保路运动。他让他的儿子和远房弟弟到法国去的行为就是关心政治的体现。对他来说，要了解四川和整个国家所发生的事情并不难。20 世纪初，中国的大多数城镇都有了电报局，当时还有很多种地方报纸和杂志普遍发行。据村中的父老相传，邓小平经常到茶馆喝茶，有时还会在茶馆里待一整天，而茶馆正是交流地方和国家各种消息、新闻的中心。

即使邓文明在家里很少谈论政治，邓小平在 1918 年进入广安中学的时候，自己一定也能了解到一些政治情势。当时，中学都普遍订阅报纸，一些中学生还把领导和组织激进的爱国主义的示威游行当作时尚。根据邓小平的官方传记记载，1919 年，邓小平参加了学生抵制日货活动。因为不久前在凡尔赛会议上，西方列强不顾中国也是协约国成员这一事实，将德国在山东享受的特权转让给了日本，从而引起了中国人民的强烈抗议。

在邓小平的童年时代，最重大的政治事件是 1911—1912 年的辛亥革命。这次革命推翻了几千年来陈旧的帝制和自 1644 年以来一直占据皇位的清王朝。清王朝最初严禁外国军事、贸易和文化侵入中国，这是导致这一传统帝国失败的最根本原因。清王朝在几代皇帝的统治下，曾相继尝试过三种政策：闭关自守；“自强”，即吸取外国的技术、军事和工业，但不接受外国思想；对趋于衰落的君主制度进行改良。但这些政策都失败了，最终导致了一场革命运动的到来。

辛亥革命时期的孙中山。

这场革命运动的领导者叫孙逸仙，他 1865 年出生于广东一个贫穷的农民家庭。他在夏威夷接受教育，后到香港学医。19 世纪 80 年代中期，他成为一名职业革命家，致力于中国政治和社会秩序的彻底改革。从 1905 年开始，他成为所有立宪共和主义者、无政府主义者和一小部分马克思主义者公认的领导人。这些人都有同孙逸仙一样的目的，并准备通过武力去实现它。他们一起工作，但关系并不总是那么融洽。同盟会这个秘密组织的主要基地在日本，其国外成员多于国内成员。

从 1905 年到 1911 年，同盟会试图在中国内地建立自己的基地，它有时在港口城市活动，有时又在开放的农村开展活动，但都没能成功。这个组织的人力、物力和武器的来源都很匮乏。其计划一般说来也比较粗劣，它总是寄希望于同盟者的合作，如秘密会社的支持，而这些会社更注重自我保护，不会大胆地采取行动。但是，同盟会从未放弃过它的理想。1911 年秋，同盟会制订了计划，策动长江中游武昌的驻军起来暴动。

如果计划制订得比较周密，或许就不会有后来的革命了。在计划实施时，突然发生的偶然事件，使它的行动受到干扰。一群革命党人令人意外地在位于长江北岸汉口的俄租界内引爆了一颗巨大的自制炸弹。这次爆炸使得中国的城市警察迅速进入这个爆炸区，通常情况下他们是不能进入租界的。在那里，警察逮捕并处决了三个革命党人，还发现了混在当地军队中的同盟会成员的名单。在这危急关头，一群革命党军官加紧鼓动武昌驻军暴动，让他们同保皇党军队进行战斗。结果保皇党军队失败，被迫撤回。当政府还在考虑下一步的对策时，中国其他几个地区的驻军又突然爆发了暴动。

第一次暴动发生时，正在美国的孙逸仙返回了祖国。1912 年 1 月 1 日，他在南京被来自 16 个省的议

大军阀袁世凯。

会代表推选为共和国临时大总统。当年仅6岁的皇帝的母亲宣布她的儿子将在五个星期之后退位的时候，本应由孙逸仙任总统，然而他缺乏军队的支持。太后在最后的诏书中邀请袁世凯，一个为王朝训练现代化军队并因此联络了大多数省份的指挥官的职业军人，组建了共和政府，于是僵局出现了。孙性格软弱，很容易妥协。或许他真的对袁充满希望，以为袁会接受民主共和的方式，因此他决定支持袁并催促国务院选举袁当总统。孙没有在袁随后组建的政府中任职，只是被保留了党的领导人职务。1912年8月，同盟会与四个较小的组织共同组建了国民党，孙当选为主要领导人。

在此后的八年里，全国陷入长期的混乱之中，各省军阀割据、中央政府软弱无力，政治和社会管理混乱不堪。人们很快便认清了袁世凯的本来面目，他不是民主主义者。当国民党在新的国民议会两院选举中取得胜利时，袁拒绝对政府进行改组，并谋杀了当时国民党内最有名望的年轻领导人宋教仁。他继续破坏共和制，煽动复辟帝制，要人们拥立他当皇帝，但最终他遭到了可耻的失败。失败不是因为多数残存的君主主义者把他看作非皇帝的嫡系，而是因为复辟的行为引起了许多省的战乱，由此导致了中国20世纪最为有害的格局出现：地方势力或军阀割据，中央政府崩溃。

邓小平进入重庆留法预备学校所参加的运动名称叫“勤工俭学”运动，这一运动的发起人是李石曾。李是中国知名的爱国人士，信仰无政府主义，推崇法国文明。他长期致力于推动中法两国之间建立较为密切的联系，并设法使中国工人与学生都能在法国享受工作与教育的好处。他家境富裕，早年曾在法国的中学学习，后来又在巴黎的巴斯德学院深造。

李石曾从1908年起就开始筹划“勤工俭学”的实验。他在巴黎郊外创办了一家豆腐加工厂，并在工厂向来自他家乡的工人传授中文、法文、基础科学和良好的社会行为规范。按照无政府主义者的原则，他主张对学生们严格管理，并制定了最严格的道德规范。他禁止学生喝酒、吸烟和赌博，鼓励他们努力学习。他的这个尝试没有维持多久。豆腐加工厂因为不赚钱而倒闭，他只好把参加这项实验计划的学生送回国。

筹划“勤工俭学”实验的李石曾。

但李石曾并没有灰心，紧接着他又策划了一项更新、更大胆的计划。在第一次世界大战之前的几年里，他共安排了130名中国男女学生在巴黎、蒙达吉斯和枫丹白露的中学里学习。第一次世界大战期间，他创建了一个学会。这个学会的目的是向在法国工厂里的中国工人提供基础教育，同时向他们宣扬无政府主义思想。学会在巴黎开办了一所学校，一些中国工人在辛苦工作之余，还抽空前往这所学校学习。

1916年，当时仍在法国的李石曾又推出了一个新的计划：招收一大批受过教育的中国青年到法国，边工作边学习。他热切地希望那些受过良好教育的中国知识分子克服轻视体力劳动的不正确思想，学会对中国的现代化有用的技能，同时让他们教导当时在法国的3万名中国工人。他创办了“华法教育会”，希望“发展中法两国联系，尤其是在法国的科学与精神教育帮助下，改进中国的道德、学术与经济生活”。他劝说中国的朋友们和具有善意的人们在中国开设华法教育会分会，并设立学校，招考学生，为到法国生活和工作准备经验。

由于当时中国的政治状况很糟，同时也由于第一代接受新式教育的中学毕业生找工作困难，所以一大批中国青年被李的计划所吸引。1919年3月至1920年12月期间，有将近1600名学生，其中约30名是女生，乘船前往法国。像邓小平这样还不到20岁的学生不多，30多岁甚至40多岁的更少，大多数是20岁出头的年轻学生。他们大部分来自四川省和毛泽东所在的湖南省。有些是大学毕业生，但绝大多数连中学都没有毕业。他们来自社会的中层，大多是小地主、小商人或知识分子的子女。即使轮船公司提供一百银元的优惠票，大部分家庭还是负担不起从中国到法国的船票。有时商会会借钱给他们买船票，如果他们手头不方便，商会还能延长贷款的期限。

从一些回忆录和相关的记载来看，大多数勤工俭学的学生动身赴法时是乐观的。他们确信虽然到法国后必须辛苦工作，但最终会获得先进的专业知识和工业技能。有人还希望了解法国如何成为并保持民主共和制的成功秘诀。1920年6月，周恩来（他和邓小平后来成为最知名的勤工俭学学生）在赴法前的五个月，写了一首诗，诗中称法国是“自由的故乡”，并期待有一天能够在中国“扯开自由旗”。在法国方面，同样对这些中国学生抱有很高的期望。曾经有很长一段时间，法国的政治家和教育家们担心英美文化对中国的影响太大、太过迅速，尤其是通过基督教教会所创办的中学和大学，对中国的影响力更是惊人。所以他们非常欢迎中国的这个勤工俭学运动，认为这是让中国人了解和敬仰法国文化的最佳方式。他们中有些人同年轻的中国人一样浪漫，断言这项运动会带来两种文化的交融。一位热心者写道，中国人是“遥远东方的法国人”。因为他们是哲学家、诗人和艺术家。

在法国勤工俭学时的周恩来。

在重庆留法预备学校，必修的基础课程是法语、中文和基本工业技术。邓小平在班级里表现如何，不得而知，不过他的一个同学在60多年后写道，他当时学习“非常勤奋”。从法国外交部的档案文件里，我们还可以了解到更多的情况。文件记载，邓小平曾经表示，他到法国后希望到冶金厂工作。文件里也指出，他得到了法国学校的入学许可，并且通过了成都法国领事馆所举行的法文考试。

从重庆留法预备学校毕业后，邓小平回广安住了一段时间，一方面为旅法准备行装，一方面向家人道别。离别是痛苦的。但如果他和他的父母当时就知道，此次一别，他们注定永远不会再相见，那么这次离别会更加令他们伤心。

1920 年 9 月，邓小平和他的叔叔邓绍圣以及其他近 100 名同学，乘轮船从重庆启程，踏上了旅法的第一段旅程，同时也步入了他的革命生涯。

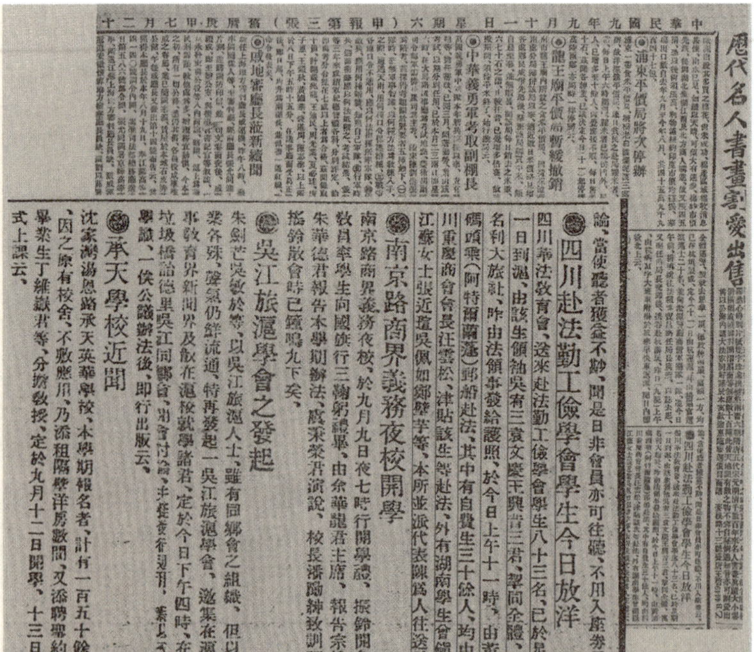
中華民國九年九月十一日 星期六 (申報)(第三張) 舊曆庚申年七月二十

論、當使聽者獲益不尠、聞是日非會員亦可往聽、不用入座券云、

四川赴法勤工儉學會學生今日放洋

四川華法教育會、送來赴法勤工儉學會學生八十三名、已於星期一日到滬、由該生領袖吳宥三袁文慶王興㠯三君、帶同全體、寓名利大旅社、昨由法領事發給護照、於今日上午十一時、由黃浦碼頭乘(阿特爾蘭蓬)郵船赴法、其中有自費生三十餘人、均由四川重慶商會會長汪雲松、津貼該生等赴法、外有湖南學生會鎭嶽、江蘇女士張近瑄吳佩如鄭璧芓等、本所並派代表陳爲人往送云、

南京路商界義務夜校開學

南京路商界義務夜校、於九月九日夜七時行開學禮、振鈴開會、教員率學生向國旗行三鞠躬禮畢、由余華龍君主席、報告宗旨、朱華德君報告本學期辦法、戚秉棨君演說、校長潘踰紳致訓詞、搖鈴散會時已鐘鳴九下矣、

吳江旅滬學會之發起

朱劍芒吳敏於等、以吳江旅滬人士、雖有同鄉會之組織、但以職業各殊、聲氣仍鮮流通、特再發起一吳江旅滬學會、邀集在滬任事教育界新聞界及肄在滬校就學諸君、定於今日下午四時、在老垃圾橋詒德里吳江同鄉會、開會討論、[illegible]擧議、一俟公議辦法後、即行出版云、

承天學校近聞

沈家灣湯恩路承天英華學校、本學期報名者、計有一百五十餘人、因之原有校舍、不敷應用、乃添租隔壁洋房數間、又添聘單約翰暨桊生丁維嶽君等、分擔教授、定於九月十二日開學、十三日正式上課云、

1920 年 9 月 11 日《申报》登载的邓小平（邓希贤）等赴法的消息。

第二章

油印博士

（1920—1926）

邓小平在开始职业革命生涯后不久，就赢得了一个雅号：油印博士。这从许多勤工俭学学生的回忆录中都能看到，但究竟是谁给他起的这个雅号，目前已无从考证了。他之所以被冠以"油印博士"的雅号，主要是因为他非常认真地在蜡版上刻写旅欧共青团支部的半月刊《赤光》上的每一篇文章，并且负责油印工作。他所刻写的这些文章，有很多被保存了下来，上面的字迹一看就知道是邓小平的，同他的个性特点一样，他的字体也保持着清晰、有力的特点。

邓小平赴法乘坐的“盎特莱蓬”号邮船。

1920年9月11日，邓小平和邓绍圣以及其他近200名勤工俭学学生——他们当中大约有一半人来自四川，从上海乘坐“盎特莱蓬”号邮船赴法。他们乘坐的是价位最低的四等舱，没有自己的客舱，也不能到餐厅吃饭。他们只能睡在甲板上或者通风条件很差的货舱里，而且要自己找地方准备一日三餐。从几位勤工俭学学生的回忆录中可以看出，他们这次航行吃尽了苦头，有很多人晕船，还有很多人开始想家，以至于还没有到马赛，很多人就已经在自问：这辈子是否还能回到祖国？

巴耶中学旧址。1920年10月至1921年3月，邓小平在这里求学。

邓和他的同伴们于10月19日抵达马赛，随即前往巴黎。华法教育会的官员把这些来自重庆留法预备学校的学生每20人左右分为一组，并按组把他们分送到一些省的中学就读。邓小平和他的叔叔邓绍圣被分在同一个组，他们被送往诺曼底的巴耶中学。

在巴耶中学，这些年轻的中国学生被编在一个特殊的班里，重新开始中断了的法语学习。按照原订的计划，他们要继续学习法语，直到他们的法语达到一定程度后，才能开始学习正常的中学课程。在这个阶段，他们当中的一些人可能转到别的学校学习，还有一些人则选择到工厂做工，为的是能学到一些基本的工业技能，同时也是为了多挣些钱，用作日后进一步学习深造的费用。其中后一种学生都是家境比较贫困的勤工俭学学生，他们到达法国后没有多余的钱可以存在华法教育会，家里也没有钱接济他们。

更大的麻烦还在后面。1921 年 1 月，华法教育会发出通告，说该会的经费已经用完，只有那些能自己支付费用的学生才能继续留在学校就读。引发这一危机的根本原因在于华法教育会管理不善。当初，教育会容许来法国的勤工俭学的学生众多，但它没能开辟新的财源来满足日益增加的开销。其实，这个危机是可以避免的。如果李石曾（此时他已回国）和发起留法勤工俭学活动的其他负责人能够积极地去募捐，结果也许不会这么糟。然而他们没有这样做。在整个 1920 年，他们对这项运动逐渐失去兴趣，部分原因可能是这件事管理起来太麻烦，但主要的原因还是他们认为，要加强中法文化联系，把法国有用的知识引入中国，有个更好的办法，那就是按照法国的办学模式在中法两国设立高等教育机构。这个设想最吸引人的地方在于，能得到法国政府的资金支持，这笔资金法国政府可以从1901年的庚子赔款中调拨。很显然，这一点是勤工俭学运动无法做到的。

这些远离祖国的勤工俭学学生并不了解这场危机是怎么发生的。所以当北京大学校长蔡元培以华法教育会会长的身份在巴黎宣布，该会有更重要的事情需要去做，再也无法照顾他们，他们必须自谋生路的时候，这些留法学生感到十分震惊。

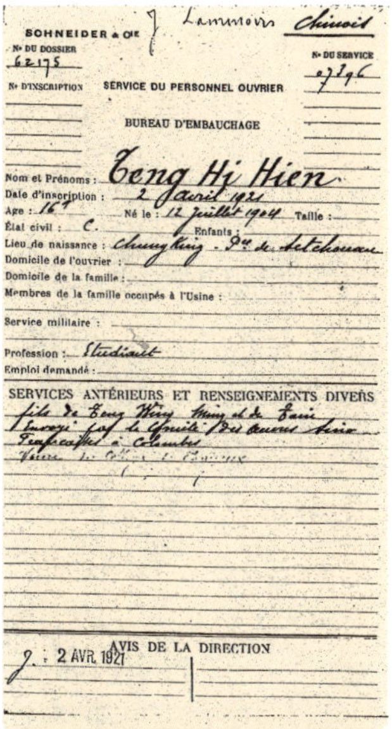

邓小平（邓希贤）在施奈德工厂的档案卡。工厂档案编码62175，工人号码07396，注册日期为“1921年4月2日”，年龄“16岁”，“来自巴耶中学”。

对邓小平来说，这场危机导致的直接结果是，他所在的巴耶中学那个特殊班被撤销了。当时，他家里还给他寄钱，按理说，他可以请求华法教育会为他另找一所学校。但他并没有这样做，而是到了克鲁梭的施奈德钢铁厂做工，他这样做或许是自己的选择，或许是接受了其他人的劝说。克鲁梭位于巴黎和里昂之间。在施奈德钢铁厂，当时已经有几十名勤工俭学学生和约一千名普通的中国工人在做工了。

邓小平在巴耶中学的这段时间，是他在法国五年间唯一的一段较为舒适和安定的时期。除此之外，他都是住在工厂的宿舍或者廉价的旅馆里，他所做的工作也都是临时性的、没有技术的散工。他的第一份工作是最糟糕的。据他的官方传记的说法，他在施奈德工作时是做“杂工”。这个工厂的记录表明，他实际上是在该厂的轧钢车间当一名轧钢工。在那里，他和其他学徒工及不须熟练技能的工人一起做工。他们的工作是通过传送带，把沉重而炽热的钢板运到车间的另一处。他的雇用登记卡片上注明，他的日工资是6.6法郎，比学徒工的薪酬还低。而且他一个星期要工作50个小时，甚至更长。恶劣的工作条件，加之当时只有16岁，仅仅干了三个星期，他便感到体力不支，无法承受，所以他宁愿失业前往巴黎，也不愿再干下去了。

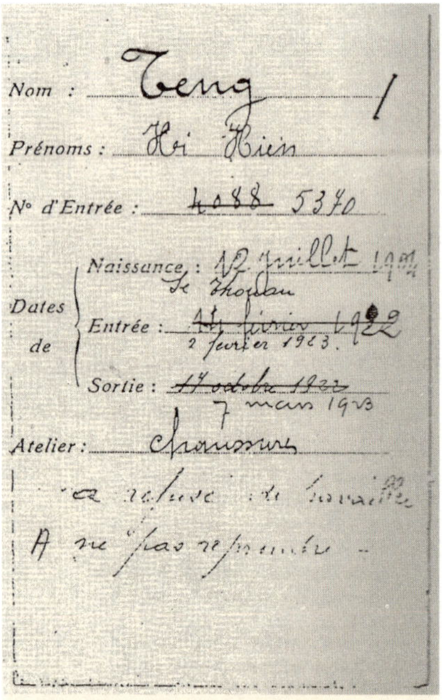
Nom : Teng
Prénoms : Hi Hien
N° d'Entrée :
Dates de
Naissance :
Entrée : 2 février 1923
Sortie :
Atelier : Chaussures

邓小平（邓希贤）在哈金森橡胶厂的档案卡。工号为5370，上面有人事部的附注：辞职不干，不再雇用。

后来，邓小平到一家生产橡胶轮胎和雨鞋的工厂工作。他的工作是把鞋子的各个部分黏合起来。他还做过机车的司炉工，在餐馆打过工。在离开法国之前，他是在位于巴黎郊区比扬古尔的雷诺汽车厂做工。在法国，邓小平做过许多临时性工作。有两个星期，他和他的同学在巴黎城中找到一种扎花的工作。他们用薄纱和绸子做花，做成的花要贴上“战争遗孀和孤儿所做”的标签。邓小平当初到法国的目的是想学习一些有用的工业技术，但事实上，他并没有学到任何技术。他的官方传记说，他在雷诺汽车厂是做钳工。而这家工厂的档案证明，他是个没有技术的工人。邓小平留法期间，只有在橡胶工厂期间，他挣够了继续上学所需要的钱。不过这也只够支付中学三个月的费用，1922年年底至1923年年初，他在塞纳－夏狄戎中学待了三个月。

邓小平就是在这种贫困和不安定的环境下投身政治活动的。他的官方传记对他的这个转变过程做了这样的描述：

> 法国的经济十分萧条，就业格外困难。中国人即使是到那些较好的大工厂去的，工资也只有普通法国工人的一半。邓小平家中已无力寄钱给他，他只能艰难度日。冷酷的现实，使邓小平原来出国留学时的理想化为泡影。
>
> 但是，一种新的革命思想强烈地吸引了这个年轻人。当时的法国，在俄国十月社会主义革命的影响下，工人运动蓬勃发展，马克思主义和其他各种社会主义思潮广为流行，一批先进的中国留学生先后接受了马克思主义而走上革命的道路。在较年长的赵世炎、周恩来等人的影响下，邓小平积极学习马克思主义，进行各种政治宣传活动。

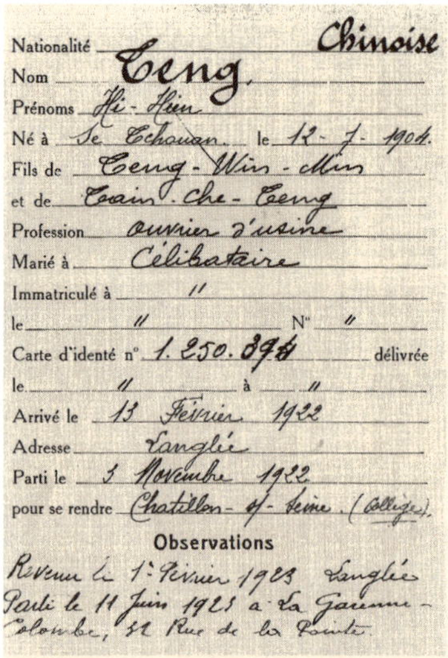
Nationalité Chinoise
Nom Teng.
Prénoms Hi-Hien
Né à Se Tchouan. le 12-7-1904.
Fils de Teng-Win-Min
et de Tsain. Che-Teng
Profession ouvrier d'usine
Marié à Célibataire
Immatriculé à "
le " N° "
Carte d'identé n° 1.250.394 délivrée
le " à "
Arrivé le 13 Février 1922
Adresse Langlée
Parti le 3 Novembre 1922
pour se rendre Chatillon-s/-Seine. (Collège).
Observations
Revenu le 1er Février 1923 Langlée
Parti le 11 Juin 1923 à La Garenne-Colombe, 32 Rue de la Pointe.

邓小平（邓希贤）在夏莱特市政府外国人登记簿上的登记记录。登记时间为1922年2月13日，身份卡上的编号为1250394。

官方传记的这段描述非常笼统，有很多模糊不清的地方，尤其是它没有提及邓小平转变为马克思主义者的时间。关于这个问题，唯一的证据是提到了赵世炎和周恩来。1921年4月，邓小平在施奈德钢铁厂做工时，赵世炎也在那里工作，并且邓在巴黎的时间也与赵一致，都是1921年10月至1922年2月。周和邓1921年5月至1922年3月也同在巴黎。还有一个证据是，邓在1922年的某个时候成为旅欧中国少年共产党的成员，而这个组织是规定要以马克思主义信仰作为吸收党员的条件的。由此可以清楚地看出，邓小平在留法初期就做出了要加入中国共产党的决定。

这个官方的传记尽管笼统且模糊不清，但它明确地指出，赵世炎和周恩来是邓小平的两位引路人，这一点极为重要。从所有能看到的有关介绍赵世炎的文章中可以看出，赵是一个非凡、出众的年轻人，他聪明机智、精力旺盛，非常引人注目。周恩来更为杰出，他除了拥有赵世炎的优点外，还对意识形态和政治有一套自己的看法，因而他能够以理智的态度解释各种原则和政策问题，这也是他一生特立独行的根本原因。邓小平虽然个性比较拘谨和缺乏耐心，但也练就了和周恩来相似的个性。在他的革命生涯中，除了与周恩来共处的这段经历之外，大概没有其他的原因可以解释他为什么会有这样的个性。60 年后，邓小平对意大利记者奥琳埃娜 · 法拉奇说，他把周视为兄长。这是中国人使用的一种特殊的赞美词，表示言者愿以弟子自居并对对方怀有深厚的感情和崇高的敬意。

1923 年 2 月，“旅欧中国少年共产党”在巴黎近郊的一个小镇上召开临时代表大会，邓小平参加了这次会议。会议决定将“旅欧中国少年共产党”改名为“旅欧中国共产主义青年团”，也称“中国社会主义青年团旅欧支部”。这表明，它的所有成员都希望在他们的组织名称中保留“共产主义”这四个字，同时也表明，该组织并不是中国共产党的支部，而是“中国共产主义青年团”的支部。

旅欧中国共产主义青年团机关刊物《赤光》。

1923 年 6 月，邓小平当选为旅欧中国共产主义青年团执行委员会委员，开始做政治工作，从此他不再是一个勤工俭学的学生，而是转变为一个马克思主义者，并成为一名职业革命家，在此之后，他做工也都是为了支持革命工作。

邓小平在开始职业革命生涯后不久，就赢得了一个雅号：油印博士。这从许多勤工俭学学生的回忆录中

1975 年，邓小平出访法国期间，在他留学时的住处前留影。(杜修贤 摄)

都能看到，但究竟是谁给他起的这个雅号，目前已无从考证了。他之所以被冠以“油印博士”的雅号，主要是因为他非常认真地在蜡版上刻写旅欧共青团支部的半月刊《赤光》上的每一篇文章，并且负责油印工作。他所刻写的这些文章，有很多被保存了下来，上面的字迹一看就知道是邓小平的，同他的个性特点一样，他的字体也保持着清晰、有力的特点。

旅欧共青团支部的办公室设在位于巴黎市南部意大利广场附近戈德弗鲁瓦街 17 号周恩来租住的一家廉价旅馆的房间内。这个房间仅有五平方米，床和其他家具占据了大部分空间，邓小平大部分时间都是在这个房间里工作。由于这个房间最多时只能同时容纳三个人，因此由四五个人组成的共青团执委会如果要开会或举行其他聚会，只能到附近的餐馆里。每当在这些餐馆里开会或聚会时，周恩来和其他与会者通常只点一盘蔬菜和几片面包，有时只买面包和热水。邓小平在巴黎时，有段时间仅靠喝牛奶和吃羊角面包果腹。久而久之，他习惯并喜欢上了这种羊角面包的味道。1974 年，当他赴纽约出席联合国大会途经巴黎时，特意购买了一整箱这种面包。

《赤光》于 1924 年 2 月创刊，共有两名编辑，有一段时间邓小平是其中的一个编辑。这年年底，他开始为《赤光》撰写文章，从现在能看到的他当年所写的三篇文章的内容来看，都是抨击中国青年党的。在 1924 年的整整一年时间里，中国青年党都在和共青团争夺勤工俭学学生和华工，争取他们加入自己的党或站在自己一边。很显然，中国青年党受意大利法西斯主义的影响很深，该党党纲宣称，只有建立独裁制度才能拯救中国。邓小平的文章对此予以全然驳斥，并对国家主义者进行了彻底的揭露和批判。众所周知，

1924 年 7 月，出席旅欧中国共产主义青年团第五次代表大会的代表在法国巴黎合影。后排右三为邓小平。前排右六为周恩来。

中国青年党的成员都是国家主义者，邓小平揭露和批判国家主义者，就是对中国青年党的有力鞭笞。但邓小平的文章并没有多少理论上的论证和阐述，因而读者从中也无法看出文章的作者有朝一日会同其他人进行激烈的理论上的论争。

邓小平于1924年下半年加入中国共产党旅欧支部。中共旅欧支部是旅欧中国共产主义青年团的上级组织，领导中国共产主义青年团的所有工作，虽然中共旅欧支部在法国、德国、比利时等国家都设有分部，但其规模却比较小，只有几十名成员。不过，它的管理却很正规，安全防卫工作做得也很好。法国警方一直没有发现过它的任何机密文件。即使1925年法国警方对它进行全力搜查时，也依然一无所获。它和上海的党中央总部和莫斯科的第三国际总部之间的通信联系虽然缓慢，却相当安全、可靠。而且它还有充足的经费制作和散发大量的宣传品。到1993年，邓小平加入中国共产党已经69年了，可以断定，他是当时全世界党龄最长的共产党员。

邓小平（邓希贤）1921年3月在法国的留影。1925年5月，在里昂从事革命活动的邓小平把这张照片赠给柳溥庆（柳溥青），1965年6月，柳溥庆又把它还赠给邓小平。当年邓小平在这张照片附贴的硬纸卡上写道："圃青兄惠存 希贤赠 一九二五．五．二十三日 里昂。"纸卡右下角的法文为：美国照相馆 里昂共和国路48号。

1925年年初，邓小平从巴黎去了里昂。这次去里昂，是党组织派他到那里去担任当地的中共旅欧支部负责人。他被指定为“里昂地区中共旅欧支部特派员”，“领导里昂地区的党团工作和华工运动”。当时，邓小平只有20岁，比毛泽东第一次听到马克思主义时还年轻五岁。邓小平刚刚20岁就被赋予了独立的权力，开始领导政治活动。在此期间，他在领导劳工运动时可能返回过克鲁梭，因为那里有几百名中国工人，与巴黎相比，克鲁梭距离里昂更近一些。他也可能到过圣艾提尼附近的圣夏门，因为那里也有不少中国工人。与此同时，他还在里昂的一家工厂做工。

邓小平在里昂工作和做工的时间很短。7月底，他就回到了巴黎。比扬古尔警察局的登记册上显示，他进行居住登记的时间是7月30日。关于他回巴黎的原因，虽然法国或中国的文件中都没有任何明确的记载，但可以肯定的是，巴黎的党团组织需要他。因为几个星期以前，大约有150名左翼激进分子离开了法国，其中约有50人是被法国当局驱逐出境的。其余的人虽然是自愿离境，但大多数都是迫不得已才离开的。

这么多人同时离开法国，主要是由于左翼的勤工俭学学生对“五卅惨案”的激烈反应造成的。在这次震惊世界的事件中，上海英租界的警察和学生及大批示威群众发生了流血冲突，至少有12名示威者被打死。示威的起因是群众支持日资纺织厂里的中国工人罢工，抗议日本警卫的暴行，要求释放被捕的6名学生。

在巴黎，在中共旅欧支部的领导下，中共党员和国民党员（当时国共两党已经实现合作）迅速成立了一个行动委员会，他们不顾警察的禁令，于6月14日召开了一次大规模的示威活动，吸引了数以千计的旅法华人参加。这个行动委员会从广大华人支持中受到鼓舞，决定下一步组织旅欧华人到中国驻法公使馆示威。这个示威活动于6月21日进行，这天是星期天，一群年轻的中国人冲进公使馆，在公使的房间里找到了公使，并迫使其在一份文件上签字。文件的内容是，支持中国人民反抗帝国主义的侵略，并向法国政府提出抗议。法国警方事先并不知道学生们的行动，事后才匆匆赶到，马上驱散了他们，并未逮捕人。这引起了法国一些新闻舆论的不满，他们立即对警察的这一做法进行报道和批评，警察只好采取行动，突击搜查了示威者的住处，逮捕了近60名示威者，拘留了其中4人进行审讯，又根据命令立即将其余的人驱逐出境。法国当局还决定，

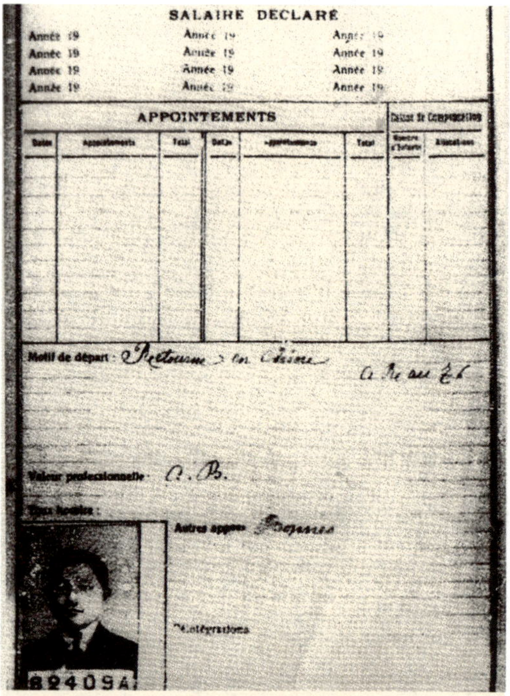
SALAIRE DECLARÉ

APPOINTEMENTS

Motif de départ :

Valeur professionnelle :

邓小平在雷诺汽车厂的工卡。

以后要严密注意所有留在法国的激进学生的行动，同时设法打入其组织。

在这种形势下，邓小平一回到巴黎，就处在警方的监视之下。从1925年下半年法国警方监视他的报告来看，邓小平这次重返巴黎有两项主要任务：第一，重建在夏季遭到很大破坏的中共党团组织的领导机构；第二，设法恢复和坚持中共党团组织的活动。在贝勒维拉市工业区举行的几次会议上，邓小平或担任会议主席，或在会上演讲。这期间，他还在比扬古尔市的雷诺汽车厂做工，他在雷诺做工有双重目的，一是为了挣钱，二是为了同这里的几百名中国工人保持联系，因为这些工人中，有很多是共产党员或共产党的支持者。

法国警方的记录还表明，邓小平和另外三个人（其中一人是共产党人，其他两人是社会民主党人）被怀疑密谋暗杀中国青年党领导人。有一份密报说，他们四个人企图暗杀被怀疑与法国当局保持密切联系的几个中国人，因为大批共产党激进分子被驱逐出境就是他们促成的。这些反共组织是否真的帮助了警察，譬如，在袭击公使馆后向警察提供激进分子的姓名和地址，尚不能断定，但这种怀疑是有道理的。然而，怀疑邓小平和他的同伴策划暗杀青年党的领导人则令人难以置信。因为不管当时还是后来，中共都不赞成政治谋杀，而且这几个被指控策划谋杀行动的人，包括

1926 年 1 月，法国警方搜查的三家旅馆之一的布洛涅 · 比扬古尔市朱勒费里街 8 号。

邓小平在内，都很清楚他们当时正受到法国警方的严密监视，应该不会采取如此轻率的行动。因此，对他们的怀疑和指控看起来更像是中共旅欧支部的政敌捏造出来的，目的在于破坏他们的声誉。

1926 年 1 月 3 日，邓小平在旅法中国行动委员会召开的会议上发言。他主张亲近苏联政府，反对国际帝国主义，并要求与会者同意向中国驻法公使发出新的最后通牒，警察在研究了告密者送来的会议报告后决定：搜查住在比扬古尔三家旅馆中的中国激进分子的住处。1 月 8 日清晨，巴黎警察闯入了卡斯德亚街 3 号旅馆邓小平与另外两个人合住的房间，但里面已空无一人。他们没有发现任何违法的或者具有犯罪行为的文件，只有一些印刷设备、中文报纸及大量的宣传材料。

事实上，当法国警方冲进邓小平的房间时，他已经离开巴黎，在前往莫斯科的路上。此前，邓小平早就打算离开法国，前往苏联。1925 年圣诞节前，他就通知他的雇主雷诺汽车厂，说他决定返回中国。现在看来他似乎是为了躲避法国警方的抓捕才匆匆离开的，因为他离开的日子正是法国警方搜捕他住处的前一天。结果，法国警方的抓捕行动落空了，他们只好没收了房间里的所有物品，并对他们发出了驱逐令。驱逐令上还特别注明“待交当事人”，但他们当时一定不会想到，这份驱逐令恐怕永远也送不到当事人邓小平手里了。

邓小平刚到法国的时候是一个热血沸腾的爱国青年。他关心祖国的前途和命运，渴望学到有用的工业技术，急于找到中国实行工业化的途径，从而实现所有爱国者所向往的国家的富裕和强盛。但据他的官方传记记载，他的这些理想都化作了泡影。而在他离开法国的时候，他已经成为一名马克思主义者和职业革命家。作为一个职业革命家，他已经在曾经做过的几种工作中积累了经验——开始是刻蜡纸的工人，随后做党团杂志的编辑，并成为中国留学生和工人的宣传员，同时又是党的支部的负责人，虽然这个支部很小，只有几个人。这期间，他还学会了怎样在警察的监视下和政敌的非议声中从事革命活动。在他离开法国15个月后，他回到中国，投身于中国革命和政治活动的洪流中，他所面对的是更多的阴谋和危险。

邓小平在法国的这段岁月究竟对他后来的生活产生了哪些影响呢？显然，这段经历形成了他的国际观。与那些未曾在国外生活过的其他中共领导人所表现出来的那种大中国的观念不同，邓小平在他的整个政治生涯中，特别是在他担任中国国家领导人的年代，他对外国人以及外国人对中国的看法都抱有极大的兴趣。同时他还很强调以下两种观念：世界不能忽视中国，中国也不能自绝于国际社会；如果中国不向世界学习，就不能得到快速的发展。

除此之外，法国的这段经历对邓小平后来的生活所产生的影响并不明显。他离开法国去莫斯科时，一定能够毫不费力地阅读法文，至少是说得一口流利的法语。但没有证据可以看出，他对法国的文学和艺术，或者法国的工程与建筑有多大的兴趣。他甚至也没有什么法国朋友，因为无论是在法国政府部门、工厂和学校的档案里，还是其他勤工俭学学生的回忆录里，都找不到关于他有法国朋友的记载。当时，一些勤工俭学的学生或者是通过在法国共产党的报纸《人道报》所办的夜校，或者是通过住在法国人的家里，或是通过在学校同老师谈论政治问题等方式，逐渐认识和结交了一些法国人。但邓小平似乎并不喜欢这么做。

1921 年 3 月邓小平和邓绍圣在法国的合影。

然而，不管置身何地，邓小平的性格应该是他 16 岁到 21 岁在法国的这段时间形成的。令人难以置信的是，他当时小小年纪就变得那么坚强、自信。除非他曾在那个对一个倒霉透顶的中国青年缺少同情，甚至不给予任何支持的陌生世界里，靠他自己的智慧度过了艰难的学校生活，否则他不会在那么年轻时就具备了坚定与自信的个性。从他当年的两张照片上也可以看出他性格的变化：第一张是他和邓绍圣在一家照相馆拍的，可能是他们在巴耶中学的时候。照片上的邓小平身着压皱了的西装，姿态拘谨，面无表情；第二张，即贴在雷诺汽车厂档案卡上的那张，展现的是一位面带坚毅的神情、目光炯炯、嘴角微微上翘的年轻人。他依然身着西装，但风度翩翩。二三十年以后，人们仍然可以辨认出，他就是邓小平。

第三章

军阀与布尔什维克

（1926—1927）

在邓小平留法的五年间，中国的政治状况也发生了很大的变化。军阀割据愈演愈烈，各地军阀为扩大和占领地盘的争夺蔓延到了除西藏、新疆等边远地区以外的整个国家，大小军阀的数量急剧增加，发展至数以百计。

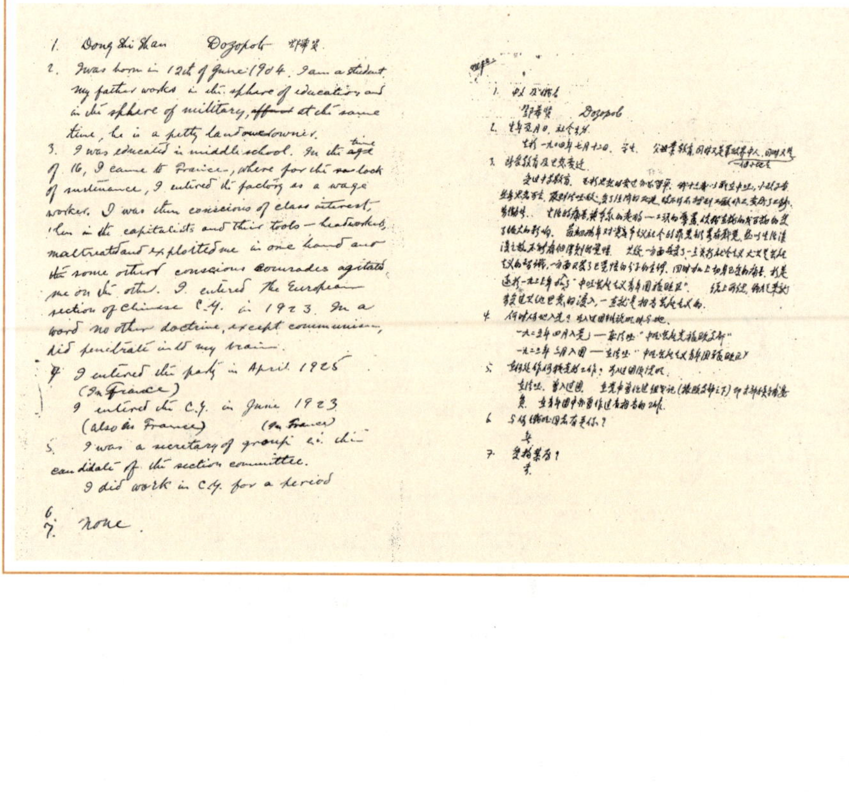

1. Dong Shi Shan Dozorov 邓希贤.
2. I was born in 12th of June 1904. I am a student. my father works in the sphere of education and in the sphere of military, ~~affairs~~ at the same time, he is a petty landowner.
3. I was educated in middle school. In the time of 16, I came to France, where for the lack of sustenance, I entered the factory as a wage worker. I was then conscious of class interest, then in the capitalists and their tools — headworkers, maltreated and exploited me in one hand and the some other conscious comrades agitated me on the other. I entered the European section of Chinese C.Y. in 1923. In a word no other doctrine, except communism, did penetrate into my brain.
4. I entered the party in April 1925 (In France)
 I entered the C.Y. in June 1923 (also in France) (In France)
5. I was a secretary of group in the candidate of the section committee.
 I did work in C.Y. for a period
6.
7. None.

1. 中文及俄文名
 邓希贤 Dozorov
2. 生年月日，社会出身
 [illegible]
3. [illegible]
 [illegible]
4. [illegible]
 一九二五年四月入党——在法国“中国共产党旅欧支部”
 一九二三年六月入团——在法国“中国共产主义青年团旅欧区”
5. [illegible]
 [illegible]
6. [illegible]
 无
7. [illegible]
 无

邓小平在莫斯科中山大学学习期间撰写的个人简历。

在邓小平留法的五年间，中国的政治状况也发生了很大的变化。军阀割据愈演愈烈，各地军阀为扩大和占领地盘的争夺蔓延到了除西藏、新疆等边远地区以外的整个国家，大小军阀的数量急剧增加，发展至数以百计。虽然这些军阀的外貌和个性有很大的差异，但他们却有两个共同的特点：一是他们都统率着一支完全效忠自己的军队并有自己的地盘。二是较大的军阀分成了三个同盟或派系，这三大派系的军阀有时通过阴谋手段，有时通过武力互相拆台、互相攻击，以获得更多的地盘或取得对北洋政府的控制权。

当时，北洋政府实际上并未管辖中国的大部分土地，但它却拥有着即使是最大的军阀也无法具有的两大属性：一是政治地位。因为它是根据 1912 年中华民国临时宪法成立的，具有政治上的合法性。二是外国政府的承认。同时，它还拥有这两大属性所带来的特权：有权向国内和国外借债。因此，对这些军阀来说，如果能控制北洋政府的总统和总理，就是最大的政治资本或政治优势。

同时，一场新的革命运动正悄然兴起，引起这场革命的根源主要有三个：一、1911—1912 年辛亥革命失败后，先是袁世凯称帝，紧接着就是军阀割据，整个国家四分五裂、民不聊生，从而激起了有识之士的愤慨。二、当时世界列强继续瓜分中国，使中国连番受辱，最终甚至演变成列强在凡尔赛会议上将过去德国在山东享有的特权全部转让给日本，从而激起了中国民众的愤慨。三、中国新一代知识分子意识到，中国要想实现现代化和获得掌握国家命运的权利，必须进行一次文化和社会革命，舍此没有其他的选择。

这场新的革命运动的思想体系和目标比过去更激进，它的正式的思想体系仍由孙中山 1905 年首次提出的三民主义构成，即民族、民权、民生，但更突出了其反帝和集体主义的倾向。革命的目标是消灭军阀，建立强大的共和政府，取消外国列强在中国领土上享有的各种特权。

中共一大会址。

这场新的革命运动在其成分和组织形式上与过去也有所不同。以前的革命运动包括一些自称为马克思主义者的人和一些无政府主义者。新的革命运动则包括了中国共产党。中国共产党是 1921

年在上海召开的一次会议上成立的，参加会议的有6个来自各地的马克思主义小组的代表。中共在1922年和1923年时人数非常少，只有几百人，但已开始称自己为“具有战斗性和纪律性的无产阶级政党”，并且设有在临时中央领导下正规的列宁主义者的组织机构和支部。更为重要的是，中共及其领导的运动已经成为莫斯科共产国际的组成部分，它不但要向共产国际提交报告，还要接受来自共产国际的指示。参与这场新的革命运动的另一个更大的政党国民党，也向莫斯科方面示好，并向苏联请教有关政治和组织等问题。1923年秋，具有丰富国外工作经验的布尔什维克党员米海尔·鲍罗廷抵达广州，按照列宁主义路线为国民党修改了纲领并改组了国民党。因此，从1924年起，这场新的革命运动便由国民党和共产党两个政党组成，每个党都有其下属或联合组织。共产党员以个人身份加入国民党。对共产党员来说，这既有利也有弊。利是共产党能名正言顺地影响国民党政策的制定和执行，并改造该党；弊是共产党这样做无疑是在国民党面前暴露了自己，让国民党知道了谁是共产党员以及他们在做什么。但无论如何，这样做是当时国共两党都能接受的。

苏联布尔什维克党员米海尔·鲍罗廷。

孙中山作为一场新的革命运动无可争议的领导

者，终于意识到如果不能拥有自己的军队的话，那这场运动就不可能产生政治变革。在此之前，旧的革命运动失败的原因在于过分依赖反复无常的军人，除了动用军事力量打击军阀以外，没有其他任何办法能消灭军阀。因此，孙中山在鲍罗廷的鼓动下，转而向苏联请求帮助。1924 年 10 月，瓦西里 · 布留赫尔将军抵达广州，担任孙中山的军事顾问。他化名加伦，跟随他一同到中国的还有其他一些苏联军官。同月，首批苏联武器装备被用快艇从黑海的敖得萨港运抵广州。

在加伦一行到达广州之前的五个月，位于广州南部珠江上的黄埔开办了一所军事院校，即黄埔军校。就像是命中注定的一样，孙中山任命蒋介石为该校的校长。蒋介石是一个坚决支持孙中山反对袁世凯并受过日本军校训练的军官。为了加强军事纪律和礼仪细节，蒋介石以极大的热情开始工作，到 1924 年年底，黄埔共开办培训了两期军官，每期 500 人。这期间，中国革命运动内部分裂成了几个派别：马克思主义者主张革命，致力于反对地主和资本家的阶级斗争；左派主张社会改革，但不赞成革命；中间派是爱国者；右派是社会保守者。对这几个派别，当时蒋介石没有表现出明显的政治倾向。他与加伦一起友好地工作，并在 1925 年把儿子蒋经国送到莫斯科学习。

1925 年是风云变幻的一年。这年 3 月，孙中山赴北京参加军阀召集的一个所谓的“国民会议”。当时北京控制在直系军阀冯玉祥手中。也是在这年3月，孙中山因肝癌在北京逝世，享年59岁。这年的2月到5月，蒋介石战胜了广州附近的军阀，赢得了对军阀作战的一系列胜利。到5月底，即上海的“五卅事件”时，国家主义者和共产主义者的队伍迅速壮大。1925年年初，共产党只有一千多人，到该年年底，该党已拥有大约一万名党员，它的青年团也有大约一万名团员。在这年的6月，国民党领导人在广州建立了一个临时政府并宣布成立国民革命军。8月，极力主张同共产党和苏联合作的廖仲恺先生在广州被暗杀。这一事件给革命运动带来了严重的危害，也对这场革命运动未来的发展产生了至关重要的影响。同时，这一事件也使蒋介石卷入了政治斗争。蒋介石专门成立了一个委员会来调查这起谋杀案。经过调查，这个委员会并没有发现有什么组织或个人对廖仲恺下了毒手，却意外地发现，国民党右派正在密谋除掉所有赞成听从苏联意见和支持继续与中国共产党合作的资深的国民党元老，这一发现导致了广州的政治天平开始强烈地倾向于左派。在1926年1月召开的国民党代表大会上，国民党左派和共产党控制了会议程序，控制了新的中央执委会。已知的或受到怀疑的右翼阴谋家被驱逐出广州，或者北上进入北方军阀的地盘，或者用带有诗意的说法是，到莫斯科“受教育”去了。蒋介石对此

民主革命家廖仲恺。

事并未表示公开反对，在整个 1925—1926 年冬天，他仍与鲍罗廷和加伦密切合作。

1924 年，孙中山先生确立联俄、联共、扶助农工的三大政策。中国国民党和共产党都深感革命干部和人才不足，于是各自派遣人员前往苏联接受训练。邓小平就是在这种情况下，由中共选派从法国前往苏联接受训练。

邓小平在莫斯科一共待了 11 个月，一开始他在东方劳动者共产主义大学学习，这所大学是 1921 年创办的，目的是培养来自苏联境内外的亚洲工人，让他们学习革命理论和方法。这所大学存在了将近 20 年，为乌兹别克、哈萨克、蒙古和朝鲜培养了一大批稳定的革命力量。这批革命力量掌控着苏联和蒙古等地的党和政府机构，推动了各地革命运动的发展。20 世纪 20 年代，数百名中国共产党员都曾是这所学校的学生，包括曾在党内升至很高职位的刘少奇和任弼时等。在苏联的严格控制下，这所学校只招收共产党员，因此，它并没有在国际上引起人们太多的注意，也没有引起苏联政治上的紧张。

邓小平在这所学校只学习了几个星期，就转到了中山大学学习。中山大学是苏联共产党为中国革命培养人才于 1925 年秋季创办的，意想不到的是，它后来却成为中国内部争论的焦点，成为斯大林和托洛茨基之间不断的权力斗争的舞台。5 年后，斯大林认为这所大学带来的麻烦多于它存在的价值，决定关闭这所大学。

照理说，中山大学应该由中国国民党和苏联共产党中央委员会共同管理，中国国民党也确实派过一名高级人员到莫斯科担任该校的董事。但该校的经费来源至今仍是个谜，传说不一。一种说法是，苏联共产党效仿法国政府1920年的做法，支取了庚子赔款基金；另一种说法是，国民党说服了一些中国富商定期给该校汇款。不管钱从哪里来，反正这所大学经费充足，所有的学生除了每月都能拿到津贴，他们的衣食住行也都是免费的。

中山大学教师和行政管理人员的阵容相当强大。校长卡尔·罗德是波兰人，1917年曾担任列宁与德国政府间的联络官。他是一位通晓多国语言的语言学家，也是一位知名的学者。他生活中不修边幅，嘴里经常叼着烟斗。他喜欢演讲，往往一讲就是两个多小时。虽然他从未到过中国，但他讲授的课程却是中国革命运动。他的很多学生和许多听众一定都对他的一些大胆假设和推理感到惊讶。尽管如此，这位罗德校长却深受学生们的拥戴。他的副手、25岁的副校长帕维尔·米夫，并不受学生们的欢迎。米夫是一个野心勃勃、喜欢炫耀自己的人。米夫在俄文里是“神话”的意思，其实，米夫是他的化名，他的真实姓名叫米开·亚列山多维兹·福杜斯。这位年轻的副校长是共产国际远东支部的一名成员，他认为，苏联境外的共产党的首要任务是保卫苏维埃政府，共产国际的职责就是保证这一目标的实施。因此，米夫在中山大学的主要任务就是寻找能够认同并接受他的这些观点的中国青年。按照他的标准，他要找的是聪明且热衷马克思主义理论但又没有任何实际政治经验的学生。他对其他学生没有兴趣，在他们身上花费的时间很少，所以学生们自然对他没有好感。

1927 年，当中国国内国共两党合作的统一战线破裂和斯大林废黜托洛茨基的运动开始后，米夫对多位共产党员学生进行了无情的批判和迫害，因为这些学生认为托洛茨基关于中国的政治见解比斯大林的正确。

米夫成功地组织了一个秘密小组，在中国叫“回国留学生”“二十八个布尔什维克”，或者毫不客气地称之为“斯大林的中国小组”。自 1931 年至 1935 年，这个小组的领导人控制了中国共产党，实施了现在称之为错误的“第三次‘左’倾路线”的政治和军事战略。1945 年，毛泽东在关于党的历史决议中正式否定了这条路线。这个决议尖锐地批评了这条错误路线，它坚决要求这条错误路线的支持者进行自我批评。然而，这个决议并没有说这条路线是由莫斯科造成的，或者说由于这条路线是来自莫斯科的，所以它的追随者才不得不服从这一路线。颇具讽刺意味的是，尽管在这段时期真正的反面人物是斯大林，但在1956年赫鲁晓夫谴责斯大林时，毛泽东却成为处处维护斯大林的最重要的共产党人。由此可见，在中国，毛泽东对斯大林名誉的维护程度要远远高于米夫的弟子们。

这个秘密小组的最重要的成员是陈绍禹（他革命时的笔名为王明）、秦邦宪（博古）、张闻天（洛甫）和王稼祥。王明多才多艺，能写善辩。关于博古，埃德加·斯诺的第一个妻子海伦·福斯特·斯诺在1937年这样描写道："他是一种典型的中国知识分子，如果以一幅漫画，则可将他勾画为单薄、体弱、劳累过度、半病态并戴着深度眼镜，他厚厚的乱蓬蓬的头发，给人一种似乎头重脚轻的感觉。"但他非常勇敢，30年代初，他曾冒着被逮捕和处死刑的危险，在上海干得比几乎所有的共产党领导人的时间都要长。他很快就认识到，作为一个知识分子，要了解工人是如何生活的，他们都需要什么。洛甫比王明和博古大五到六岁，对世界的了解相当多。他的父亲是商人兼学者，而他自己只是一名学者。他在加利福尼亚待了两年，在那里上过一些大学的课程，并在旧金山的中国华侨杂志社工作过，他英语讲得很好。没有笔名的王稼祥是一个勇敢的男子汉，在长征前和长征期间，他以极大的毅力忍受着胃病的折磨，1933年当邓小平在政治上失意时，他曾以自己的独到见解帮助过他。

据研究邓小平的人介绍，邓小平并不认识这些从莫斯科回国的学生。这一点或许不太属实。在中山大学学习期间，他一定知道副校长米夫已经网罗了一批亲信，至少他听说过这些人的名字或见过他们。王明和博古同邓小平不在一个班，这可能是因为他们会讲俄语。以邓小平强烈的爱国精神和很有主见的个性来看，他无论如何不可能同那些不管外国人说什么都唯命是从的人有太多的来往。

邓小平在苏联时期的同学蒋经国。

邓小平刚进中山大学时，该校的学生有两三百人，到1926年年底，学生人数增加了近一倍，其中有半数学生是中共党员或共青团员，或者兼具两种身份。这些人当中，只有十几个人来自西欧，其他几乎都是来自中国华北和华东的大学毕业生和在校学生。这些学生中，除半数的中共党员外，其他学生大多是国民党党员，他们当中有少数几个是国民党领袖的子弟。邓小平就有两个这样的同学：一个是蒋介石的儿子蒋经国，1925年时只有17岁；另一个是冯玉祥将军的女儿冯弗能。

1927年中国的统一战线破裂后，中国学生的构成也随之发生了改变。国民党学生销声匿迹了，一些人要求回国；一些人则被强制遣返；少数人被逮捕，受审后被判刑做苦力。蒋经国就是在这种情况下被迫留下的，他被送往西伯利亚金矿劳动，直到1937年国共结成新的统一战线后，他才获许离开苏联。这些国民党的学生离开后，空出的名额改由共产党员顶替，新来的这些学生党员中，有些人年纪较大，比如，邓小平在重庆就读的留法预备学校的创办人吴玉章就是其中之一；有些人是党的干部；还有一些是工厂的工人。为了这些工人，学校只得调整教学计划，改成一些内容简单的课程。

但是，对邓小平而言，当时的课业负担还是很重的，共有七门课，分别是外语、历史、哲学、政治经济学、经济地理、列宁主义和军事科学。在所有的外语中，俄语是必修课，英语、法语和德语是选修课。历史课的内容是“社会形态发展史”和“革命以及革命运动史”。哲学课是马克思和恩格斯的辩证唯物主义。政治经济学是主修马克思的《资本论》。列宁主义这门课是由一系列演讲稿为基础构成的，这些演讲是斯大林在列宁死后不久于 1924 年 4 月在斯维尔德洛夫大学发表的，这些演讲后来被编成《列宁主义的基础》一书出版。军事科学包括了实践的成分：射击和基本战术的训练。现在不清楚邓对这些课程有什么反应，但作为一个把书本知识和马列主义作为智慧来源的人，邓小平的态度是相当明确的，这一点可以从他在 1992 年春天的谈话中看得出来，他说：

学马列要精，要管用的。长篇的东西是少数搞专业的人读的，群众怎么读？要求都读大本子，那是形式主义的，办不到。我的入门老师是《共产党宣言》和《共产主义ABC》。最近，有的外国人议论，马克思主义是打不倒的。打不倒，并不是因为大本子多，而是因为马克思主义的真理颠扑不破。实事求是是马克思主义的精髓。要提倡这个，不要提倡本本，我们改革开放的成功，不是靠本本，而是靠实践，靠实事求是……实践是检验真理的唯一标准。

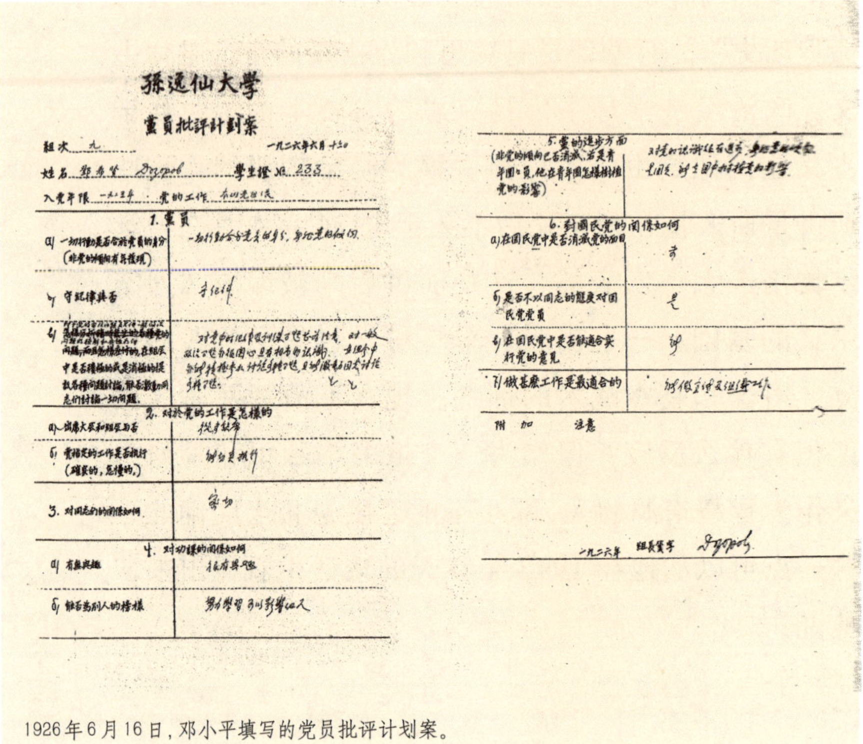
孫逸仙大學
黨員批評計劃案
組次 九　　一九二六年六月十六
姓名 鄧希賢 Дозоров　學生證 No. 233
入党年限 一九二三年　党的工作
1. 黨員
a) 一切行動是否合於黨員的身分（非党的傾向有無發現）
b) 守紀律與否
c) 在組中是否積極的或是消極的提起各種問題討論，能否激動同志們討論一切問題。
2. 对於党的工作是怎樣的
a) 出席大會和組會與否
b) 党指定的工作是否執行（確實的，怎樣的。）
3. 对同志們的關係如何
4. 对功課的關係如何
a) 有無興趣
b) 能否為別人的榜樣
5. 黨的進步方面（非党的傾向已否消滅，若是青年團團員，他在青年團怎樣樹植党的影響）
6. 對國民党的關係如何
a) 在國民党中是否消滅党的面目
b) 是否不以同志的態度對國民党党員
c) 在國民党中是否能適合實行党的意見
d) 做甚麼工作是最適合的
附加　注意
一九二六年　組長簽字

1926年6月16日，邓小平填写的党员批评计划案。

1923年孙中山重登永丰舰合影（1925年3月孙中山逝世，4月蒋介石命永丰舰改称中山舰）。

就在邓小平在莫斯科中山大学读书的时候，中国的北伐战争开始了，并且在军事上取得了节节胜利，但在政治上，左派却被迫交出了一些控制权。

从1926年3月开始，蒋介石同苏联军事顾问、国民党左派及共产党决裂，并强烈压制这三方面。这一危机起因于一艘由共产党军官指挥的炮舰，这艘炮舰停泊在靠近黄埔蒋介石司令部的地方。当时，舰艇升火待发，意向不明。蒋介石怀疑这是一次阴谋，于是在广东发布了戒严令，并派遣效忠他的亲信部队解除了工人纠察队的武装，查扣了这艘炮舰，扣留了30多名苏联军人。①

① “中山舰事件”是蒋介石的阴谋，而不是中国共产党的责任。——译注

在掌握实权后，蒋介石紧接着就要求他特别不喜欢的三个苏联顾问离开广东，要求共产党的政工人员从由他指挥的第一军撤走，要求此后国民党内的共产党员的活动公开化。或许是为了显示他在政治上的公正，他还同时要求几个国民党右派政治家离开广东。“中山舰事件”发生时已离开广东而正在北方的加伦和鲍罗廷，只是坚持莫斯科的教条，害怕会破坏统一

战线。

蒋介石还征得了加伦和鲍罗廷的同意，一旦军事准备就绪，军队将立即挥师北上，这是国民革命的另一个胜利。1927 年年初，斯大林和托洛茨基都希望把军队留在南方，因为他们认为，苏联同日本维持良好关系，比较符合苏联自身的利益，这就需要国民党不能采取任何威慑日本的行动。在广东的共产党，从领导到普通士兵，都坚决要求尽早采取军事行动，但在上海的党中央却站在苏联一边，认为采取行动的时机尚未成熟。因此上海方面后来受到党内的批评，因为它完全附和苏联的立场。

北伐战争于 1926 年 6 月正式开始，在湖北发生了激战，经过 40 天的围攻，武昌被攻克。在江西，省会南昌经过三次夺城战斗后才被占领。一些部队包括几支最精锐的部队，伤亡惨重。伴随着部队不断地向前推进，群众运动也发展起来，运动的主要对象是不得人心的地主，也就是毛泽东所说的“土豪劣绅”，以及外国人。

到 1926 年年底，北伐军已经夺取了军阀控制的长江以南的大部分地区。1927 年 1 月，位于长江边的城市汉口、九江的英国租界被收回；在湖南，发生了反基督教的活动，致使一些传教机构被迫撤离，大多数教会学校关闭。北伐所取得的成功令世界震惊，也完全改变了中国的力量对比，看起来就好像是革命的第二次风暴，孙中山的革命获得了全面的成功。而此时，对于身为北伐军总司令并已得到国际社会认可的蒋介石本人来说，其政治地位要比他离开广东之前坚实、稳固得多。他明确表示反对在城市及农村进行社会革命，也不希望过多地伤害外国人及外国人的利益。中国共产党对此看得很清楚，也有所警惕。1927年1月中央委员会报告对当时的局势做了这样的分析：

> 国民党右派变得日益强大……在国民党中当前有一股非常强的反苏俄、反共产党、反工农运动的倾向。
>
> 这种右的倾向首先是由于蒋介石和其他人所持的信条：这个国家只能存在一个党，所有的阶级应合作，阶级斗争应禁止，共产党没有存在的必要……
>
> 第二个原因是在他们的思想中认为国家革命很快就会获得成功，不久就会发生阶级革命，当前最大的敌人不是帝国主义和军国主义而是共产党……正是由于这些原因在国民党内掀起了一股强烈的反共潮流……

促成邓小平返回中国的，是军阀冯玉祥。

与其他大多数军阀相比，冯玉祥更能受到民众的爱戴。他是个基督徒，又是个品格高尚的中国传统

民国军阀、爱国将领冯玉祥。

主义者。他深信以身作则，关心普通人民的福祉，是一个领导者的责任。作为一名军人，他衣着简朴，不像绝大多数军阀那样耀武扬威、锦衣玉食。他平易近人，能与下属官兵们打成一片。他对部下提倡以德服人，而不是滥用刑罚。他鼓励自己的部队在行军时唱歌，并把基督圣歌作为进行曲在部队中教唱。他这样做，一部分原因是他个性较强，特立独行，但最主要的还是因为他是一个正直的人，他非常渴望把他的国家建设好。所以除了他的军队拥戴他之外，一般老百姓也很爱戴他。

1924 年，以中国西北为基地的冯玉祥，趁北方其他主要军阀吴佩孚和张作霖混战之际，占领了北京。随后他向苏联寻求援助，以加强他对抗吴佩孚和张作霖的力量。当时，鲍罗廷从广东到了北方，把冯玉祥作为苏联和南方国民党潜在的联盟，接受了冯玉祥的请求。根据鲍罗廷的建议，苏联决定向冯玉祥提供武器装备、经费和军事指挥员，同时也给他派了几个他并不愿意接受的政治顾问，还安排他的军官到苏联军事学院学习。与此同时，中国共产党决定从上海和北京选送一批年轻人包括一些已在苏联受过军事培训的人到他的部队工作。

国民军联军总司令冯玉祥在五原誓师大会上。

虽然得到了苏联的援助，但在1926年年初，冯玉祥的军队仍然接连败在了有“东北王”之称的张作霖的手下。冯玉祥以一个战败的中国将军通常采用的姿态，宣布辞去总司令的职务。他做出了出访莫斯科的计划。然而，苏联人显然并不希望他在这个时候去访问，但他决意要去。因为他断定，苏联人不可能拒绝接待一个曾经接受过他们援助的人，而且不管是在军事还是政治上，他对他们来说都是具有重要意义、有很大利用价值的人。此时北伐战争即将开始。他从容不迫地上路，先前往外蒙古（蒙古人民共和国）首府乌兰巴托。在那里他和鲍罗廷会晤了几次。如果鲍罗廷不能在冯玉祥到达莫斯科之前弄清他的真实意图，那么他先前在莫斯科所处有利地位将大受影响。经过在乌兰巴托一个月的中途停留之后，冯玉祥在5月初到达莫斯科。

冯玉祥在莫斯科整整待了三个月的时间。他几乎会晤了当时的大部分苏联领导人，不过他并没有见到斯大林。他访问了中山大学，向学生们发表演讲，邓小平也一定听了他的演讲。他的演讲充满了革命豪情，受到学生们的热烈欢迎。冯玉祥对苏联人的想法十分清楚，他知道苏联人急于要他返回中国，于是，他利用苏联人的这一焦急心情，争取到了相当有利的援助条件，包括提供给他大笔经费和大量的军事设备，并为他培训军官等。当感到自己的目的都达到时，他马上起草了一份公开的、正式支持国民革命的声明，并很快兑现了他的诺言。他再度经由外蒙古回国，找到他的部队，重新担任总司令。9月17日，他领导全体官兵在黄河北部的沙漠城镇五原举行誓师大会，宣布全体军队集体加入国民党。

陪同冯玉祥回国的还有几名苏联军事顾问和几名中共党员。据邓小平的官方传记记载，冯曾请求共产国际“派一批中国同志到他的部队工作”。事实上，很可能是共产国际说服冯玉祥接受了他们，并说明在他的军队中应该有共产党人，以象征他接受革命统一战线。不管这件事是如何决定的，冯玉祥最终还是允许共产国际向他的部队派遣了一批新的共产党活跃分子。

这批由苏联奉调到冯玉祥军队的中共党员，为首的是刘伯坚。刘伯坚曾担任过旅法共青团的书记，在莫斯科受过军事和政治训练。1927年春，他出任冯玉祥部队的政治处副处长。当时冯玉祥的司令部设在西安，同时，他还在西安创办了一所新的政治军事学院。

邓小平随后也到了西安。按照他的官方传记的说法，或许他是被共产国际选派去的，或许是刘伯坚请他去的，或许是他本人志愿去的，尽管从他的官方传记中看不出他在莫斯科见过冯玉祥。邓小平是在1926年年底启程回国的，他先是乘火车经西伯利亚铁路到乌兰库德，再换乘汽车到外蒙古的乌兰巴托，然后再坐车经黄河上游的银川、兰州，最后抵达西安。在这段漫长旅程中，他开始是坐火车，后来又坐卡车，其间还曾改骑骆驼和马走了很长的路途，最艰苦的一段是横越戈壁大沙漠，他乘坐的是一辆装载军火弹药的大卡车。1月的戈壁沙漠，气温可降到 −30℃，从乌兰巴托到黄河边，要穿越500多英里的空旷沙漠。

1927年2月，邓小平到达西安。

第四章

身处险境

（1927—1931）

邓小平回国时，正值国内战乱纷纭，内战打得激烈之时。从这以后4年的大部分时间里，他一直是在随时会有生命危险的环境中度过的，其中相对安全的一段时间是他刚回国时在西安的那4个月，当时，他在冯玉祥的国民军中做政治工作。

百色起义烈士纪念碑，上有邓小平的题词：“百色起义的革命先烈永垂不朽！”

邓小平回国时，正值国内战乱纷纭，内战打得激烈之时。从这以后 4 年的大部分时间里，他一直是在随时会有生命危险的环境中度过的，其中相对安全的一段时间是他刚回国时在西安的那 4 个月，当时，他在冯玉祥的国民军中做政治工作。

在西安，邓小平身兼三职，其中有两个职务是公开的，一个是秘密的。他是刘伯坚在西安创建的中山军事学校的政治处处长，同时也是该校的政治教官和中共地下党组织的书记。他的两个公开职务的工作主要有两项：一项是向军官们讲解孙中山的三民主义，特别是着重宣传孙中山的联俄、联共、扶助农工的三大政策。他的另一项工作是发现和结交进步学员，发展他们加入共产党。他所从事的秘密工作，是主持共产党一个地下组织的日常工作。这个组织不断发展壮大，至少有几十名军校学生入了党。邓小平最主要的工作就是把这些加入了共产党组织的学生分派到冯玉祥的各基层部队中去，经他输送出去的军官中，一些人1928年在西安附近的农村领导了起义，其余一些人则成了红军小股部队的领导人。这些红军部队建立的根据地后来成为1935年和1936年长征结束后红军主力部队的落脚点。

邓小平在西安的时候，国民革命运动随着孙中山的去世，内部矛盾日益加剧，最终分裂成两派。造成这一局面的一个最主要的原因是，军队中的大多数军官都来自地主家庭，他们坚决反对在农村进行社会革命。另一个原因是，蒋介石和相当一大批国民党政治家反对采取不利于外国势力及其利益的行动，他们担心这样做会影响或妨碍国际社会承认新生的国民政府。如果还有其他原因的话，那就是他们像斯大林和托洛茨基在1926年年初一样，想极力避免冒犯各国列强，尤其害怕冒犯日本。

这次分裂是蒋介石蓄意挑起的。从1927年3月起，蒋介石就开始采取分裂行动，整个春天和夏天，他在自己所控制的省份展开了一连串残酷无情的清洗运动，所有正式或非正式的共产党组织和国民党左翼组织都受到整肃，范围波及他的军队所占领的除湖北、湖南和江西部分地区以

1927年4月12日，蒋介石在上海大肆捕杀共产党人。

外的长江以南的所有省份。这年3月，在赣南的重镇赣州，一名军事指挥官拘捕了共产党的工会领袖并将他处死，从而揭开了蒋介石分裂活动的序幕。4月，蒋介石开始在上海公开地、有组织地进行分裂活动。国民党军队和地方上的黑帮，伪装成工人，肆意破坏市总工会在产业工人心目中的形象和威信。在巷战和大搜捕中，数以百计的人被打死。据说，有的铁路工人被活活地推进燃烧着的火车锅炉中烧死。这也许并不属实。但毫无疑问的是，有很多被捕的工会组织者和普通工人被公开处死，而且一旦群众聚集在一起示威抗议，军队就向手无寸铁的人群开枪。很多共产党员牺牲，其中有工会的领袖王寿华，他是在一个青帮头目家吃完饭出来时被捕的，还有使邓小平成为马克思主义者的引路人赵世炎。当时上海共产党的最高领导人周恩来幸免于难，他虽然被捕了，但他的运气很好，他在被送到军部时被一名热心的军官释放了。

中共早期革命家赵世炎。

紧接着，蒋介石在南京、广州以及长江三角洲其他一些小工业城镇展开了大规模镇压和屠杀共产党和国民党左派的行动。与此同时，在国民党左翼或工农武装控制的地区，掀起了针对蒋介石制造的一连串的大屠杀和恐怖行动的抗议活动。在武汉，十几个反共的工头被公开处决；在长沙，很多跟外国人有关系的商人被杀害。在政治上，国民党左派即武汉国民党中央及武汉国民政府把蒋介石开除出党。蒋介石则在南京另立政府。到4月底，左右两派终于正式分裂。

国民党的分裂使中国共产党人面临抉择：是彻底与国民党分道扬镳，还是继续与国民党左翼合作，以便将来伺机争取和控制他们？共产党的一些领导人，包括毛泽东在内都认为，湖南（毛泽东的家乡）的数百万农民已准备就绪，可以举行革命暴动，因而主张采取激烈的行动。但另一些人，包括当时的总书记陈独秀在内都倾向于妥协，尽管他们对长远的国共关系并不乐观，也不愿轻举妄动。而当时的苏联，斯大林正在批判托洛茨基，由于斯大林认为托洛茨基的思想与毛泽东的思想不无一致，因此他指示国民党左派维持现状。鲍罗廷当时认为国民党人即使冒着与共产国际闹僵的危险也会抵制农村的社会革命。在5月下旬召开的一次共产国际常委会上，斯大林虽然引用了鲍罗廷的观点，但仍然坚持共产党应该与国民党“周旋”而不应该与之分裂。会议最后决定共产党继续与国民党左翼直接合作。这些指示随后下达给了鲍罗廷和陈独秀。

革命家陈独秀。

此后，形势的发展对中国共产党愈来愈不利。6月，新到任的共产国际代表罗易给当时最有影响的国民党左翼领袖汪精卫看了斯大林本人发来的电报，电报指示陈独秀和他的同事发动武装的农民夺取土地，并采取行动阻止反革命军官的“过激行为”。这一举动激怒了汪精卫和国民党中一些支持共产党的关键人物。7月，汪精卫正式宣布与共产党决裂。同月，冯玉祥在北方的一次会议上对汪精卫美言了几句，然后宣布要与蒋介石合作，并告诉记者，他要“根除”共产主义和军国主义。几位本来对国民党左翼表示友好的拥有实权的将领也开始公开要求把共产党员清除出国民党。

7月，共产国际指示中共党员退出武汉政府，但仍要作为国民党员留在国民党内，以便“从基层”设法影响它的领导层和政策。但这样做已为时太晚。国民党中央执行委员会已经开始考虑正式结束国共合作，政治委员会则正式做出关于“分共”的决定，命令两党的党员都要从对方的组织中退出。几天之后，武汉政府颁布了戒严令，国民党军队开始搜捕共产党员。

整个夏天陈独秀始终处在进退两难的境地。一方面来自共产国际的指令根本不切实际，另一方面他本人也很不情愿实行社会革命，毛泽东后来说他是害怕进行社会革命。这时，他辞去了中国共产党总书记的职务。但他辞职后仍然在武汉逗留了一段时间。其他的共产党高层领导人或出走江西，因为那里的军事领导人同情共产党，或躲进汉口的外国租界。

为了躲避冯玉祥将要发动的清共运动，邓小平在6月离开西安到了武汉，他先到长江南岸的武昌，向周恩来领导的共产党军事委员会报到。但很快他又受命到北岸的汉口，在陈独秀主持的党中央担任中央委员会的秘书，这是他第一次在党中央工作。

也正是出于工作之便，使得邓小平在中央委员会秘书这个职位上，得以有机会看到中国国民党与苏联合作的最后一幕。鲍罗廷带着失职的沮丧于7月7日黯然离开汉口。他和他的苏联同事们乘坐的火车装满了行李。此外，他们乘坐的火车还载有卡车和载重旅行车，这是他们准备穿越戈壁沙漠时用的。依照斯大林的个性,鲍罗廷在中国的失败理应受到谴责和惩罚。然而鲍罗廷在当时并未受到排挤，只是被调到次要的职位上，并平安地度过了苏联30年代的肃反。最后给他带来灾难的不是中国的使命，而是苏联的反犹太运动。1949年鲍罗廷和许多犹太血统的党员一起被捕。1951年他在一所监狱里去世，年近70岁。

也就是在这个时候，邓希贤改用“邓小平”这个名字，这一定是出于安全的考虑，一旦被捕，他可以在审讯时使用化名，不至于被查出真实身份。有很多著名的共产党人都曾在不同阶段使用不同的化名。对王明、博古等回国留学生来说，采用化名则是因为布尔什维克有使用假名的习惯，而其他许多人，例如周恩来，他们使用化名都是出于从事地下工作安全的考虑。而邓小平在选择化名时则与众不同，这个名字并不十分隐蔽，保留了原姓，而且在以后不再从事秘密工作、没有安全顾虑时，他仍然一直使用这个化名。这在中共的所有领导人中，也算是比较特殊的。

八七会议会址。

8月7日，中共中央委员会在汉口召开紧急会议。会议选举了新的临时政治局，并通过4个文件，但没有选出新的总书记。共产国际代表贝索·罗米那兹在其中的一份文件中谴责了前任党领导的“机会主义”；其他三份文件号召全党推翻在南京和武汉的国民政府，组织武装起义，建立地方和省的苏维埃政府。但出于策略上的考虑，起义仍将打着国民党左派的旗帜。邓小平以党中央秘书的身份参加了会议，从而亲身经历了共产党从惨败转向实施全新战略的过程。

中国共产党人是在完全没有把握的情况下开始实行新的战略行动的。整个夏天，斯大林和共产国际都在强迫共产党与国民党左派合作，现在他们又要求共产党加快取得革命胜利，而这恰恰是共产党所不可能达到的。在城市，共产党的工会领导人不是牺牲就是转入地下。在农村，农民的武装斗争在许多积极分子惨遭屠杀后转入低潮。在军队，共产党人及其同情者倒是拥有一些军团的支持，并且在其他武装力量的政

中共早期领导人瞿秋白。

治部门有很强的势力，但他们都是以国民党军官的身份执行任务的。另外，陈独秀下台后，一些毫无军事经验的人掌握了领导权。政治局的代理书记瞿秋白是作家，而其他 10 名委员中没有一个军人。说起来作为中央候补委员的毛泽东，倒是穿过军装，但那也是 1912 年在一个湖南军阀的军队中当兵，他也从没有当过军官。

在“八七会议”之前的 8 月 1 日，已经举行过中共策划的第一次武装起义。这次起义是江西首府南昌附近驻扎的两个兵团发动的。起义者占领了南昌，并建立起第一支由共产党直接领导的拥有 15000 人的军队，但胜利并没有维持多久。这支新组建的队伍在向广州以东海岸的长途跋涉中，士兵不断逃跑，还有一名师长率部叛变，致使兵力锐减，最终被国民党军队打散，以致到了无法整编的地步。起义部队的大部分领导人转移到香港或上海。发动和领导起义的周恩来，抵达香港时身患重病，在九龙住了很长一段时间的医院。后来的红军总司令朱德，留下来继续带领他的部队坚持，最后率领着仅存的 600 人于 1928 年 4 月与毛泽东在井冈山会合。

南昌起义后，中共随后于 9 月发动的“秋收起义”也失败了。在湖北，拼凑起来的农民军队很快就被原以为是盟友的国民自卫队解除了武装。毛泽东是湖南秋收起义的组织者，他率领着由起义士兵、矿工、农民等组成的四个“团”。他接到的命令是攻占长沙，经过接二连三的几次败仗，其间他手下的两个团之间还发生了内讧，毛泽东意识到自己手下的这支队伍根本无法完成上级交给他的任务。于是，毛泽东在远离长沙的一个小镇集合起剩余的兵力，劝说其中的大部分人跟他上了井冈山。井冈山位于湖南、江西两省交界处，地理位置偏僻，地势险峻。经过几个星期的长途行军，毛泽东和他的部队终于抵达他们的目的地，但整个队伍只剩下几百人。井冈山自古以来就是土匪经常出没的地方。当时有两伙土匪盘踞在山上，毛泽东说服他们的首领与他结成同盟，在山上驻扎下来。于是，在这个中国南方最易守难攻的峭壁密林深处，毛泽东和他的队伍度过了一个极其艰苦但相对安全的冬天。

当年中国共产党发动的第三次起义，也是最后一次起义，于12月在广州爆发，这次起义也以惨败告终。起义者计划利用共产党领导的当地军队和武装工人占领城市，建立苏维埃市政府或公社，开辟一个长久的红色区域。但经过几天激战，中国共产党在广州的所有组织被彻底摧毁，几位全国著名的领导人牺牲，数以千计的工人惨遭杀害，其中许多人手无寸铁。斯大林认为，广州起义还有另一个损失，那就是国民党军队在街上打死了几名苏联人并袭击了苏联领事馆。斯大林竭力将派往中国的共产国际顾问和苏联外交官区别开来，但“广州惨案”表明国民党的军官并没有对他们加以区别。自此，苏联与中国国民党之间的合作，在这座孙中山和鲍罗廷曾为之牵线搭桥的城市，画上了一个沾满鲜血的句号。

那年秋天，中共中央政治局新任负责人瞿秋白，决定将共产党中央迁回上海。因此，仍担任党中央秘书的邓小平于9月底或10月初到了上海。和他一同到达上海的是李维汉。李维汉与邓小平早在法国时就已相识，当时李维汉刚被提拔到政治局工作。邓小平在7年前从上海前往法国，如今在绕了一大圈之后，他又回到了阔别7年的上海。

邓小平到上海不久就被任命为中央秘书长，负责处理中央机关的文书、机要、交通、财务等工作。在平时，这类工作原本就很烦琐，在当时艰苦的工作环境下就更繁重了。当时，中国共产党是非法组织，共产党员随时都有被捕的危险。国民党的军队和警察逮捕到共产党嫌犯后，会使用一切手段对他们严刑逼供，如果有一个人叛变，就会牵连到许多人。在中共最想重建党的影响的产业界，很多劳工组织都属于青帮或其他反共的黑社会组织，到处都有密探。公共租界的巡捕、法国租界的警察和国民党的警察一样仇视

上海辣斐德路辣斐坊（今复兴中路533弄）曾是中共中央军委所在地。

共产主义和共产党人。他们经常主动搜捕共产党人，然后再把抓到的嫌疑犯交给上海的国民党警察。

20 世纪 20 年代末至 30 年代初设在上海的中共中央机关所在地。位于云南路 47 号（今云南中路 171～173 号）。这张照片是 1946 年拍摄的。

中共中央机关及其下属部门附属机关在上海分布很广。中央委员会的大多数部门集中在上海市中心；江苏省委机关设在闸北和虹口的工业区内；青年团的部分单位则设在法租界。周恩来当时负责中央机关的安全工作，他规定，政治局开会时，政治局委员不必全到，至少要有一至二人缺席，以防警察局一旦突袭时不至于全体被捕。政治局会议常常在公共场所比如医院等相对安全的地方召开。据周恩来的传记记载，邓小平经常前往市中心威海路的一家医院开会。1929 年 8 月，大约是在邓小平离开上海前往西南的同一个时间，两名政治局委员被出卖后遭到逮捕和杀害。总的来讲，在邓小平做地下工作的两年之中，中共中央在上海的安全工作一直做得很好。

大约在 1928 年的某个时候或 1929 年年初，邓小平结婚了。新娘子叫张锡瑗，也是中国共产党党员。她曾经在江西与福建交界处的某个地处山区的地方党组织任过职。邓小平究竟在什么时候、什么地方同她

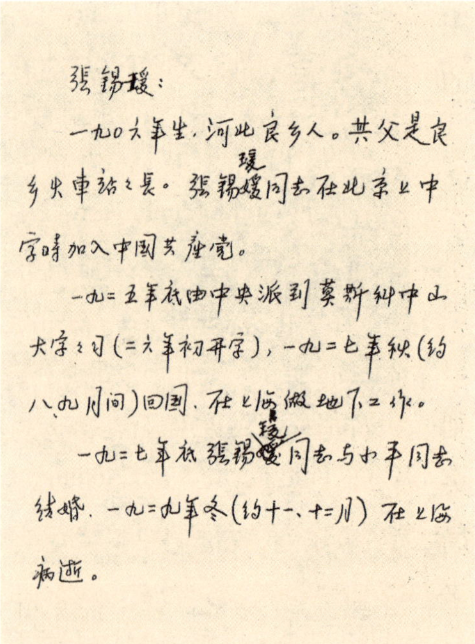

張锡瑗：

一九〇六年生，河北良乡人。其父是良乡火车站站長。張锡瑗同志在北京上中学时加入中国共产党。

一九二五年底由中央派到莫斯科中山大学学习（二六年初开学），一九二七年秋（约八九月间）回国，在上海做地下工作。

一九二七年底張锡瑗同志与小平同志结婚，一九二九年冬（约十一、十二月）在上海病逝。

1979 年 3 月 16 日，应上海市民政局革委会的要求，邓小平口述的张锡瑗的简况。

相识，目前仍不得而知，很可能是她奉命到上海送信时两人相遇的。

不管邓小平和张锡瑗是在什么情形之下相识和结婚的，他们的婚姻只持续了很短的时间便悲剧性地结束了。张锡瑗因难产去世。关于她去世的时间有不同的说法，但有一点是一致的，即当时邓小平不在上海。有关邓小平在 1928 年和 1929 年间活动的记录很少。但作为中央的一名重要官员，他不可能经常离开上海。因此，合理的推论是，张锡瑗去世时，邓小平已离开上海，调任新的工作了。这个重大的打击，一定在他的心中留下很深的伤痛。但邓小平一向闭口不谈自己的私生活，也从不对外人谈他的感情，在他的官方传记里甚至没有提到这次婚姻。

对中国共产党人来说，1928 年最重大的政治事件是第六次党的代表大会的召开。由于在中国境内没有一个安全的地方允许几十名中共代表集中在一起，这次大会选在莫斯科郊外的一所旧式庄园举行。中国共产党的大多数政治局委员参加了这次会议。但李维汉留在上海没有参加，邓小平也和他一起留在上海。在中国共产党的第六次代表大会上，布哈林作为共产国际常务委员会的主席出尽风头。布哈林曾与斯大林一起批判托洛茨基的对华政策，但不久就因其“右倾”和“富农路线”受到批判。布哈林性情怪异，有时身穿猎装出现在主席台上，有时他的手腕上甚至会站着一只猎鹰。在他的主持下，中国共产党第六次代表大会通过的决议与2月召开的共产国际会议的决议口径完全一致。

经过整个6月的争论，大会总结认为，中国革命尚处于“资产阶级民主革命”阶段（不属于社会主义革命），全国的形势处于两次“革命高潮”之间。大会批判了陈独秀的“机会主义”路线（陈独秀未到会），同时也批判了瞿秋白的“盲动主义”。大会通过了十大纲领，其中的三大任务是推翻“国民党军阀政府”，没收地主阶级的一切土地，“联合世界无产阶级和苏联”。后来，当毛泽东自己总结出一整套关于中国革命性质的理论时，肯定了这一纲领的正确性，但应该强调革命的持久性和“农村根据地的重要性”。

1929年年中，邓小平的工作发生了新的变化。中央政治局免去了他中央委员会秘书长的职务，派他前往地处西南的广西执行一项特殊任务，这项特殊任务的主要工作有三个：一、与广西省政府主席俞作柏和广西省绥靖司令李明瑞建立联系，这两个人虽然都是蒋介石任命的，但他们当时正在策划反蒋的军事行动，并表示了与共产党合作的愿望；二、接管和主持广西省的党务工作；三、准备武装起义。这些都是极其艰巨而危险的任务。虽然俞作柏和李明瑞都同情共产党，但他们在当地的势力很弱。而且，如果他们采取反蒋行动，失败的可能性更大。况且广西地处偏僻，仅与法属印度支那和广州有来往，而广州当时却控制在坚定的反共势力手中。由此可见，广西当时远离共产党军队所活动的任何地区。难怪当俞作柏和李明瑞极力邀请共产党派人前往广西协助他们时，当时在上海秘密活动的共产国际远东支局坚决反对接受他们的倡议和邀请。

然而，邓小平还是奉党中央之命，于9月初抵达广西省省会南宁。邓小平是从上海经海路到达法属印度支那的海防，然后由陆路进入广西的。在他之后，又有几位党的干部陆续进入广西，其中包括曾经在苏联受过军事训练的张云逸。邓小平见到省主席俞作柏后，立即说服他任命张云逸为广西省警备大队的大队长和教导总队的队长，专门培训初级军官。之后，邓小平和张云逸开始静候俞作柏出征反蒋。果然，俞作柏很快出兵，并带着李明瑞和他一同行动。他们一出发，邓小平和张云逸就命令南宁警备部队的一个营进驻广西的西北山区待命，另一个营镇守南宁通往河内的必经之地。他们还派出可靠的部队占领了省军械库，

红七军军长张云逸。

库里有 5000 支步枪，一些山炮、迫击炮和机关枪，几台无线电装置和大量的弹药。这些战利品是当时率领两三千人在江西南部一带活动、极度缺乏武器装备的毛泽东做梦都想不到的。

俞作柏和李明瑞的军事行动很快就结束了。他们的军队在广西、广东交界处被打败，溃不成军，他们两人仓皇逃走。邓小平和张云逸一听到这个消息，立即将军械库的全部军火转移到早已在南宁港准备好的汽船上，并命令部队撤出南宁。邓小平率领一支部队乘船溯右江而上，在平马（现在的田东）等待同张云逸率领的部队会合。两支部队会合后，继续向广西省西部一个偏远的小镇百色进发。在那里邓小平和张云逸开始谋划起义，它标志着中国共产党把苏维埃运动扩展到了中国一个新的地区。

12 月 11 日，在广州起义两周年的纪念日，邓小平和张云逸以中国工农红军第七军的名义在百色镇中心升起了镰刀和斧头交叉的旗帜。在右江下游的平马，工人、农民和士兵的代表集会，选举出了工农苏维埃政府。在这两个镇，他们都没有遇到武装抵抗。邓小平出任红七军的政委和前委书记。不久后，他又前往龙州地区，组织第二次起义，因为早在这年秋天，

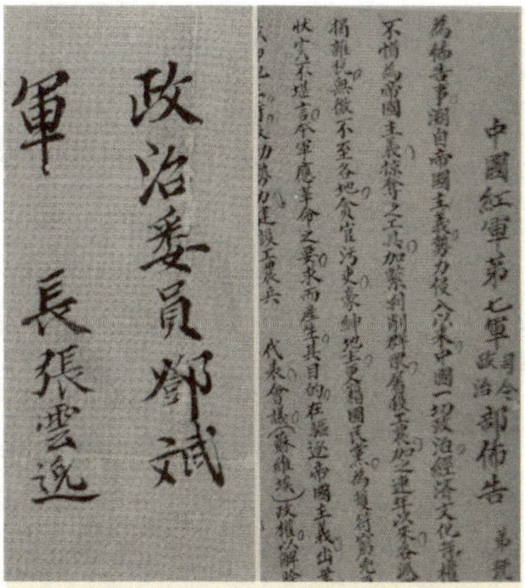
中國紅軍第七軍司令部 政治部佈告

政治委員鄧斌
軍長張雲逸

由邓斌（邓小平）和张云逸署名发布的红七军司令部和政治部布告。

红七军政治委员兼前敌委员会书记邓小平。

邓小平就派南宁警备大队的一个营占领了这一地区。

1930 年 2 月 1 日，在临近印度支那边界的龙州，成立了苏维埃政府以及中国工农红军第八军。

在这个关键时刻，邓小平突然神秘地回到了上海。据他的官方传记记载，他此行的目的是向党中央汇报工作。他可能是通过无线电（经香港中转）收到了上海的指示，也可能是他自行决定回去的[①]，而且后一种可能性更大，因为党中央不太可能在两个新建的根据地尚待巩固的时刻把他召回去。另一方面，他很可能还面临着一个政治上的难题，那就是如何安排李明瑞。李明瑞在广西东部吃了败仗后逃回了龙州，并一直在龙州协助邓小平组织起义。李明瑞当然想在新建的军队中担任某项职位，邓小平也许是想同中央商量这件事。更富人情味的原因也许是他在为当时留在上海的妻子担心。

①邓小平赴上海汇报工作，是同李明瑞、许卓商议后决定的。——译注

邓小平在上海待了两个月，直到 4 月才回广西。在上海，党中央决定任命李明瑞为红七军和红八军总指挥，邓小平为政委。这一方面解决了李明瑞的安排问题，另一方面也表示中央对邓小平这一段时间的工作是满意的。当时党中央的工作并不是由总书记向忠发负责，而是由组织部部长李立三掌管。

邓小平从上海回到广西后发现，广西的形势在他

红七军、红八军总指挥李明瑞。

离开的这段时间急转直下。李宗仁和白崇禧，这两个在1926年参加北伐之前统治广西的军阀，此时已经回到南宁，并迅速出兵进攻红八军。红八军只有大约不到2000人，战败后被赶出根据地。红七军立即赶往南宁驰援红八军，但也被打败，被迫撤退到百色城外偏僻的山区里。

当年的春天和夏天，邓小平冒着生命危险在当地几乎没有红军存在的地区，开展了"土地改革运动"。协助他实施这项计划的是韦拔群和李明瑞。韦拔群是共产党员，也是当地农民运动的领袖，几年前他就开始带领一支农民部队在山区活动。邓小平"发动群众，打土豪，分田地，进行土地革命"。没收地主的土地，这一相当大胆的行动，完全是贯彻当时中央的精神。这一做法比毛泽东当时在江西实行的土地政策还要过激，邓小平后来转而支持并采纳毛泽东的做法。也许他意识到，彻底的土地革命往往造成土地收成减产，使农民的处境更加艰难，而农民正是红军主要的政治支柱和经济支柱。

1930年6月，红七军离开山区，再次回到百色，开展革命活动并建立根据地。邓小平也在这时重返红七军，开始积极地抓部队的训练工作。他还着手政治和行政工作，帮助创建了几个县级苏维埃政府。到夏末，百色根据地已经扩大到约20个县，总人口超过100万。

广西百色红七军军部旧址内邓小平与张云逸的住室。

如果党中央能够允许邓小平、李明瑞和张云逸按照自己的想法行事，百色根据地很有可能继续存在下去，只是边界会不断发生一些变化。然而，他们三人和所有其他在前线战斗的共产党领导人一样，最后都成为所谓的“立三路线”的受害者，李立三所推行的是共产党“一省或几省”首先夺取政权的大胆计划。

“立三路线”最完整的表述是1930年6月11日中共中央政治局会议通过的由李立三起草的《目前政治任务的决议》。决议认为中国是“帝国主义世界的锁链中最薄弱的一环”，中国革命的高潮已经到来，世界革命会紧随中国革命而爆发。而且蒋介石正忙于与冯玉祥和另一位北方军阀阎锡山作战，共产党在三大根据地和许多小根据地内已拥有了五万名武装力量。同时资本主义世界爆发了经济危机。据此李立三天真地认为共产党已拥有足够的实力攻占武汉、广州和其他大城市。攻占大城市成了他主要的军事目标。

按照李立三的军事行动计划，红七军的任务是占领广西东北部的两座大城市柳州和桂林，进而在广东建立根据地（以阻止该省的反动势力向北进攻共产党军队），最终占领广州。8月，中央代表邓岗带着李立三的命令来到广西。据邓小平的官方传记记载，邓小平“认为要打下这些城市是没有把握的，提出了不同意见”。但又说“多数人主张服从中央代表的指示，他只得随军行动”。这一说法有待考证。从邓小平以后的性格来看，他是不会遵从自认为是错误的指示的。而在广西，除了上海代表，他比任何人都有发言权。但最终他还是接受了大多数人的观点。

红八军军部旧址。

1930 年 9 月底，在收编了红八军的残余部队以后，红七军离开了根据地。红七军共有三个师，但出发后不久就损失了一个师，由于韦拔群率领的这个师掉头西行，很快就被消灭，韦拔群被出卖后遭杀害。另外两个师在邓小平和张云逸的带领下继续向东征战。后来表明，这次征战是五年后长征的一次预演。

起初，邓小平和张云逸尽量按照李立三的指示行动。他们率领部队向柳州进军，但当他们听说白崇禧正率增援部队前往柳州时，只好放弃攻占柳州的计划。后来因为部队作战连连受挫，伤亡很大，才不得不放弃攻打大城市的计划。这一行动造成了他们与李立三的代表邓岗的决裂，很快邓岗便离开了他们。

为纪念 1931 年 1 月 17 日邓小平、张云逸等率红七军激战鹰阳关竖立的纪念碑。

这里有一个问题直到现在也说不清楚，即邓小平和张云逸是何时认定他们唯一可行的进军路线就是到江西的中央根据地去寻找毛泽东的。据红七军的一名老兵记述，那一年秋末冬初，他们的队伍在湖南西部的山区里转战了好几个星期，一直没有什么明确的目标。不过，他们最终还是确定了明确的目标。最初有一万人的队伍这时只剩下不到四千人，经过重新整编后，红七军决定到井冈山去。当时的条件很艰苦。大多数士兵都穿着单衣草鞋，难以抵御寒冷的袭击，粮食也极度匮乏。1931 年 2 月，红七军幸存下来的两三千人在广东北部山区乐昌渡河时，又遭到敌人袭击。乐昌河河面宽广，河水湍急，当时，红七军的大部分队伍已经乘船先行到达了对岸，还有一小部分人渡河时受到炮火攻击，无法过河。红七军因此被分成了两部分，几个月后，部队才重新会合。邓小平在先行渡河的部队中，他和李明瑞率领这部分队伍进入江西，到达了离毛泽东最初创建的井冈山根据地不远的地方。

这时，邓小平离开了他的部队。他的官方传记称，他是被派至上海向中共中央汇报工作。然而在后来的“文化大革命”中，红卫兵却在他们创办的刊物上撰文指控他当时叛离了红军队伍。刊物上有篇文章写道，当邓小平巡察回来的时候，听到营地上枪声大作，便决定逃往“香港花花世界”。而当时的情形很可能是，他必须作出选择，离开部队或是冒着死亡和被捕的危险去参加战斗，邓小平选择了前者，但是他的选择并不是不体面的，因为他不是红七军的指挥官，而且他的确是受红七军前委委派前往上海的。还有一种说法是，当他后来在 1931 年 8 月回到江西时，曾经有一个审查委员会调查了此事，结果证明邓小平是清白的。

红七军最后只有少数人幸存下来，在井冈山附近征战了几个月后，红七军终于在 1931 年 7 月进入中央苏区，并被编入中央红军。

第五章

长　征

（1931—1935）

长征开始的时候，邓小平仍然担任《红星》报的主编。红军出发时携带了大量装备，其中肯定也包括编印报纸所需的印刷设备。但在 11 月底，他们横渡广西东北部的湘江时受到三面夹击，红军携带的大部分装备被迫丢掉。尽管如此，6 个星期后，当军队在贵州省遵义进行第一次休整时，《红星》报还是出版了一期综合性的特刊。邓小平一定参与了特刊的编纂。另外，他又一次担任了中央委员会秘书长，这是他第二次担任中央秘书长，有很多工作需要他去处理。

中央红军在长征路上走过的第一桥——瑞金武阳桥。

1930年春，邓小平到上海的时候，党中央的工作实际上是由手段相当专横的李立三负责。如今时隔一年，李立三已经离开上海，被召往莫斯科解释他的路线失败的原因。李立三在莫斯科期间，共产国际远东局和共产国际常务委员会相继对他做了审查，并毫不留情地迫使他做了两次检讨，向共产国际承认了自己的错误。但在这之前，他却对几位参加审查他的官员说，远在莫斯科的共产国际不了解中国革命的实际情况，没有资格领导中国共产党，从而大大激怒了这些官员。此外，李立三前一年夏天在中国还说过忠诚于共产国际是一回事，忠诚于中国共产党完全是另一回事的话，这无疑也得罪了这些官员。共产国际对他的处罚是把他留在苏联，不让他过问任何事情。因此，在此后的将近15年间，李立三一直无所事事。

李立三在莫斯科接受审查期间，当时正深受斯大林器重的米夫到了上海。米夫此行的任务是敦促中国共产党批判“立三路线”，重新组建新的领导机构。

结果，他不虚此行，这两项任务他都完成了。1931年1月初，米夫主持召开了为期一天的中央委员会会议，彻底批判了“立三路线”，然后更换了中央委员会委员以及政治局委员。这次会议还听取了总书记向忠发和周恩来、瞿秋白检讨工作中的软弱和失误。在新当选的16名政治局委员和候补委员中，至少有3名是米夫在莫斯科中山大学时亲自挑选的年轻人，可以说是米夫的亲信，这其中就包括王明。瞿秋白则被开除出了政治局。

米夫的这些做法直接导致了新的领导集体和老资格的劳工领袖之间的分裂。这些劳工领袖曾抵制过李立三和“立三路线”，他们也反对党中央自己改组党中央的做法（他们要求召开扩大的紧急会议），他们还反对米夫拟定的候选人名单。这些劳工领袖在1月中旬便遭到租界巡捕房的逮捕，后被转交到国民党手中，2月初被枪杀，党内十分怀疑是新领导层中的某个人出卖了他们开会的时间和地点。

另一起更大的灾难随之发生了。4月，在周恩来手下负责党中央情报和反情报日常工作的顾顺章，在武汉被国民党逮捕。他显然没做任何抵抗就供出了他所知道的所有中共最高领导人在上海的住址。幸亏中共潜伏在南京国民党机关的反谍报人员及时向中央通报了顾顺章叛变的行为，否则包括邓小平在内的中共在上海的大多数高层要员，很可能会被一网打尽，在劫难逃。然而，中共总书记向忠发还是在5月被捕，6月被处决。顾顺章的叛变并没有保住他自己的性命。

向忠发去世后所空出的总书记一职并未补选，而是先后由王明和博古以“中央总负责人”的身份成为党的实际领导人，负责中共的全面工作。

1931年夏，邓小平离开上海，前往当时的“中央苏区”。他的官方传记称他是“经中共中央批准”去那里的，这表明是他自己要求去“中央苏区”。从他本人及共产党当时的处境来看，他的这一做法是不难理解的。

邓小平先到达广东省的汕头港，从那里乘轮沿涵江进入闽西，后来成为中国人民解放军元帅的聂荣臻也曾于1931年年底走过这条路线，聂荣臻在他的回忆录里说，这条路线是1928年开通的，“许多中央委员会的领导同志”都走过这条路线，而且所有从香港和上海购买的医疗药品和无线电设备也是经由这条路线运往根据地的。聂荣臻说，那次他们一行人都身穿长衫，打扮成读书人的模样，在路上尽可能少地与人说话，以免他们的口音引起怀疑。从汕头海边到福建省界大约需要五天时间。

到1931年年中的时候，中央根据地已经具有相当的规模。其中心地区包括跨江西、福建两省两万多平方公里的山区。红军在这片区域内拥有绝对的军事统治，地方政府也通过各区、县苏维埃的形式掌握在共产党手中。在这个地区，粮食自给有余，但基本上没有工业，所以像棉布、药品等这样的工业用品必须从外地购买。盐也一样。当地的气候夏季干旱炎热，冬春季非常潮湿，经常大雾弥漫，这对红军的军事行动反而很有帮助。

中央革命根据地的中心——江西瑞金。

其间，红军曾向根据地周边地区发动了多次进攻与反攻，但始终没有完全控制这些地区。这些地区有时候由红军控制，有时由国民党军队控制。一般来说，共产党往往在农村地区占有优势，很多村里都建有党支部，而国民党则在城镇占更大的优势。一旦交手，红军通常可以打败当地的民团。到 1931 年，红军的实力已经相当于几个独立旅、师，甚至军，但由于装备太差，因此无力去攻占一些防守坚固的城镇。在邓小平到达中央根据地数月之后，红军尽管动用了上万兵力发动数次进攻，却未能攻占江西南部重镇赣州，而当时赣州守城的敌军仅有几千人。在江西时期，红军一直没能解决弹药及其他重型武器装备匮乏的问题。也正是由于这个原因，后来蒋介石的中央军在 1934 年向根据地进攻时采用了巩固新占阵地的堡垒主义策略，致使缺乏重型武器的红军受到重创。

虽然有时候在程度上有所变化，但总的来说，毛泽东 1931 年在根据地已经是主要的政治领袖和军事领袖了。在军队中，他是第一方面军的政委和前委书记。当时的第一方面军有 3 万人。这是在同李立三的军事路线进行反复斗争后建立起来的。在党内，他是政治局候补委员和苏区中央局委员。苏区中央局是党中央为协调所有苏区的前敌委员会和党支部于 1931 年设立的，当时仍在上海的周恩来是该局的书记。毛泽东的声望和不可取代的地位，来自他所取得的成就。赣南和闽西的每一个农民都知道，他 1929 年带领着一支 2000 人的队伍来到这里。那支队伍缺衣少枪，装备极差。但经过两年半的时间，他已经使这支队伍扩大了 20 倍，并在这个地区创立了一个小政权，不再让国民党的县长和地主管事。他让农民参加地方政府，把土地分给很多劳工和佃农。对许多人来说，他就像中国历史上那些反抗地方官僚甚至皇帝的农民领袖一样，是一个民族英雄。

邓小平到达中央苏区后，不久即出任中共瑞金县委书记，这在中央苏区属中上级职务。以他之前曾经担任过党中央秘书长的资历来说，他应该担任更高的职务。但从另一方面看，上级要他担任这一职务也许是为了应付当时瑞金的危机状况。当时瑞金有很多干部被拘捕，民众情绪普遍不满。

瑞金的这一危机愈演愈烈，最终导致了一场武装冲突。1930 年年底至 1931 年年初的冬天，毛泽东在红军总司令朱德的支持下，与当地的一批军事领导人和政府领导人在江西中部发生交火。这就是“富田事件”。富田是江西中部的一个小城镇，当地的红军把这些领导人从监狱里放了出来。这些协助被关押的干部越狱的红军随即被开除党籍，后来也全部被逮捕。接着又对他们的支持者进行清洗，可能有几百人被处死，其罪名是加入了 AB 团，但实际上这些人很可能是李立三的支持者，毛泽东也曾对埃德加·斯诺这样说过。毛泽东在得知李立三失宠后便开始对他们进行整肃。

邓小平的官方传记说，邓小平在就任瑞金县委书记后，立即着手“为前一时期蒙受过冤屈的干部和群众平反”，但并未说明这些人以前是如何被冤屈的。如果说他们的罪名是“反布尔什维克联盟”即“AB 团”的成员，那么这样的指控就很令人费解，因为当时瑞金离富田有三百多里之遥，且清洗运动已经开始有九个月了。更令人不解的是邓小平作为党内一个级别较低的干部（他当时仍未进中央委员会），而且刚刚到达根据地，竟然敢为被毛泽东亲自整肃的人平反。然而没有记录说明当时还发生过其他的政治斗争。最合理的解释是，他帮助平反的这些人，的确是被指控为“AB 团成员”，而邓小平之所以出面为他们

1931 年 11 月，中共苏区中央局成员合影。左起：顾作霖、任弼时、朱德、邓发、项英、毛泽东、王稼祥。

平反，是因为在他离开上海前，党中央指示他这样做的。这种解释与当时江西发生的各种情况都很吻合，而且从现有的材料来看，当时在上海的党中央对于“富田事件”后展开的过于严厉的整肃行动，确实感觉有些不安。

在瑞金工作了几个月之后，邓小平被任命为会昌县委书记，之后又在会、寻、安三个县“指导工作”。1933 年 3 月，邓小平调任江西省委宣传部部长。他的职位在一步步上升。

1932 年夏，邓小平第二次结婚。和他的前一个妻子一样，他这次的新婚妻子金维映，也是共产党员。朋友们都叫她阿金。阿金年轻活泼，但她的个性也比较不稳定。一年后，邓小平在政治上失势，金维映离开了他，改嫁当时批评邓小平最严厉的李维汉。她是 30 名完成长征的女红军之一，长征也使她的健康受到严重损坏。长征结束后不久，她被送往莫斯科治病，1941 年不幸在苏德战争的战火中去世。

邓小平的第二任妻子金维映。

1933 年 1 月，博古（在王明 1931 年秋天回莫斯科之后取代王明成为中共实际上的领导人）和洛甫（当时是政治局委员）等中共临时中央主要领导成员，从上海到达中央苏区。博古到中央苏区后，立即迫不及待地开始排挤和批判那些反对临时中央推行“前进和进攻路线”的地方领导人。

邓小平的官方传记这样描述博古、洛甫反对者的观点：

> 他们反对“城市中心论”，主张向敌人力量薄弱的广大农村发展；反对军事冒险主义，主张诱敌深入；反对用削弱地方武装的办法来扩大主力红军，主张两种武装力量都要发展；反对“左”的土地分配政策。

这些都是毛泽东的观点，而且自从毛泽东成为中共无可争议的领袖之后，他的这些观点被视为是正确的。由于毛泽东在中央苏区威望很高，因而博古和洛甫没有指名批判毛泽东，这其中也许还有另外一个原因，就是共产国际要求博古和洛甫尽量避免公开与毛泽东作对。而毛泽东本人也很谨慎，他没有去保护受到点名批判的人，其中包括他的同胞兄弟毛泽覃，不但如此，他甚至还公开支持博古和洛甫的某些政策。1933 年 7 月，毛泽东在报纸上发表文章称，春季反蒋介石第四次军事“围剿”的胜利应归功于党的正确的进攻路线，号召全体共产党员必须坚决地“反对低估革命形势，反对那些要在敌人的（下一次）……‘围剿’之前惊慌逃跑的机会主义分子”。

邓小平是这场运动中被批判的头号目标。4 月 15 日，洛甫在报纸上发表署名文章点名批判了他，曾在上海与邓小平有密切工作关系的李维汉，5 月 6 日在另一篇文章中号召对他进行“残酷的斗争”。李维汉指责他反对党的“前进和进攻路线”，公然反对进攻

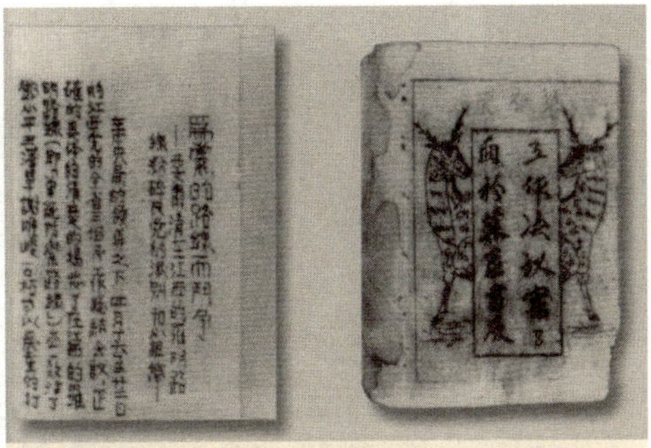

指责邓、毛、谢、古的中央局文件。

大城市和把红军发展到百万之众的决策，对党的新领导集体缺乏信心，不相信共产国际。最后的这项指控最耐人寻味。这表示，无论邓小平对“立三路线”的看法如何，至少他和李立三一样，都是爱国主义者。李维汉的文章中并没有提到邓小平是在何时及如何表达他的这些错误观点的。但可以明显看出的是，即使在他政治生涯这一关口，邓小平也不屑于掩饰他对重大政策问题的看法。

邓小平也许曾经遭到过拘禁。他当然被迫写了自我批评的声明。他的枪支被解除，省委宣传部部长的职务被撤销，还受到“严重警告”处分，被派到根据地北边的乐安县担任一名“区巡视员”。他的妻子金维映可能就是在这时离开他，改嫁给李维汉的。

按照一位中国史专家的说法，当时党的领导可能是害怕邓小平在那个偏远的县城“会出事”。不管是不是这个原因，实际情况是，仅仅过了几个星期，邓小平就被调到红军总政治部担任秘书长，这意味着他得到了平反。邓小平能这么快就恢复工作，要感谢王稼祥和罗荣桓。王稼祥是回国留学生，罗荣桓是职业军人。王稼祥当时担任政治部主任，是很有影响力的人物，但他在党内的地位毕竟低于博古和洛甫，因此

位于瑞金县沙洲坝的红军总政治部旧址。

他力保邓小平复出工作，并让他担任他的秘书长，显示了他极大的勇气。

1933 年夏天，邓小平被调到宣传部，他的主要工作是主编由红军总政治部编辑出版的中央革命军事委员会的机关报《红星》报。在这个工作岗位上，他平静地过了一年。这段时间，他远离前线（但从 1934 年春天以后离前线就越来越近了），远离党的决策核心。当时蒋介石于 1933 年 10 月开始发动的第五次军事“围剿”正严重地威胁着中央苏区。

为发动第五次“围剿”，蒋介石调动了近百万兵力，其中近半数属于由南京国防部直接指挥的中央军。在发动“围剿”前，蒋介石对七千多名军官进行了包括政治教育在内的特别的训练，并制定出了全面的战略方针和详细的作战计划。他的战略方针是从北面进攻中央苏区，同时封锁中央苏区其他三个方向出口。作战计划的要点是步步为营，堡垒推进。在 1933 年 10 月到 1934 年 10 月之间，国民党军队在根据地周围和内部共修建了一万四千多个堡垒，有一些规模很大，可以容纳几百人。

红军对此束手无策。毛泽东后来声称，如果继续沿用他在1927年到1932年之间总结出来的战略战术，特别是采用诱敌深入、集中优势兵力各个击破敌人的战术，中央苏区是可以保住的。事实上，蒋介石正是针对共产党的机动灵活的战术，采取了新的作战策略。他在前线的指挥官们也都非常小心谨慎，以避免自己的军队被引诱而莽撞前进。同时他的各个部队在前进时也都很谨慎地相互照应着，协同向前推进。如果当时让毛泽东指挥红军，他并不一定会比当时负责军事指挥的红一方面军政治委员周恩来、党的领导人博古和1933年10月共产国际派来的军事顾问李德（奥托·布劳恩）有更多的办法，能更有效地阻止蒋介石的进攻。但这三个人在军事指挥上的失利，给了毛泽东在政治上东山再起的机会，此后，毛泽东开始主持军务，并最终赢得党的领导权。

这年夏天，周恩来、博古和李德认为中央苏区已无法立足，为了保住红军，必须撤离。为此，他们制订出了周密的撤退计划。红军队伍带着大批辎重物资开始战略转移，两个星期后，国民党军队才察觉红军已经离开中央苏区，而等到国民党军队调兵攻打时，红军队伍已经走出五百英里远了，并在追了六千多里后，才追上红军部队，双方首次打了一仗。当时周恩来、博古和李德并未确定红军的大队人马应该向何处去，他们只有一个临时的目标：前往湖南南部的偏远农村。到了那里之后，再决定下一步怎么办，有几条路线可以选择：一是向北到湖南西北部的一个小根据地；一是向西进入由军阀控制的地区。当然，他们三个人谁都没有想到，他们所策划和实施的这项行动，当时称之为“转移”，结果却变成了“长征”，足足走了一年，长达二万五千里。

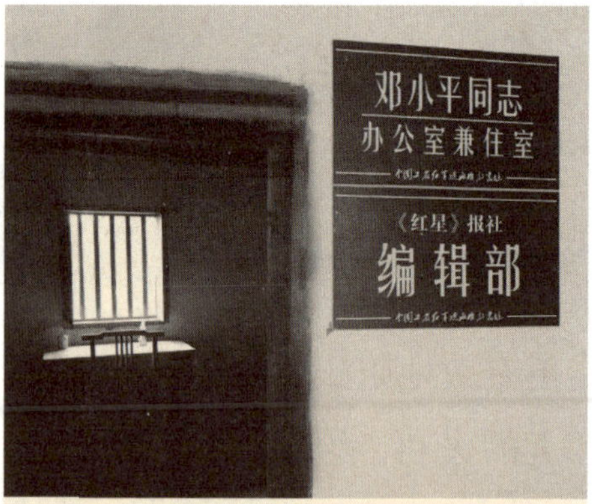

《红星报》编辑部。

长征开始的时候，邓小平仍然担任《红星》报的主编。红军出发时携带了大量装备，其中肯定也包括编印报纸所需的印刷设备。但在11月底，他们横渡广西东北部的湘江时受到三面夹击，红军携带的大部分装备被迫丢掉。尽管如此，6个星期后，当军队在贵州省遵义进行第一次休整时，《红星》报还是出版了一期综合性的特刊。邓小平一定参与了特刊的编纂。另外，他又一次担任了中央委员会秘书长，这是他第二次担任中央秘书长，有很多工作需要他去处理。

遵义之所以后来闻名遐迩，是因为1935年1月15日到17日中共中央在这里召开了政治局扩大会议。正统的毛主义者认为，这次会议胜利地结束了“左”倾路线在党中央的统治，开始了以毛泽东同志为首的新的党中央的领导。实际上，遵义会议的结果并没有这么明确。从现有的原始文件来看，会议的经过是：毛泽东成功地争取到参加长征的6位政治局委员中大多数人的支持，同意召开政治局扩大会议，讨论江西失败的原因；毛泽东抓住这个机会做了精心准备的长篇发言，抨击周恩来、博古和李德的军事战略，得到了与会大多数人的支持。在会上，毛泽东成为中央政治局常委，进入了党的核心机构，并成为周恩来在党内的军事指挥上的帮助者。但毛泽东获得彻底的胜利是在三周之后。当时，在离遵义很远地方召开的又一次更大范围的政治局扩大会议上，会议通过的各项决议包含了毛泽东在遵义会议上发言的主要观点。在这次会议上，党的高层人事进一步发生变动，曾在遵义会议上支持毛泽东的洛甫接替博古“负总的责任”。曾在1933年出面解救邓小平并同样支持了毛泽东的王稼祥，成为正式的政治局委员。在军队中，毛泽东在3月担任了新成立的前敌司令部政委，并和周恩来、王稼祥组成了新的三人军事小组，一直担任总司令的朱德曾经平静地接受两位文官和一位外国人的领导，现在同样平静地接受了新的领导的变动。已经不受欢迎的李德被派到一个基层指挥部视察前线战事。

邓小平参加了遵义会议。作为中央秘书长，他一定为准备和发布各项决议做了大量工作。但在遵义会议后，他却有很长一段时间无事可做[①]。直到5月中旬在他的家乡四川会理召开的另一次政治局扩大会议上

①遵义会议以后，邓小平以中央秘书长的身份参加了多次重要的政治局会议。——译注

才看到他的活动。在这次会上，出现了反对毛泽东的声音。虽然红军部队在那个月的月初成功地渡过了金沙江，但在此之前，红军是沿贵州和云南的西南部绕了一个大圈，在这段艰苦的行军过程中，大批士兵因疲惫而死，付出的代价是很大的。一些高层指挥官抱怨上级领导指挥不力，洛甫也支持他们。但毛泽东击败了他们，显示了他在捍卫自己方面同在遵义会议上一样，是所向无敌的。

毛泽东与张国焘。

在那年夏天接下来的大部分时间里，都是在毛泽东和张国焘间的谈判中度过的。毛泽东当时或多或少地得到了从江西出来的政治领导人的支持。张国焘是红四方面军的政委。红四方面军从 1932 年起就在四川一带活动，当时的兵力是红一方面军的五六倍。经过 8 个月的征战，红一方面军已经从 7 万人减少到不足 1 万人。由于这个原因，再加上张国焘很早就是政治局委员，所以毛泽东一点也不敢小看他。

当时，有好几个重大的政治问题和军事问题正处于抉择的关头，其中首要的问题是：这支会合在一起的 7 万多人的队伍该向何处去？是北上向更靠近苏联的地区推进？还是留在四川？因为四川远离南京，南京政府对它鞭长莫及。经过先后 4 次会议的讨论，最后通过了一项新的行动计划，确立了新的指挥系统，以及把部队分成左路军和右路军共同北上的计划。毛泽东坚持北上的意见占了上风。但张国焘取代周恩来成为红军总政委，同时他设法使整个红一方面军全部归他指挥，由第四方面军的人分别担任红一方面军的司令和政委。

这些计划和方案最终在 8 月底确定，但只维持了两个星期。9 月初，张国焘决定并下令整个部队转向南行，左路军的全体和右路军中他的部下都听从了他的这一南下的命令。但右路军的毛泽东和其他党的领导人则拒绝服从张国焘的命令。他们运用党的权威，命令张国焘继续北进，“不得反对，不得拖延，不得违抗”，他们自己带领约 5000 人开始向北走。

大约是在夏天，邓小平调离党中央，出任红一军团政治部宣传部部长。红一军团在长征中一直由林彪指挥。邓小平的任务是向林彪指挥下的这支仅存两三千人（原来有 18000 人）的队伍宣传毛泽东北上抗日的目标和理由。毛泽东与张国焘彻底决裂的标志是 9 月 12 日召开的中央政治局会议，传达和解释会议决议的任务自然落到了邓小平的身上。这次会议决定，毛泽东的部队要继续北上。毛泽东提出的目标是，在临近苏联的边界地区开辟一块根据地，然后再向东发展；同时，红军队伍要进行整编。由彭德怀任司令，毛泽东任政委，朱德和张国焘留在指挥部；最后，会议整编成立中国工农红军陕甘支队。

毛泽东的队伍在出发了几乎整整一年之后，于10月18日到达长城脚下的小城吴起镇，结束了长征。他们来到了由一支小规模的红军队伍1931年就在西北开辟出的一小片根据地，终于有了落脚点，可以休整一下了。

红军长征时经过的泸定桥。

在现有的已经发表过的大量有关长征的出版物中，没有资料提到邓小平在长征期间曾经遇到过什么生命危险。他一直是政治工作者，因此没有参加战斗，也没有担负过任何志愿性质的战斗任务。这些由小队志愿者参加的行动是长征期间军事行动的重要方面，其中有三次行动是夺取江河对岸的登陆点，最著名的行动发生在四川西部，有22名战士冒着炮火爬过拆掉木板的铁索桥，后来有18名勇士活了下来。

然而，对邓小平来说，长征就如同4年前红七军从广西到江西的远征一样，是一次严酷的考验：同样长期的体力消耗，同样恶劣的气候，同样为部队的粮食来源担忧，同样随时有受到敌人袭击的危险。在长征后期，红军两次穿越自然条件极其恶劣的地区。一是四川西部荒无人烟、冰雪覆盖的雪山，另一个是川西北部的大草地，很多红军战士牺牲在这里。

毛泽东和彭德怀率领的这支小规模的队伍，最终的落脚点是一个贫穷、偏远、人烟稀少的地区。偏远是一个有利条件，国民党的将领都不愿意把军队派到通信条件不良、远离大城市的地方。但贫穷和人口稀少可不是有利条件，军队招不到强壮的新兵，也找不到充足物资进行补给。

这一地区属于华北和西北的黄土高原，面积比法国和德国的总面积还要大，这里的土壤都是强风带来的淤泥，肥沃但容易流失。这里基本上看不到树木，没有什么植被，气候恶劣，雨水稀少，一旦下雨，黄土就会变成泥浆，洪水泛滥。春天，戈壁沙漠的劲风会带来漫天的沙石，气温也冷得刺骨。

起初，中共中央把总部设在保安（现称志丹，以纪念 1936 年被杀害的一位当地的红军领袖），这是一个全是黄土小屋的小镇。1936 年，中共中央把总部迁到延安。当时，延安四周有城墙，人口大约有 2 万。如今，城墙已不复存在，但盖在山顶上的一座九层尖顶塔依然矗立。当年在黄土坡上挖出的窑洞也保留了下来。毛泽东和他最亲密的战友们在窑洞里生活了 13 个年头。如今，宝塔和窑洞已经成为中国共产主义运动的象征——宝塔象征着在艰难岁月中的骄傲和不屈，窑洞则显示了毛泽东、周恩来和其他中共领导人过着极具革命美德的艰苦生活，表明他们在延安的日子里，身体力行，过着勤奋、简朴和节俭的生活。

第六章

转战太行

（1935—1945）

邓小平到一二九师时，该师已深入太行山区。太行山位于山西东南部，"山高势险"，"易守难攻"。事实上日本人并没有企图进攻太行山。1937年11月攻占省会太原后，日本人集中设防于从北、南、东通往太原的铁路线。依托山区，刘邓开始建立根据地，并考虑如何处理日军侵略后山西省的形势。

一二九师挺进晋东南，开辟以太行山为中心的抗日根据地。

1935年8月1日，正当毛泽东和张国焘在四川的一个偏僻地方为会师后的红军部队到什么地方去创建新的根据地而争论时，王明在莫斯科以中共中央的名义发表了一个建立中国抗日统一战线的宣言。自从1934年夏秋设在上海的党的中继站被国民党军警发现后，中国共产党与莫斯科之间的电台联系就中断了。此时，无论是毛泽东还是张国焘对这件事都一无所知。直到这年的11月底，也就是他们到达陕西六周以后，毛泽东才从林彪的堂兄、从莫斯科派回国内寻找中共前方领导人并汇报远方事态进展情况的林育英那里听说了这件事。对林育英来说，找到毛泽东等人就像他通过蒙古沙漠一样幸运。张国焘知道这件事还要晚些，是毛泽东通过设在保安与中央联系的电台有选择地告诉了他这件事。

王明之所以在莫斯科发表抗日宣言，是因为苏联对日采取了新政策。当时，斯大林出于对日本陆海军扩张政策野心的担忧，确定了苏联在远东的主要目标是阻止蒋介石的中国和日本建立反苏反共联盟。这就要求苏联和中国建立更为密切的政治关系（两国从1932年起就建立了外交关系），同时要求中国停止内战。为了达到这一目的，斯大林和共产国际希望中国共产党放弃自1927年以来建立独立政府的要求，大大地修改其社会政策，停止对国民党和蒋介石个人的不断攻击与斥骂。

毛泽东本人甚至比斯大林更热衷于推动中国人联合抗日，他认为，唯有在全国统一战线的构架内才能更有效地对付日本人的进攻。但他十分反感蒋介石，既不喜欢他的为人，也不喜欢他的政策，因此，他想找到一个既能建立统一战线，但又不是以蒋介石作为统一战线的唯一领袖的方法。他选择的策略是，自下而上地建立统一战线。他再次提出了1933年1月中共在中央苏区成立“中华苏维埃共和国”时的宣言，即中共愿和一切武装力量订立停战协定，共同抗日，并要求国民党部队停止进攻苏区，给予他们“民主权利”和武装苏区民众。

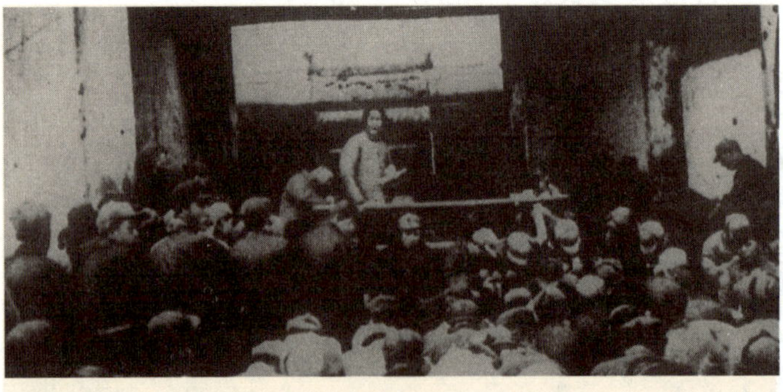

瓦窑堡会议。

毛泽东很快就采取了行动。1935年12月底，中共中央政治局在陕北一个贫瘠的小村庄瓦窑堡召开会议，通过了一个政治决议，决议着重表明：

> ……我们的任务，是在不但要团结一切可能的反日的基本力量，而且要团结一切可能的反日同盟者，是在使全国人民有力出力，有钱出钱，有枪出枪，有知识出知识，不使一个爱国的中国人，不参加到反日的战线上去。这就是党的最广泛的民族统一战线策略的总路线。

几天后，毛泽东在党的一次会议上说，“日本侵略”改变了中国的阶级关系，现在使“小资产阶级和民族资产阶级都参加到反日斗争”中去成为可能。但他仍然把蒋介石视为敌人，把蒋介石的“卖国”政策和日本“征服中国”的政策联系在一起。

这成了中国共产党的纲领。1936 年，中共通过各种方式广泛向外宣传这一纲领。同时，毛泽东和他的同志们艰苦工作，为重建在长征中受到巨大损失的党和军队的力量而努力。他们采取了三个军事行动：巩固陕北根据地；和听命于蒋介石进攻陕北的东北军、西北军达成互不侵犯协议；说服红四方面军、红二方面军向北与红一方面军会合。这三个行动都取得了成功，但在执行第三个军事行动过程中付出了昂贵的代价。

这个代价就是红四方面军在西征新疆时损失了三分之二。1936 年 7 月，张国焘开始率领二、四方面军向北进军，但是他并不愿意和毛泽东领导的部队会合，因此对于这一损失，他是要负主要责任的。但是，作为改组后的中央革命军事委员会主席的毛泽东，在某种程度上也负有责任，至少他对西征的战略目的是默认的。从军事上看，西征使一度辉煌的红四方面军的战斗力大大削弱。从政治上看，张国焘本人的声名和权力彻底丧失了，当他最终回到延安时，受到了公开的批评。

不久，共产党人就与“围剿”他们的地方军的指挥官缔结了互不侵犯的协定。这些地方军首领的背景和经历给了他们以很大的帮助。杨虎城就是其中之一。1927 年当共产党人在冯玉祥部活动时，杨虎城是冯玉祥的助手。另一个就是张学良，他是 1928 年被日本人炸死的满洲军阀张作霖的儿子。他和他军队中的大多数部下一样，要求抗日，不愿“剿共”。经过在延安和西安的谈判，1936 年春双方订立互不侵犯的协定，并建立了贸易和电台的联系。

1936 年，蒋介石对日本的态度也变得强硬起来，但他的首要目标仍然是要消灭共产党。因此他对张、杨的行为极为恼火。这年的初秋，他派遣部分中央军进驻西北。12 月，他又亲自飞抵西安，督促张学良、杨虎城出兵“剿共”，并威胁张、杨，如不出兵“剿共”，就把他们的部队调往中原，远离他们的地盘。结果发生了著名的“西安事变”。

蒋介石下榻于西安东部临潼依山而建的温泉——华清池。12 月 9 日，由学生带领的示威队伍向临潼进发，要求停止内战，全民抗日。张学良告诉示威者，他本人同情他们，并公开向他们允诺：“在一周内给予明确答复。”三天后，张学良的军队根据他的命令捉拿了蒋介石。据说蒋介石是听到士兵在外面敲门时，穿着睡衣逃到山顶的一个小亭子里，后来如同一名囚犯被押到西安。

中国共产党从没有说过要对这起事变负责，他们事先并不知道此事。总之，从他们的反应来看，他们也和其他人一样，对这件事表示震惊。一开始，他们在保安召集了一个群众大会，庆祝他们的头号敌人被捉，毛泽东和其他领导人都谈到要处死蒋介石。然而，几天后，他们变得冷静了，并准备释放蒋，以换取蒋消除对共产党的敌意，共同抗日，这一转变与莫斯科的压力有关（莫斯

周恩来（中间穿飞行服者）结束西安事变谈判回到延安时的留影。

科方面可通过电台和保安联系），但主要是因为共产党冷静地分析了形势，认为张学良的行动为共产党提供了一个机会。

12 月 16 日，周恩来乘坐张学良提供的私人飞机飞抵西安。圣诞节那天，蒋介石被释放了。蒋没有留下任何书面文字，但为了促使张学良尽快放他走，他向周恩来做了口头承诺（杨虎城怕蒋日后报复，并不赞成这样做）。张学良陪同蒋介石去了南京，并为此付出了沉痛的代价，他立刻被捕并被判处十年监禁。杨虎城也受到迫害。1937 年年初，蒋介石解散了他的军队，他再也没有指挥权了。

共产党迅速采取行动以巩固周恩来通过外交手段取得的胜利。1937 年 2 月，毛泽东等以中共中央委员会的名义致电国民党中央执行委员会，提出了放弃武装反蒋，苏区、红军与国统区、国民党军队合为一体，以换取国民党军队停止进攻红军，并释放所有的政治犯，积极开始准备抗日战争。这些建议没有被接受，却开启了双方的正式谈判。在此后的 4 个月中，周恩来和蒋介石进行了 5 次会谈，并达成了协议。

1937 年 7 月抗日战争爆发后不久，国共双方达成了几项正式协议。这样，共产党同意停止武装反蒋，停止没收土地和建立苏维埃政权，改编红军番号并使之在中央政府的指挥之下，为实现孙逸仙的三民主义而奋斗。同时，国民党也允许共产党在几座城市设立办事处，可发行全国性报纸，指定代表参加国民党的咨询机构。他们也同意给共产党相当大的补贴。根据这些协议，陕北根据地变成中华民国的陕甘宁边区并拥有自己的自治政府，红军变成国民革命军第八路军和新四军（新四军是由长征开始后留在江西的幸存的一部分部队组成的）。

邓小平在长征快要结束时生了一场病，而且病得很厉害。据说他患了严重的伤寒，当他到达陕西时，已病得不能骑马或走路了。病好后，他担任了红一军团政治部主任，他的这个职务是在1936年红一军团到达陕西后由毛泽东和彭德怀指定的。这是提拔，也是他在此后16年一直从事的工作。他的事业进入了一个崭新的时期，在以后的16年中，他的名字传遍全党和全军，显示出他有资格成为一名国家的领导人。

红军长征胜利到达陕北后，1937年邓小平同部分干部在旬邑县合影。

在这段时期，邓小平既是一个政治军人，又是一个军人政治家。作为一个政治军人，他的工作是确保军队响应政治教育和训练。作为一个军人政治家，他的工作是确保党能了解军队的实际，而不会对军队提出的要求太多或太少。后来，这项工作都由受过正规训练的专业军官负责。然而，在20世纪30年代和40年代，这项工作通常是由党内级别很高的干部担任。毛泽东、周恩来和刘少奇都曾在某一时期担任过红军的政委。和毛泽东一样，邓小平认为这一工作所扮演的双重角色非常适合他。他丰富的经验使得他成为一名高明的政治家，他的性格又使得他很适合军队生活。

在红军和八路军这样一种政治军事体系中，从军到师，每一级都是由政委和政治部组成的。在部队的每一级中，政委在党内排列的地位明显高于军事指挥官，政委也拥有较大的权力，政委可以用自己的名义发布命令和指示。除非是在战争最危急的时刻，否则军事指挥官的命令必须在政委的联署下才能生效。

作为政治军人，政委的职责范围很广，从部队所有党员的“政治意识”、政治觉悟到整个部队的士气与福利，都由政委负责。他不但要组织部队的运动会，还要对党员们说明党的决议和指示的重要性。他也要负责安排大多数文盲士兵的文化基础教育。在军队之外他有责任争取群众的信任和支持。1937 年以前，地主始终是作为阶级敌人来对待的，即使有时会留一小块土地给他们耕种，以自食其力，而没收

1937 年 9 月，邓小平在延安抗日军政大学做报告。右坐板凳者为抗大校长林彪。

分发他们的浮财包括房子则是正当的行动。然而，军队不可能单靠强征来维持，他们必须和一般农民维持良好关系，这样才会有人愿意卖给他们一些牲口、粮食或补给品。在红军势力尚不稳固的地区，这项民众工作尤为重要。有些农民害怕与共产党合作，因为他们担心会招致卷土重来的地主、国民党军队和官员的报复。

1937 年秋，邓小平（右一）同周恩来（右二）、彭雪枫（右五）在山西。

从 1937 年 7 月到 1945 年 8 月，中日战争持续了 8 年。战争之初，共产党仅有一块根据地，且远在西北荒凉的黄土高原上。战争结束时，他们建立了 19 块根据地，是原来陕甘宁根据地的 12 倍之多，而且拥有近 1 亿的人口。就像当年江西根据地那样，这些新的根据地也有核心与外围之分，每一块根据地都至少有一个核心区由共产党控制。在华北，西起陕甘宁东至山东半岛的顶端，12 块根据地连成一片。在当时，只有两块根据地是完全孤立的：一块是远处南方海南岛的山区；另一块在香港和广州之间的珠江三角洲一带。

军队和党力量壮大的速度甚至超过了根据地的发展。1937 年年底，八路军和新四军的总兵力大约有 5 万人，到 1945 年春，已经增加到将近 90 万人。1937 年，中共党员大约有4万人，而且主要集中在陕甘宁边区。1945年春已经扩大为120万人，并且遍布全国各地。

当时，所有新的根据地，全部的或部分的，都处于敌后。这是中国共产党在战争开始时采取的一项战略。1937年，几位政治和军事领导人主张八路军以完整的师或旅与国民党军队密切配合，对日军进行运动战。新当选为军事委员会书记的毛泽东竭力反对这种主张。在1937年8月的政治局会议上，他坚持认为，日军总的来说比红军与之战斗了10年的国民党军队更难对付。采取运动战会使弱小的八路军过早地暴露自己以致被日寇消灭。主张展开运动战的一些人则担心，单纯进行游击战会招致别人对共产党的责难，会说共产党要求抗日的全部勇气只表现在语言上，他们所关心的只是建立他们自己的军事和政治力量。毛泽东主张不放弃“有利条件下的”运动战，但“基本上”应以游击战为主。

建立根据地的过程是很艰苦的，而且经受了许多挫折。开始根据地只能建立在山区，但后来在华北平原的许多地方也建立了根据地。无论是山区还是平原，创建根据地首先是建立稳固的军事控制。一旦部队站稳脚跟，党就着手把新占领的地区变为根据地。接着通常是建立一个新的地方政权机构。这一机构是通过普选产生的，包括建立一个村一级或更高一级的协商和执行委员会。为维护自己的政权，党通过鼓励党员参加选举，确保执行委员会成员中的多数都能执行党支部的指示，下一步通常要做的是改善当地穷人的命运，主要是削减地方权势人物的财富和权力。在此期间，颁布了三个文件：减租，减息，实行合理负担和统一累进税。减租条例要求减租25%，这个比率曾经是孙中山的誓言。在存粮耗尽的春荒之时，不仅利息被大大地削减了，最后连许多贫农赖以生存的借贷也被停止了，但是有时税的分量却大大地累进了。

共产党在根据地从没有忽视社会鼓动和爱国宣传。日军的入侵，使中国民众有序安宁生活直接或间接地遭到了破坏。共产党成功地获得民众支持的关键是，保证人民过上有序安宁的生活，并且和人民大众建立更加密切的关系。就连许多日本人和国民党人在某种程度上也不得不承认这一点。

在华北，有四个由一块或几块根据地组成的边区，这些地跨二至四个省份的边区，有他们自己的政府及通过选举产生的地方参议会。在通常情况下，党员在这些机构中占多数，但也不是完全如此。地方参议会的权力和地位高于一般的行政官员。蒋介石唯一承认其合法存在的陕甘宁边区，是个例外。

1937年，任八路军政治部副主任的邓小平。

邓小平没有参加那次制定战略战术的会议，但在会议结束的当天，他就被任命为八路军政治部副主任。这样，1937年秋天，他被派往位于山西东北部遍布佛教、喇嘛寺庙的五台山。他到那儿时，由林彪指挥的一一五师在一个狭窄谷道伏击和重创了日本侵略军一个师的辎重补给部队，这是抗日战争中中国军队取得的第一次胜利，虽然没有俘虏，没有缴获很多武器，却提高了共产党在全国的声望。

1938年1月，邓小平接替一位病重的同志林育南（张浩），出任一二九师政治委员。邓小平在一二九师一直工作到战争结束。这个师大约有13000兵力，主要是由张国焘领导的红四方面军的余部组成。因此该师的士气可能要比八路军其他两个师低。

一二九师的师长是刘伯承，和邓小平同乡，也是四川人，是个终身职业军人。他生于1892年，比邓小平大12岁。他在20世纪20年代初参加共产党之前，是个川军军官。1927年八一南昌起义后，他被中共派往苏联，在红军学院学习了三年。长征时任红一军团参谋长。在战术问题上，他没有和其他指挥员特别是林彪、彭德怀发生争论。他一只眼睛失明，所以总是戴着一副眼镜。他是军人中的军人，深受部下爱戴，他似乎有自己的处事原则，不愿过问政治。他和邓小平合作得很好。多少年后邓小平在官方出版的他的传记中说，人们习惯把“刘邓”连在一起，这一点也不错，“在我们两人心里也觉得彼

邓小平同一二九师师长刘伯承在一起。

此难以分开”。

邓小平到一二九师时，该师已深入太行山区。太行山位于山西东南部，“山高势险”，“易守难攻”。事实上日本人并没有企图进攻太行山。1937 年 11 月攻占省会太原后，日本人集中设防于从北、南、东通往太原的铁路线。依托山区，刘邓开始建立根据地，并考虑如何处理日军侵略后山西省的形势。当时，省主席已经跑了，地方政府也已瓦解，未被日军占领的地区则到处是国民党军队的逃兵。

1938 年 1 月，邓小平策马奔赴太行前线。

在此后的两年中，即 1938 年和 1939 年，刘邓致力于根据地建设和军队建设，避免同日军遭遇。他们巩固了太行山根据地，并且在山西的中部山区创建了另一块根据地。随后又在日本人控制的平汉铁路以东的华北平原上建立了两块根据地。在各个根据地，他们招募和训练了两种后备军：一种是脱产的地方部队，只在当地活动；另一种是半脱产的民兵，配合地方武装打游击。这些地方武装也为一二九师提供了兵源。

1940 年，刘邓发动攻势，先是抗击国民党军，然后抗击日本侵略军。这年 3 月，他们抗击了进犯太行根据地的国民党军队。这些军队奉蒋介石之命试图在除共产党控制的陕甘宁以外的许多地方重建国民党政权。刘邓击退了他们，然后又击退了配合中央军行动的地方军阀阎锡山的部队。这些胜利在边区内外给他们在政治上提供了更多自由活动的空间。

刘邓的胜利鼓舞了在山西的所有共产党指挥员抗击日军侵略的信心和勇气。不管有没有在延安的毛泽东的军事委员会的指示，他们都制订了攻击华北铁路沿线日军据点的计划，并且封锁和分割了日军占领的铁路线。这个攻击计划在 8 月底开始实施，持续了三个多月。开始时共产党投入了 22 个团，大约 4 万人的兵力，后来当战役规模扩大到包括进攻其他日本驻军，以及日军开始发动反攻时，中国共产党投入的兵力增加了 5 倍，有 105 个团，总兵力达到 20 多万人。

这就是著名的“百团大战”。百团大战带来的结果是双面的，它导致山西、河北日军的通信中断了几个星期，中共部队占领了多个城镇，使得全国的民心、士气为之一振，因为自从 1938 年秋日本人占领汉口和广州后，国民党军队在华中和华南一直处于守势，一些城镇沦陷、失守的坏消息接连不断，充斥一时。另一方面，百团大战也把八路军的实力暴露给了日军，日军必然要报复；同时也把自己暴露给了国民党，使国民党了解到共产党在根据地

1938 年，邓小平（左一）和朱德（左三）、刘伯承（中）一起研究作战计划。

和军队建设方面取得了相当的成功。在延安的毛泽东看到国民党的报纸上公开宣传这一战役时，反应不佳。据说，他对这次战役行动大为不满。关于此役，八路军前线指挥员彭德怀后来在回忆录中写道，他比原计划提前 10 天下达了战斗命令，因此没有征得延安方面的同意。这一做法令毛泽东很生气。毛泽东认为像彭德怀以及其他有关人包括邓小平在内，在战役第一阶段取得成功后扩大战役规模，投入 20 万兵力实施中心进攻是过于鲁莽。彭德怀还写道，当他们胜利的消息传到延安时，毛泽东发给他一封贺电。但这封贺电可能是庆贺他们第一阶段取得的胜利。5 年后的 1945 年夏天，在延安的一次会议上，彭德怀还是因此事受到了批评。今天对百团大战是肯定的。在官方出版的邓小平的传记中关于此战役有两句话：

> 同年 8 月起，刘伯承和邓小平率领所部 38 个团（未包括地方部队）参加“百团大战”，进行大小战斗 529 次，给日、伪军很大打击，鼓舞了全国人民的信心。

不过，接下去的第一句话却是：“1941 年华北敌后的抗战进入了最艰苦的阶段，日本侵略军将侵华重点转到敌后”。文中并没有把这种转变归咎于这次战役，但也没有做其他任何解释。

百团大战以后的两年，对华北所有的根据地来说的确是最困难的两年。1941 年 12 月太平洋战争爆发后，日军并没有减少他们在中国的军队，反而决定要消灭根据地内所有中国共产党的军队，消除共产党的影响。在“杀光、烧光、抢光”的军令下，日军在扫荡地区一次待上几个星期或几个月，不管你是共产党人还是普通老百姓，一律格杀勿论。日军在这些地区进行多次大屠杀，把田里的庄稼放火烧掉，储藏的食物不是被毁就是被抢，到了 1942 年年底，华北平原地区的根据地，包括一二九师创建的两块，已经没有共产党控制的任何武装了。在山区，共产党在“百团大战”中占领的许多城镇也丢失了。

正是在山西东部荒凉的山区过着艰苦生活的这个时期，最先构成了邓小平成熟形象的清晰画面。他的一些演说与文章,开始出现在中共公布的档案记录中。从他留学法国以来，第一次出现了许多有关他的逸闻故事。

邓小平的个子不高，大约在他前往法国留学时，就已经不再长高了。他身高只有 5 英尺，他后来说这是因为他在法国吃不饱的缘故。但更确切地说是因为遗传。他的父亲个子就不高，他的子女也都不高。邓小平还不到中年就长得很粗壮了，他脖子虽短，肩却很宽，脸盘宽而方，有坚毅的下颏和一双比大多数中国人更为深邃的眼睛。

和许多个子不高的人一样，邓小平动作敏捷，精力旺盛，身体也很好，除了在长征结束时患过一次伤寒外，在青年和中年时期，即使在广西和山西那些地方病流行的地区长时间生活，他也从未生过病。从某个时期开始，他烟瘾很大，这一点他不像周恩来而像毛泽东。但从来也没有听说过，抽烟给他的身体带来什么副作用。

邓小平脾气不好，经常发怒。虽然他很早就学会如何控制自己的脾气，但并没有太大效果，而且有时候，他还故意让自己的怒气表现出来。后来，他成为国家领导人后，他的同事和属下都很害怕他发脾气。由于天生的坏脾气，邓小平也天生没有耐性，但他总是在采取行动之前，做一番审慎的思考。而且只有在下级对某些决策拖着不办时，他才会公开表示不满。

1940年4月，邓小平在山西黎城会议上做报告。（徐肖冰 摄）

邓小平天资聪明。他在晚年的讲话和谈话中谈到教育问题时，曾不止一次地对自己在16岁时就中断学业表示遗憾。他是一个出色的政治和军事分析家。不论是在口头上还是在书面上，他的报告都很清楚，有条理。在《邓小平文选》第一卷中收有9篇他20世纪40年代初期的讲话和文章，这些讲话和文章虽然看起来平铺直叙、有些平淡，但却很有说服力。这表明邓小平思想坚定，能很好地抓住论点，处理和解决问题不墨守成规。他重视事实和数字，并且努力学习，使自己成为贸易税收方面的专家，而这些是他从未涉及过的。但是，对于一二九师在1941年开辟的根据地，以及他和刘伯承在这些根据地上所建立的边区政府的生存，却是生死攸关的。他处理所有经济工作的原则是："限制过去残酷剥削的程度……但鼓励资本主义生产，这在目前对发展国民经济是有益的。"他的这段话有两个重要特征：第一，是他对"资本主义生产"没有委婉其词；第二，他在"有益的"前面加上"目前"这个词，这就清楚地说明共产主义并不会永远容忍资本主义。

中共中央北方局代理书记邓小平

1943年年初，日军对根据地的压力开始减轻。共产党抓住这个机会开始向外发展，除了恢复老的革命根据地之外，还开辟了新的根据地，特别是在山东。邓小平在指导开辟这一地区的进程中担负了重要责任。1943年下半年，华北根据地的三位高级指挥员彭德怀、刘伯承和聂荣臻奉命回延安，邓小平接替彭德怀担任中共北方局代理书记，同时主持八路军总部的日常工作，指挥大约30万正规军和数量相当的地方部队。

1944年春，日军发动了侵华战争以来最大的、代号为"一号作战"①的攻势。它主要有两个企图：打通

①英语"I chigo"是日语音译，有"一回合"等意思。中共中央党校李践为主编的《中国共产党历史》（人民出版社1990年版）译为"一号作战"。——译注

贯穿中国南北和西南的重要铁路交通线，以减轻日军对海上交通的依赖。美国这时对日军海上交通的攻击已经越来越频繁；占领西南的机场，因为美国飞虎队飞机对该机场的利用越来越多。4 月，日军的攻势从河南开始，夏秋间又延续到湖南、广西。在美国陈纳德将军第 14 航空大队的支持下，中国军队在湖南一些地方进行了顽强抵抗，但其他地方没有抵抗。到了 11 月，铁路沿线的中国军队被肃清了。机场也被日军占领。蒋介石的军队损失惨重，成千上万的老百姓惨遭屠杀。日军这场攻势的结果，在某种程度上向世界暴露出，自从战争爆发以来，国民党军队的战斗力已大为降低。同时，它的中央政府也已经变得腐败和内讧不断。这对蒋介石的个人威望也构成了很大的打击，尤其是在国内，国民的信心也同样受到巨大的打击。到 1944 年年底，正如劳埃德·依特曼教授所说，中国已经成为这样一个国家："经济产品贫乏，通货膨胀加剧，在日本人面前军队倒霉，政府腐败，政治不满充满于社会的各个角落"。

在日军发动"一号作战"攻势期间，共产党集中力量巩固他们在华北和华东的根据地。他们没有发起进攻以减轻蒋介石军队的压力，但也谨防攻势会波及国民党势力已崩溃的地区，例如河南。邓小平的主要任务是在华北根据地打击日军的一些非主要性进攻，在根据地内坚持实施既定的社会和经济政策，特别是减租减息。到 1945 年春，他指挥下的正规军人数已经

①抗日战争胜利时，邓小平指挥下的正规军人数约30万人。——译注

发展到近50万人[①]，他成为这一方土地上的头面人物。

在1945年夏天之前，邓小平仅回过延安两次：一次是1938年9月参加中央扩大会议（他还不是中央委员），另一次是1939年7月参加中央政治局扩大会议。会后不久，他第三次结婚。他的新婚妻子叫浦琼英（后来改名卓琳），是云南著名的实业家、火腿大王浦在廷的女儿。1937年她作为北平的一名学生从北平来到延安。她比邓小平小12岁。现在他们相伴已经54年。同毛泽东、刘少奇和周恩来的妻子不一样，她从来没有要求在政治舞台上发展。她只是专心待在家里，照顾她的丈夫，养育她在1940年到1952年为邓小平所生的5个子女。她年轻时身材苗条，有着一张瓜子脸，中年就发福了。在中国共产党领导人的婚姻中，他们的婚姻比其他人的时间要长，而且是最幸福的婚姻之一。

婚后不久，邓小平和新婚妻子卓琳就一同返回了抗日前线——太行山。

在邓小平留在太行山的这段时期，毛泽东从集体领导中的一员变成了党的领袖。1945年4月至6月在延安召开的党的七大上，他当选为中央委员会主席，中央政治局主席和中央书记处书记。在这次大会上，邓小平当选为中央委员。在“七大”上，中央委员会的领导核心做出了许多重要的决定。毛泽东的“思想”，

被尊奉为党的指导一切工作的新的准绳。他既获得了一个正式的权位同时又获得了思想上的崇高地位，这是连斯大林也望尘莫及的。

毛泽东的正式崛起只不过是扩大了他的权力和声望。早在 1936 年年初，他在书记处排在洛甫、博古、周恩来之后时，他的权力就比他们任何人都大。他作为党的实际领导人会见了埃德加 · 斯诺。但是在当时的条件下，中国共产党只是共产国际的一个支部，没有得到国际的认可，他不可能走得更远。因此，1937 年 7 月王稼祥从莫斯科返回延安对毛来说是一个非常重要的时刻。王稼祥曾在遵义会议上第一个站出来表态支持毛泽东，后来他去了莫斯科治病。王稼祥这次回延安，带来了共产国际执行委员会主席季米特洛夫的指示，称毛为“中国人民的领袖”。

虽然季米特洛夫肯定了毛的地位，但在 1937 年 11 月到 1938 年 11 月这一年里，毛的日子并不好过。1937 年 11 月，在莫斯科的三个政治局委员王明、康生、陈云回到了中国。1938 年 11 月延安第一次召开的中央全会所通过的决议，主要反映了他在政治和军事战略上的主张。通过王明等回国这一年来的所作所为，毛

1936 年，美国进步作家、记者斯诺访问陕北，写出了第一部向全世界介绍中国革命的书《红星照耀中国》。这是 1938 年复社在上海出版的该书的中译本《西行漫记》。

泽东发现他和王明在一些重大问题上一直存在分歧，他们的主要分歧在于：在新的抗日民族统一战线中国共两党是应保持相对独立性呢，还是一味地妥协退让？王明的口号是“一切经过统一战线”。

王明能说会道而且狂妄自负。1931年在上海时，他撰写和散发了一本小册子《两条路线——为中共更加布尔什维克化而斗争》，表明了留苏派的完整的政治纲领，并且成为当时控制中央局的博古和洛甫的参考手册。他作为中国共产党驻共产国际的首席代表回到莫斯科后，成为共产国际执行委员会委员。他认为完全有权力以党的名义发表1935年的《八一宣言》，号召建立一个新的统一战线。

由于这一原因，在王明回来后大约半年时间内，毛泽东成为“少数派，有时完全被孤立”。后来形势发生变化，主要是因为王明政治上的幼稚。他没有待在延安，在这里他既可以影响其他领导人又可以和莫斯科保持联系，而是选择了在1938年夏去武汉，卷入和国民党将领以及政客们辩论关于能不能组织民众像西班牙共和国保卫马德里那样保卫城市问题。当他回到延安后发觉，他在政治局中已经没有发言的权利。政治局请他在随即召开的中央委员会会议上做主旨报告，但是后来又拒绝他讲而由毛泽东替代他做报告。

这样，王明这颗明星很快就黯淡下去了。在随后召开的纠正抗战初期王明的“右倾投降主义”错误的中央委员会上，他继续担任了一段时间的中央统战部部长，撰写了许多文章在党报上发表。但是这一职务后又被周恩来以适当理由所取代。后来他成为非常活跃的自由撰稿人。在 1945 年和 1956 年党的代表大会上，他重新入选中央委员会，但其地位已经很低了。60 年代他在“文化大革命”中受到公开批判。可能是得到俄国人的帮助，1956 年他逃往苏联，饱受背井离乡之苦，70 年代在莫斯科去世。

毛泽东在其地位的合法性和政治权力牢固之后，开始着手加强理论地位。在这个领域，此时他在党内的影响仍然很大，这也给邓小平留下了很深的烙印。

从后来的情况来看，毛泽东最重要的一点是分析关于中国革命进程的阶段和共产党与社会的关系。毛泽东把中国革命的前社会主义时期分为两个阶段：第一个阶段至 1918 年属于旧的资产阶级民主革命范畴；第二个阶段其社会特征仍然是资产阶级民主革命，但已经成为世界无产阶级革命的一个组成部分，并且要求建立“包括无产阶级和农民在内的”“几个革命阶级联合专政”的政治制度，他称第二个时期为新民主主义时期，并着手给其政治、经济、文化纲领下了恰如其分的定义。正是在这个框架内，后来制定了进一步的政策建议，特别是在 1945 年他建议成立一个民主联合政府和 1949 年建立由共产党领导的多党合作的政府。

在谈到党和社会的问题时，毛泽东协调了民主与专政的关系。他的这一理论框架的核心是群众路线，正如他所写的：

> 在我们党的一切实际工作中，凡属正确的领导，必须是从群众中来到群众中去。这就是说，将群众的意见（分散的无系统的意见）集中起来（经过研究，化为集中的系统的意见），又到群众中去做宣传解释，化为群众的意见，使群众坚持下去，见之于行动，并在群众行动中考验这些意见是否正确。

群众路线有两个根源：中国千年的传统和非中国的卢梭主义以及法国大革命时期雅各宾派的传统。毛泽东在综合这几种观点时强调党的作用，并使之置于党的领导之下。但是，他坚定地把群众观点看作党在实际工作中制定政策的第一手材料，因此，把民粹主义遵循的要素糅进中国的现代政治文化之中。

毛泽东为了清除王明的观点在党内的影响，代之以自己的观点，1942年2月在延安发动了“整风运动”，这一运动在此后的两年中遍及各个根据地。他选择了三种特殊的思想方法和行为予以批评，即主观主义、宗派主义和党八股。在他的思想中，这第一、二个问题都有双重表现。例如，主观主义就体现为“教条主义”和“经验主义”。在这次运动期间，主要批判了教条主义。运动正式结束时没有人被点名。直到1945年，王明、博古在中央委员会的决议中被认定为教条主义。

整风运动是在“惩前毖后，治病救人”和1943年夏开始的“一个不杀，大部不抓”的口号下进行的，这和20世纪30年代初期留苏派在各根据地进行的清洗是不同的。但是，冗长的会议常常陷于非常紧张和不愉快之中，被称为“斗争会”。1937年战争爆发后有几个文化人从上海和其他城市聚集延安。他们中几乎所有人在最后都承认犯有错误。但有一位作家写了讽刺杂文批评了延安的说教者，而遭逮捕。他被投进监狱，几年以后被秘密处死。对于他的死，康生要负责任。康生曾在苏联受过特种训练，和毛泽东1939年结婚的第三任妻子江青熟识多年。在整风运动期间，当康生企图把党员在抢救运动中的缺点写进档案时，毛泽东制止了。在25年以后的“文化大革命”中，毛泽东给予了康生很大的权利。

自从1939年回延安后，邓小平直到1945年6月才再次回到延安参加七届一中全会，这时，他第一次被选为中央委员，在44名委员及33位候补委员中他排在第28位。或许因为他没有亲自参加“七大”，因而无法让与会代表深刻地了解他。因此中央委员会的这项排名，与他1943年以后所担负的重大责任，以及他随后所担任的职务并不相称，与毛泽东对他才能的评价以及与他的同伴相比，也是不相称的。

第七章

逐鹿中原

（1945—1952）

1946年7月至1947年6月，是全面内战的第一年。八路军和新四军后更名为人民解放军。整个武装力量分成四个野战军，在除满洲之外的全国各个地方展开了防御战。整整一年的时间，刘邓的部队在山东西部，也就是在黄河南岸由东向西的铁路线两侧，同优势的国民党军队作战，他们重创敌军，尽管他们本身的伤亡并不重，但还是做了不少退却，让出不少土地。直到1948年春天，邓小平及其部队的处境才开始有了转机。其余的共产党部队的防线进入了黄河与大别山区之间。这时，邓小平才能离开大别山区向豫北进军。5月，他在那里被任命为党的中原局第一书记和中原野战军的政治委员，仍然同刘伯承并肩作战。

1948 年 3 月 15 日，邓小平在中原局干部会议上做整党和新式整军工作的动员报告。

日本在1945年8月14日宣布投降后，国共两党之间不可避免地会再度展开争夺全国政权的斗争，而且这次权力争夺激烈程度要远远胜过抗战之前。那么，这场斗争一定会引发内战吗？

一方面，从日本投降后国共双方发表的声明和采取的行动来看，双方都准备做出较大的让步，以建立或者说至少是在形式上建立起一个机构，从而使双方能够在这个机构内展开政治上的较量。社会各界要求他们这么做的呼声很高，也很强烈。因为经过八年抗战，有数百万人丧生，[①]尤其是此前还经历了近三十年连绵不断的内战，全国的各个阶层对战争都已是深恶痛绝了。这时，美国也非常希望和平，他们竭力向国共双方施加压力，并为实现和平进行斡旋。此时的国民党同抗战时期一样，迫切需要美国在政治、军事和经济上的支持。当时，俄国的军队已经在1945年8月间占领了满洲，他们也很希望和平，以免自己处于在国共之间必须做出政治抉择的尴尬局面，同时还希望因

①据统计，在抗日战争中中国军民伤亡人数在三千五百万以上。——译注

此能促使美国尽快从中国撤军。此外，就国共双方而言，各自也都有不希望发生内战的充分理由。共产党没有把握能在这样一场内战中生存下来，更没有把握取胜。国民党则有大量的政治和经济工作要做，其中最迫切的既有恢复日军占领区内的行政权力，又包括恢复和重建战时遭到严重破坏的经济秩序。

另一方面，国共双方都不信任对方。更严重的是，双方都坚持各自主张，不给对方留任何余地。因此，一旦双方之间的均势因发生变化而出现严重倾斜，双方间的任何政治和解或在谅解基础上达成的协议，就会立即破裂。而且一旦发生这种情况，只要共产党还掌握着武装力量（他们一直无意放弃武力），内战就不可避免。因此，各方面得出的结论是：内战不可避免，但应尽力推迟内战的爆发。

实际上，在全面内战爆发前，国共曾有两个严肃认真的谈判阶段。

第一阶段是从1945年的8月到10月。当时，在美国的敦促下，蒋介石和毛泽东（后者有周恩来的支持）在重庆进行了为期六个星期的谈判。双方就存在争议的所有政治和军事问题进行了谈判。然而，在谈判桌的背后，国、共双方军事力量的较量早已在满洲地区展开，捷足先登者将得到苏联的帮助，这就是国共谈判的背景。最终双方都做了让步，共产党放弃了让蒋介石建立一个包括中共在内的联合政府的要求，并且同意让出他们19个根据地中的9个。但有一个问题难以达成共识，那就是共产党的其他10个根据地将来如何管理。蒋介石希望共产党将这10个位于北方或西北地区的根据地并入国民政府，毛泽东断然拒绝了这个要求。直到10月毛泽东返回延安的时候，这个问题仍悬而未决，而且后来也一直没有解决。

停战协定签订后，国共两党和美国三方代表组成“三人小组”及北平军事调处执行部，军调部派出执行小组分赴各地执行任务。图为邓小平在邯郸会见军调部执行小组时同他们的合影。

第二个阶段是从1945年12月到1946年6月。在这一阶段，马歇尔将军作为杜鲁门总统的特使被派往中国，他一方面竭力协调国共停战，一方面积极催促双方达成政治及军事上的和解。一开始，他取得了很大成功：先是在1946年1月达成了停战协议，在这个协议下成立了由三方组成的休战监督小组，在接下来的一个月内还达成了一系列政治和军事协议。其中一个军事协议表明，三方委员会制订出了一个计划以平衡国共双方的军事力量。但是这种有效的干预未能延续下去。之所以出现这种局面，第一个原因是当时没有一个至高的权威力量来保证协议的贯

马歇尔来华调停。

彻执行。第二个原因是由谁来掌管共产党的北方根据地这个问题尚悬而未决。第三个原因是共产党加紧占领那些苏军刚刚撤出的城市，而国民党则派兵要赶走共产党军队。也正因为如此，满洲地区在3月间就爆发了激烈的战斗。从那时起，违背停战协议的事件便屡屡发生。马歇尔曾在6月初设法调停东北停火两周，但在停火期间的谈判中，对一些最本质的也是最实际的问题并未达成任何协议。7月初，蒋介石在做了几个月全面进攻共产党的准备后，终于下令发动了战争。

太平洋战争结束后，刘伯承与邓小平依旧搭档共事。早在毛泽东离开重庆之前，刘邓的部队就投入了战斗，那是在1946年秋季，在他们的边区（或者用后来更普遍的称呼叫作解放区）的西部和中部地区，他们指挥部队反击国民党武装的进攻。

第一场战役是打阎锡山。阎锡山从1940年起就是刘伯承和邓小平的对手。1945年9月，阎锡山想恢复他曾经担任过的山西省省主席的身份，为此，他开始出兵准备收复共产党在山西省东部及中部的两个根据地——太行和太岳。刘伯承和邓小平早有准备，他们根据毛泽东的传统的游击战术，诱敌深入至山区，各个击破阎锡山分散的几个师。这次战斗共捕获两万多俘虏，其中还有多名高级军官。这场战役表明，八路军的部队不但有实力同国民党的大兵团作战，而且还能够战胜他们。同时，这场战役也教训了蒋介石，使蒋认识到，如果想从共产党手中得到他们不愿在谈判桌上放弃的任何领土，就必须全力以战。

第二场战役紧接着就爆发了。国民党军出动 4 万人，试图沿平汉路穿过共产党解放区的心脏地带向北推进。刘、邓立即出兵迎击。第一次战斗在平汉铁路上的一座大城市邯郸打响，结果，将近三分之一的国民党军在指挥官的带领下投向了共产党，开启了日后国民党军队大批投向共产党的先例。其余的军队在溃退中也很快被共产党的军队包围，并被迫投降。这次战斗告诉蒋介石，共产党不允许国民党的军队在其解放区内进行战略行动。毛泽东丝毫不掩饰这一点，他在这次战斗结束不久发表的一项声明中毫无保留

1946 年 2 月，邓小平（左一）与刘伯承、薄一波、杨秀峰、高树勋送平汉战役中被俘的国民党军第十一战区副司令长官马法五（穿长衫者）返回他的部队驻地新乡。

地说出了共产党的这一意图，他指出：

> 国民党当局正在大举调兵，像洪水一样，想要淹没我整个解放区。他们在九、十两月几次进攻失败之后，正在布置新的更大规模的进攻。而阻碍这种进攻，亦即有效地制止内战的武器之一，就是不许他们在铁路上运兵。

在接下来的9个月的时间里，共产党在其控制的“解放区”开始加紧实施阶级斗争。从1937年到1945年，他们使用政治压力迫使地主及放债者——他们常常也是地主——实行减租减息。但是，通常的情况下当地的党支部并没有动员那些佃户和借债者去骚扰那些富人。然而现在，毛泽东号召要普遍动员起来，他在1945年11月的一份指示上指出：“减租必须是群众斗争的结果，不能是政府恩赐的”。并且引用了他在1927年写的《湖南农民运动考察报告》中说过的话“矫枉必须过正”。地主已经成为“斗争对象”。

关于这场斗争的目的，1946年5月党的一份指示中指出，时代已经发生变化，减租运动应该发展为没收地主阶级的财产，包括他们的房产。指示中谈到了几种不同的方法，从温和地劝说出售土地到强行没收。在当时的环境下，随着内战的日渐紧迫，大部分地方党的领导选择了比较强硬的做法。许多地方的地主被揪到群众大会上，让群众对他们进行斗争，批判他们苛待农民的种种恶行，然后对他们进行处罚，甚至剥夺其大部分财产。这表明了共产党并没有忘记他们一贯的社会职责，即斗争的目的一是为了打击农村统治阶级的力量，破坏他们的声誉，同时也是为了使农业社会的贫苦大众成为党和军队牢固的后盾。但是第二个目的并未达到，因为许多农民害怕，一旦军事形势发生变化，他们还会重新落到国民党手中，并会因此受到报复；另一些农民则不愿意离开他们刚刚获得的一小片土地而去面对严酷且危险的战场，而在当时，恰恰从军才是共产党及其军队最迫切需要的农民对他们的支持方式。

1946 年，晋冀鲁豫野战军在定陶战役中俘获的大批国民党官兵。

邓小平本人就是地主的儿子，也是地主的兄弟（他的二弟邓蜀平在父亲邓文明去世后，接管了父亲的土地）。1933 年在江西时，邓小平曾反对强行没收地主和富农的财产，但没迹象表明他对党的这项新政策有所怀疑。恰恰相反，作为政治委员，他需要征兵充实队伍。有关文献表明，在他所在的解放区，党的土改政策是行之有效的。总之，不管从哪方面来看，邓小平都从未怀疑过在新民主主义革命阶段，土地改革应

1946年夏，任晋冀鲁豫中央局书记、野战军政治委员的邓小平，在河北马头镇动员部队保卫解放区。

该是党的政策的核心。

1946年7月至1947年6月，是全面内战的第一年。八路军和新四军后更名为人民解放军。整个武装力量分成四个野战军，在除满洲之外的全国各个地方展开了防御战。林彪统率的野战军，几次从靠近苏联边境的森林及山区地带出击，逐步赢得了战略上的主动。刘伯承和邓小平率领另一支野战军掌握着南部前线至关重要的防区。这条防线一旦被突破或被破坏，国民党就能够包围东面的另一支野战军，同时巩固从北平到满洲的交通要道。整整一年的时间，刘邓的部队在山东西部，也就是在黄河南岸由东向西的铁路线两侧，同优势的国民党军队作战，他们重创敌军，尽管他们本身的伤亡并不重，但还是做了不少退却，让出不少土地。1947年1月，国民党占领了共产党的老根据地华北平原35个县中的24个县。当年夏天，刘邓被迫退至黄河以北。在其他地区，共产党也遇到了挫折。在华东，国民党发起了大举进攻；在西北部，延安也被国民党攻下。毛泽东及其党中央的其他同事避走于陕北光秃秃的黄土山区。

在全面内战爆发一年之后，从地图上可以看出，共产党的情况是相当严峻的。但是地图并没有告诉人们这一情况背后全部的故事，首先它无法显示在这一年里国民党和共产党军队的伤亡人数的比例为10：3；再者它也无法告诉人们当时国民党部队的纪律是多么涣散、道德有多么沦丧，而且在战区中的许多国民党部队只能作为驻守军队，不能进攻作战。在毛泽东称之为“第二条战线”的国民党统治区，通货膨胀加剧，国民党政客和政府部门处处蔓延着腐败与投机现象。对于在国民党统治区的许多人来说，出于对这种黑暗的政治局面的反抗，人们谴责国民党远甚于共产党，反对内战、要求和平的运动正在不断发展。

正是在这种形势下，毛泽东做出了一个关键性的决定：共产党的军队要发起战略性的反攻。他在1947年9月的一个指示中对这项决定做了说明，他写道：

> 我军执行外线作战、将战争引向国民党区域的方针，当然要遇到许多困难……但是，这种困难能够克服和必须克服。因为敌人将被迫更加分散，有广大地区作为我军机动作战的战场，可以求得运动战；那里的广大民众是痛恨国民党拥护我军的；虽然部分敌军仍然有较强的战斗力，但一般的敌军士气比一年前低落得多，其战斗力比一年前削弱得多了。

毛泽东的这段文字很有说服力，事实上风险也很

1947 年 8 月 31 日，邓小平在大别山光山县北向店召开的干部大会上讲话，激励部队从全局出发，勇挑重担。

大。因为尽管国民党军队在当时有军事的、政治的许多困难，但并没有完全丧失战斗力，同时还加紧了他们在华东和西北部的进攻。此外，“外线作战”的政策使得一支或者更多的共产党军队面临被封锁、包围甚至消灭的危险。

共产党军队率先发动反攻的任务落在了刘伯承和邓小平的肩上。1947 年 6 月底（当时毛已做出反攻的决定，但上面说到的指示是在两个多月以后才发布的），刘、邓指挥野战军主力强渡黄河，在鲁西南地区向国民党发起进攻。在一个月的战斗中，消灭敌军 5 万人，有 4 个师的国民党军队被俘。[①]接下来刘邓大军发动第二次突袭，他们向南挺进，直插位于南京和武汉之间的大别山区，深入国统区的内部。他们在 20 天的时间里，千里跃进，屡遭艰险，尤其是穿越危险的黄泛区沼泽地，在后有追兵的情况下抢渡淮河，终于在 8 月底到达了大别山区。

①鲁西南战役共歼灭敌人 5.6 万余人。俘虏敌整编第六十六师中将宋瑞珂、整编第七师中将陈颐鼎、第五十五师中将副师长理明亚、第七十师少将副师长罗哲东、第六十六师参谋长郭雨林等高级将官多名。——译注

接下来的几个月，情况同样十分艰苦，在邓小平的官方传记中，有几段话对这几个月艰难的日子做了生动的描述：

刘邓大军由于连续行军，极度疲劳；部队

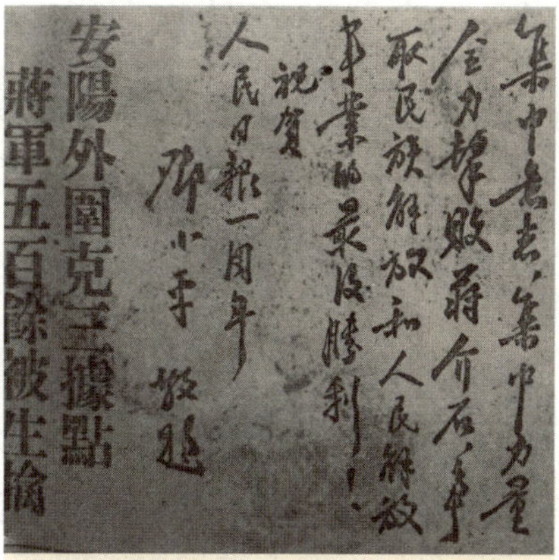

1947 年，邓小平为晋冀鲁豫《人民日报》创刊一周年题词。

> 在南方作战缺少经验；刚到新区，政权还没有建立，群众还没有充分发动起来，粮食、服装和弹药奇缺。于是，刘伯承率一部分兵力跳出圈外，向淮西一线展开，扩大根据地。邓小平和中原军区副司令员李先念率领精干队伍在大别山顽强坚持。邓小平激励部队说：一副担子，有重的一头，有轻的一头，我们在大别山背重些，其他部队和地区就能大量歼灭敌人和深入开展工作，这对全局极为有利，我们再削弱再吃苦也要坚持住。他们与战士同甘共苦，风餐露宿，数日不得一饱，夜以继日地同敌军周旋。

这段文字显然是根据参与当时战斗的战士的回忆写成的，邓小平本人很可能也对这段文字做了修饰，所以这段文字很明确地指出，如果当时邓的部队被打败，那么由毛泽东发动的这一大胆的行动，就有可能失败，甚至导致解放军的彻底失败。对于刘邓的部队来说，最困难的要算 1947 年 11 月到 1948 年 1 月的那段时间，当时，曾率部追剿邓的红七军、现任蒋介石代理参谋长的白崇禧从华东和西北战区抽调了 20

万军队开往大别山区。邓小平率领部队开始了在大别山艰苦奋斗的岁月。

直到 1948 年春天，邓小平及其部队的处境才开始有了转机。其余的共产党部队的防线进入了黄河与大别山区之间。这时，邓小平才能离开大别山区向豫北进军。5 月，他在那里被任命为党的中原局第一书记和中原野战军的政治委员，仍然同刘伯承并肩作战。

邓小平出任这两项要职时，这场战争正处在停滞阶段。国共双方都想停下来休整、总结一下。共产党方面，毛泽东不太清楚下一步应该怎么办。聂荣臻在他的回忆录中描述了当时毛泽东同他还有其他人就战略计划问题的几次谈话，在其中一次谈话时，有人劝阻毛泽东不要命令华东野战军直接跨过长江。

也是在这段时间，由于整个冬天都生活在陕西极为恶劣的环境下，毛泽东的身体感到有些不适，斯大林邀请他去莫斯科进行治疗，毛谢绝了。原因是显而易见的，如果接受斯大林的邀请，他至少要离开中国几周的时间，但这正是国内战争要达到高潮的时候，也是共产党第一次想从根本上推翻国民党政府的关键时刻。总之，毛泽东有理由怀疑斯大林的这一邀请潜在的动机。从 1927 年起，在涉及国共双方的有关决定中，斯大林似乎一直都是更偏向国民党一方。从 1937 年第二次国共合作的建立，从抗日战争期间苏方军事力量的投入，从 1945 年和 1946 年在满洲地区苏联对国共双方军队的援助等方面都可以看出这一点。由此，毛泽东得出结论，斯大林这次邀请他，是想从他这里探听中共的军事实力和政治目标，同时，斯大林此时已感觉到，中国共产党人的成功将会冲击苏联的政治地理利益。

不管毛泽东怎样怀疑，他很快就感觉到斯大林的观点发生了变化。1948 年夏天，苏联政治局的资深委员安·米高扬秘密访问了当时设在河北山区的中共中央。这次访问在中国只有很少的人知道，在苏联也是直到 70 年代初期毛泽东有关这次访问的一个谈话内容被披露，才被外界所知。人们从几个公开渠道可以了解到有关这方面的一些情况，其中包括聂荣臻的回忆录。聂荣臻回忆说，当时斯大林派米高扬取道大连（这当时是苏联空军在满洲的一个基地）抵达中国，要他“亲自和毛泽东同志谈一谈，中国革命究竟还有多大力量，还有多少人能打仗”。聂荣臻评论道：“因为在他们的印象里，中国共产党领导的革命军队，经过连年战争，恐怕已经没有多少人了。这说明，他们对中国的革命力量，始终是估计不足的。”事实上，米高扬认为，中国共产党全力争取内战全面胜利的做法是错误的，因为这将导致美国人的干涉，他们一旦支持国民党，将会给世界力量对比，也给共产党本身带来许多严重后果，因此，中共的正确方针应该是放弃进军长江以南地区，维持自己对北半个中国的政权。

华东、中原两大野战军根据党中央、中央军委的作战方针，发起淮海战役。

米高扬受到抵制和质询。后来在谈到这段特殊的插曲时，毛泽东曾轻蔑地说，他拒绝了米高扬的这些分析和建议。

1948 年 9 月 到 1949 年 1 月之间的三大战役决定了这场内战胜负的命运。这三大战役每一次都是由共产党发动进攻，并且每一次也都是以共产党的势不可挡的胜利而告终。他们最后完全消灭了东北和华北以及中原地区的国民党军队，将近 150 万的国民党军队被歼或被俘。

邓小平的军事生涯，在这三大战役中的“淮海战役”达到了光辉的顶点。淮海战役的战场在中国中部地区、黄河与长江之间的黄淮平原，这次战役从 1948 年 11 月上旬持续到 1949 年 1 月中旬。在淮海战役中，共产党调动了包括刘伯承部队在内的两个野战军及一些地方部队，并组成总前委统一领导。邓小平是这个总前委的书记，也就是实际上的负责人。在这一战役中，共产党出动了大约 30 万兵力[①]并得到了民工的支援。邓小平的官方传记称，支前民工达 540 余万人。他们运送弹药和物资，挖战壕（这些战壕用来阻陷国民党所使用的成千上万的包

① 实际为 60 万军队。——译注

括坦克在内的车辆）。国民党一方则投入了8个兵团，每个兵团近10万人。[①]

①实际为近80万军队。——译注

江苏徐州，是位于铁路干线枢纽的一座城市，国民党的两位主要将领刘峙和杜聿明及其指挥部就驻扎在这里。淮海战役期间，在徐州的东部、西南部和西部先后进行了四次重要战斗。在前三次战斗中，每一次国民党军队都有大约10万人被歼灭。第四次战斗中，国民党又有两个兵团遭到了同样的下场。在这四场战斗中，共产党的策略是，当国民党军队轻率地离开其据点来到开阔的乡村时，就立即包围他们。一些国民党部队坚持抵抗，直到弹尽粮绝；另一些则在严酷的战斗刚一开始就缴械投降了。国民党军队曾一度完全掌握了制空权，却无法使用他们的空中力量重创共产党军队，也不能向自己被包围的部队补充充分的食品与弹药。同时，他们也没能有效地利用自己的装甲部队，尽管这场战役是在开阔的平原地区展开，并且是在冬季，天寒地冻、土地相当坚硬，十分有利于装甲部队作战。

淮海战役五人总前委成员。左起：粟裕、邓小平、刘伯承、陈毅、谭震林。

蒋介石本人常常对作战计划进行干预，并亲自坐阵指挥战事，但这只能给他的战地指挥官们造成混乱。

加之后勤供应短缺、情报失灵及通信系统不完善等，也严重地妨碍了他们的指挥。他们一再遭到袭击，而且被迫在共产党挑选的时间与地点作战。他们为此付出了惨重的代价。杜聿明和另一个兵团司令被俘，另外两个兵团司令阵亡，大约有55万国民党军队被消灭。

1949年的邓小平。

国民党的失败意味着共产党打开了通往南方的道路，也意味着国共双方和谈的条件将由共产党说了算。在淮海战场最后一批国民党军队投降之后的第四天即1949年1月14日，毛泽东发表了一个声明，要求国民党军队全面投降，还包括废除国民党政府，惩办包括蒋介石在内的“战争罪犯”，将国民党武装改编为人民解放军以及建立一个“民主联合政府”以取代“南京国民党反动政府”等。蒋介石拒绝接受这些条件，但在此后却马上辞去了中华民国总统的职务。原来的副总统李宗仁——北伐的幸存者之一，同时也是很少的几个在抗日战争中曾打过胜仗的国民党将军之一——成了代总统，并且开始与北平的共产党谈判，这时北平已经落入共产党的手中。但是共产党毫不让步。4月，李宗仁的谈判代表不得不带着一份和平协议草案回到南京，这个草案包含了毛泽东最初所提的全部条件。4月20日，李宗仁表示拒绝接受这个协议草案。第二天，共产党对此做出了回答：他们在数百公里的战线上强渡了长江。

在随后的三个月当中，除从东北南下的林彪的野

人民解放军胜利登上长江南岸。

战军在湖南受到白崇禧部的牵制外，共产党的其余几支野战军大举南下，几乎未曾遭遇国民党军队的大规模抵抗，只有极少数的有组织的国民党军队在此期间坚持抵抗。李宗仁以广东为基地，努力想重整旗鼓。他很快就发现，他的努力处处受到蒋介石的暗中破坏。蒋认为保存国民党及其政府的唯一可行的途径是将其撤到台湾。尽管蒋在名义上退休了，可是他利用其国民党政客和军官的所有的老关系，又建立了一个司令部，组织调动了大约50万部队、大部分的海军及空军力量及中国大部分的黄金与外汇储备。蒋介石指望，欧洲的冷战和美国日益强烈的反共情绪会阻碍共产党的军队攻入台湾。从更长远来看，一旦第三次世界大战爆发，在美国军队的支持下，他也许还有机会反攻大陆。

刘邓野战军在战争的最后阶段又打了两个重大战役。在第一个战役中，他们攻下了南京，占领了长江下游的大部分地区。对于邓小平而言，这本来应该是他参加的最后一次战役，因为中央曾计划让他负责此前曾是前国民党中心区域的华东地区的政治工作，并

邓小平乘火车经过郑州，向西南进发。

且已经任命他担任党的华东局书记。

但是到这年的7月，这个计划发生了变化。当时共产党认为“帝国主义封锁的危险”（指美国的军事干涉）已经消退，他们决心继续攻克国民党占据的最后地盘。随之决定邓小平继续留在刘伯承的野战军中。1949年10月1日，中华人民共和国宣告成立，邓小平和刘伯承在参加了开国大典之后于10月上旬离开北京前往湖南，他们的队伍同时也向那里挺进。邓小平和刘伯承是乘火车奔赴前线的，这对他们来说是一种尚不习惯的豪华享受，在离湘江不远的一个地方，他们赶上了自己的部队。1934年11月红一方面军就是在离那不远的地方陷入埋伏的。

第二野战军这次的任务是“解放”整个西南地区。这个任务很快就完成了。虽然国民党把重庆和成都作为他们坚守大陆政权的最后堡垒，但在四川及其他地方并没有发生太多的战斗，几位国民党将领纷纷率部起义，投向共产党。还有两个省的地方长官也投向了共产党。同年12月，共产党军队进驻重庆。很遗憾的是，我们不知道邓小平当时是怎样一种心情。29年前，年轻的邓小平离开这座城市赴法国学习，并且从那以后就再也没有回来过。但邓小平一定会注意到这座城市在他离开之后的岁月中发生了多么大的变化。在抗日战争中，由于受到日本人的轰炸，这座城市遭到了巨大的破坏。邓小平一定看到了这些，因为他就要出任重庆市市长了①，他有责任使这座城市重放光彩。以邓小平这样老的资历，如果不是他本人坚持，中央是不会任命他去做这项职位较低且十分艰苦的工作的。

①此处有误。邓小平当时任中共西南局第一书记、西南军区政委、西南军政委员会副主席。——译注

1949年9月，由中国共产党和8个民主党派的近700名代表参加的“中国人民政治协商会议”召开第一次会议，会议通过的具有临时宪法性质的“共同纲领”，描绘出了新民主主义国家的蓝图。根据纲领，全国共分为6个大区，其中4个大区都是由各区的军事与行政委员会管理，邓小平成为西南军政委员会副主席，刘伯承任主席。他同时还是西南军区政委和中共中央西南局第一书记。这后一个职务最为重要，这使邓小平的职务高过了刘伯承和西南地区的其他任何人。他掌握了西南地区的所有党政军机构，并就该区所有事务直接向北平的中央书记处负责。

1950年，邓小平主政大西南期间在批阅文件。

西南区包括四川、贵州、云南和西康4个省，

这 4 个省有很大的不同。四川最大，人口稠密，土地肥沃，但在过去 20 年间遭到了很大的破坏，先是军阀统治，接着在抗日战争时期国民党政府及军队又把它作为主要的征兵征税基地；贵州贫穷多山；位于缅甸（有许多国民党残兵败将在缅甸避难）和印度支那边缘的云南省也是这样；西康从种族上或自然地理上来说，是西藏的一部分。在这 4 个省里，尤其是云南和西康，大部分地区住着非汉族的少数民族，他们过去一直认为汉人是他们的敌人。这一地区的总人口将近 1.5 亿，面积约 50 万平方公里。

在西南，邓小平、刘伯承和他们的同事们为自己制定了三项基本任务：建立法律秩序，促进经济复苏，进行土地改革。由于军阀主义的遗毒，以及这个地区地理上及种族上的种种特殊情况，使这三项任务完成起来相当困难。山区活动着各种土匪武装，其中包括不少前国民党的残余部队。大量土地被用来种植罂粟，尤其是贵州和云南，人们常以此为生。除了四川中心地区以外，其他的地方通信条件十分落后，人们的文化水平很低，平均寿命很短。然而在短短两年的时间里，共产党和解放军清剿了这一地区的土

1952 年 7 月 1 日，邓小平出席成渝铁路通车典礼，并在纪念册上签名。

匪，并以北方根据地为榜样建立了一个新的地方政府。由于在此之前共产党在这个地区只建立过临时根据地，同时部队里只有少数干部有行政管理的经验，所以国民党的不少管理人员被继续留用，同时又从当地中学和大学毕业生中吸收了一批进步学生，充实干部队伍。

要促进经济复苏，首先要建立法律秩序，抑制通货膨胀。像在中国其他地区一样，解决通货膨胀的办法只能从两方面着手，就是抑制需求和增加供给。抑制需求就是通过发行公债积极鼓励储蓄。同时，强制所有企、事业单位，各种行政、军事机构将手中的现金存到新建的中国人民银行去，这样就限制了私人银行的贷款能力。从供给方面看，在恢复了交通之后，成立了国有公司，经营食品和农业产品的批发贸易。在新的政治气候下，这些措施势在必行，并且很快产生了效果。到 1951 年，全国的通货膨胀率已经骤然下降到 20%，1952 年进一步降至 10%以下。

在四川，邓小平童年时代发生的“保路运动”虽然导致了清王朝的灭亡，但是并没有使四川建造任何铁路。直到 1949 年，整个四川省仍旧没有一公里的标准铁轨。从现在能看到的公开的资料中，也看不出邓小平、刘伯承这两个四川人觉得没有铁路是他们故乡的一种耻辱。不过，他们两人进入四川后很快就决定从并不宽裕的经费中拨款用于修建从重庆到成都的一段近一千里的铁路线。这段铁路在 1952 年 7 月，也就是邓小平即将离开四川之前正式启用了。铁路开通典礼那天所拍摄的 3 张照片被收录到了邓小平的官方传记里，从这些照片中可以看出，邓小平为自己能参与完成的这项事业而骄傲。

在这三项任务中，邓小平和其他人推动的“土改”最具有革命特性。1950 年颁布的《土地改革法》第一条明确规定了土改的目的，即“废除地主阶级封建剥削的土地所有制，实行农民的土地所有制，借以解放农村生产力，发展农业生产，为新中国的工业化开

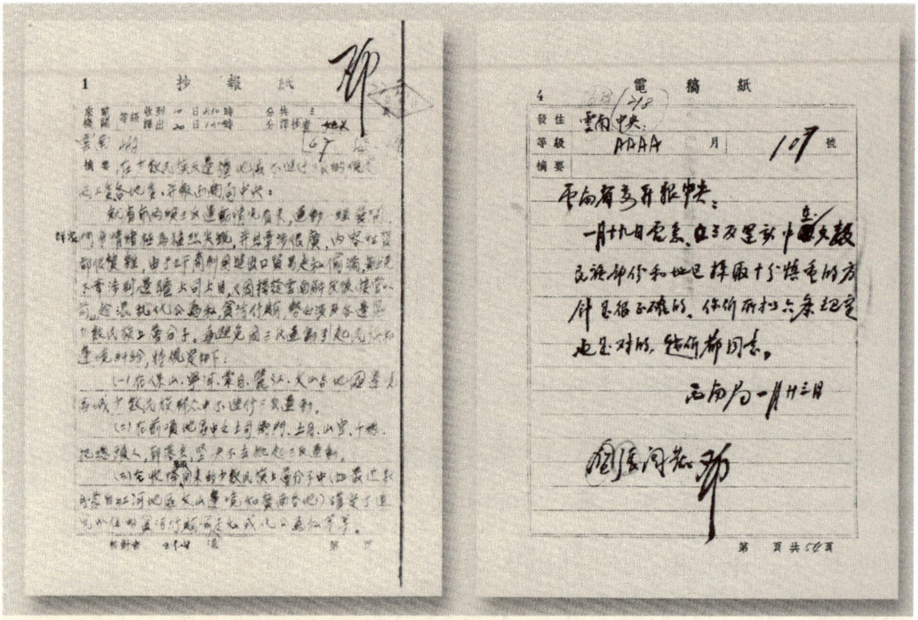

中共云南省委给西南局的报告和邓小平对云南省委关于在少数民族地区不进行“三反”规定的批示。

辟道路”。

“废除地主阶级封建剥削的土地所有制”实际上就是从根本上进行一场社会、政治和经济的革命。过去的千百年来，地主阶级控制了中国农村，包括乡镇的社会生活，他们同时也控制了中国农村的政治生活。因为无论是封建王朝还是民国政府，都没有在县以下设立政权。所以在中国成千上万的村庄里，行政的管理，法律和秩序的维护，公路、河流水利系统的保养，全都控制在地主阶级手中，他们甚至能操纵县长及其幕僚作为其代言人。他们通过地方自治会，从事大量诸如修建庙宇、农产品交易以及在遇到灾难时分发救济粮等工作。而今，从1950年年中到1952年年中两年的时间里，地主阶级被消灭，地主分子（包括其家属在内）也许有1500万人被剥夺了大部分财产，只留下一小块土地自行耕种，或到工厂、商店中去做工。他们之中有许多人被处死了。这不仅是中国历史上，也是世界历史上的一次大规模的社会革命。

土地改革使中共的影响深入到中国的每一个村庄。在土改期间，共产党派出土改工作组去动员那些无地的雇农和其他贫农起来控诉地主，对地主进行批判和斗争。结果是：传统上被奴役的农民获得了解放，并树立起了革命的责任感。在这之后，共产党的力量并未撤走，而是建立起农村党支部，把许多在土改中走在前面的农民积极分子发展到党内来。这些农村党支部成为政治管理体系中的神经末梢，它们深深地扎根于农村社会之中，这是人们以前根本无法想象的。

在经济上，土地改革建立了相当新型的所有制体系。贫苦农民，也就是那些没有土地的或者仅拥有一点不足以为生的土地的人得益最多，而前地主阶级则失去最多。无论是从土地的占有还是土地的耕种两方面来看，土改都达到了均贫富的效果。

邓小平和其他中共领导人一样，积极地推动土地改革运动，尽管这意味着他的亲属，包括他的二弟邓蜀平，也许还有其他一些亲属也要被剥夺。但邓小平把邓蜀平、继母夏伯根、继母的女儿邓先芙和他的姐姐邓先烈都接到重庆，安排他们和自己住在一起。后来在“文化大革命”中他为此遭受了猛烈的攻击。由于邓文明在广安小有名气，同时地方的党政干部也知道邓蜀平及其他一些人是邓小平的亲属，如果他们留在当地，那么在土改中他们也许不会受到激烈、粗暴的对待。但邓小平采取的办法更为高明，他这样做既保证了其亲属的安全，同时也救了他自己。因为一旦他的亲属受到威胁而求救于他，或者如果地方党的领导向他请示如何处理他的亲属时，他将会面临十分尴尬的选择，而现在这个问题已经由他圆满地解决了。

1952 年 7 月，或许他事先得到了通知，邓小平被调往北京。他在西南地区工作了仅两年半的时间。这段时间虽然不长，但在西南的这段经历使得他那本来就已经丰富的经历更加充实了。这段经历以及他在那些年建立的功绩，使得毛泽东及其同事决定把他调进北京。对邓小平来说，这次调动在其一生中最具有决定意义，在此前的整整 15 年间，他一直在地方工作，有人认为他同毛泽东的私人关系影响到他的这次调动，这个推测无疑是错误的。如果说有私人关系影响的话，邓小平同毛泽东最重要的副手刘少奇和周恩来的关系起了作用。

第八章

百花齐放

（1952—1957）

任何年长的中国大陆的作家、艺术家或专业人员，都忘不了1957年，这一年发起了百花齐放运动。对中国大陆的知识分子来说，这一年是在怀疑中开始，在希望中度过，但最后却以绝望结束。鼓励百花齐放的正是毛泽东。他当时希望中国经济进步，并且希望中国的党外知识分子能够积极参与经济建设。他认为党需要进行一次新的整风运动。这场运动如果能够鼓励党外人士参与，将会更为有效。

1953年2月，邓小平出席政协第一届全国委员会第四次会议。

1952年7月下旬，邓小平被调到北京时，距他48岁生日还差一个月。这时候，他的嘴角和额头都已出现皱纹，看起来已经不再年轻。在此前5年当中，他留起了胡子，但在离开四川的时候，他剃掉了胡子。奇怪的是，他竟然还把头发剃个精光，就像蒋介石一样。剃了光头的他，更凸显出额头的轮廓和下巴的棱角。到北京两年之后，他才再度留起头发。他的健康状况大体不错，不过在阅读长篇文章或讲话时，必须戴上眼镜。到了50年代末期，他的听力大大衰退，特别是右耳。不过从照片上看不出他当时是不是已经开始戴助听器。他的个性很直率，作风平易近人，自然不做作。即使是在20世纪80年代，他在接待外宾时，除非是在最正式的场合，否则他还是习惯先清一下喉咙，吐口痰，再开始正式谈话。

跟着邓小平一起来到北京的，还有他的妻子卓琳（她在1937年到达延安后不久，就把本名浦琼英改成卓琳）、五个子女和继母夏伯根。他和家人一起住在

20 世纪 50 年代初的邓小平与卓琳。

紫禁城西边的中南海。这也是大多数中共领导人居住的地方。

毛泽东和他的家人住在园中两湖之间一座四合院内。现在这里没有人住，有时候对中外游客开放。毛把其中最大的一间屋子作为书房。据说，他经常独自边读书，边在这间屋子里吃饭。（根据 1986 年春官方导游向作者所做的介绍。）从房子里的家具和窗帘可以看出，毛和他的家人过着一种非常简朴、舒适的生活。离房子几百米远的地方是古色古香、装饰华丽的建筑群落，党的办公地设在里面。这所房子离政府的办公地也不太远，而且对酷爱游泳的毛来说还有一点很重要，离游泳池很近。这个游泳池是 1933 年建成的，在当时是供公众使用的。这所房子还紧靠瀛台，瀛台是中国苑囿和建筑的一个珍品。它还是皇太后慈禧幽禁光绪皇帝的地方。光绪帝一生最后 12 年的大部分时光都是在这里度过的。在这个与世隔绝的地方，他很难再找到他的同僚，也很难再把人们召集起来。

这个时期，毛泽东在党内的权力超过了以往任何时候。这同他在内战前和内战期间在政治和军事战略上的胜利，及 1949 年 9 月当选为中央人民政府主席不无关系。他的权力日益加强，达到了顶峰。此时的毛绝对自信。他总是推掉一些日常的政治事务，以便留出时间准备有关大政方针问题的讲话和指示。但他也尽力发挥他作为中央委员会主席的作用，发挥政治局和书记处主席的作用。从下面这张他在 1953 年 5 月给刘少奇的短信中便可看出这一点，他写道："嗣后，凡用中央名义发出的文件、电报，均须经我看过方能发出，否则无效。请注意。"

这个时候，毛绝不勉强同意他不喜欢的其他领导人所做出的决定。他总是愿意用他自己的命令来推翻其他人的决定。但他又并不像斯大林那样使他的同事们互相对立，或者损害他们当中那些他曾批评过或打倒过的人的声名。对于他来说，最令他心满意足的是能够自主行事。

1952 年，中央书记处成员除毛之外，还有朱德、刘少奇和周恩来。朱是一位老红军，他此时的地位显然没有他在内战时期和抗日战争时期那么高。而且，不管是此时还是后来，他在政治上都不积极活跃。在 1956 年召开的党的第八次代表大会上，他对外交政策及国防问题发表了自己的看法。他也经常在中央委员会的会议上发言。此外，他还是中国人民解放军的总司令和以毛为首的中央军事委员会副主席。在 1950 年 10 月至 1953 年 6 月的朝鲜战争期间，他起着举足轻重的作用。他指挥着 50 万中国军队在朝鲜战场上进行大规模作战[①]。他在党内和军队内是一位

①此处有误。抗美援朝战争是由彭德怀指挥的，彭当时任中国人民志愿军司令兼政治委员。——译注

威望极高的人物，并以性情耿直而著称。他是朴实和最具魅力的延安传统，即艰苦奋斗传统的典型代表。

1956年以前，刘少奇在书记处中的地位非常重要。在20世纪40年代后期，他作为毛的主要政治助手和党的日常工作管理者崭露头角。他同毛几乎毫无共同之处。他工作勤奋，处事慎重，而且还相当严肃，罗德里克·麦克法夸尔教授曾经有过一句关于刘的名言，说他是一个地位显赫的灰色人物。但他又很自负，而且还很固执。他会越过毛毫无顾忌地发指示，或不顾毛的意见，对一些政策问题发表看法。如前所述，毛在1953年指责他擅自下发中央文件；1951年，他还以个人名义写了一个批语，并要求广为传达。他在这个批语中把山西省委关于农业合作化的思想说成是"错误的、危险的、空想的农业社会主义思想"。然而，他的这种独立性和他对50年代初期的社会变革所持有的谨慎态度，没有让毛决定在这个时候降他的职，也没有让毛对党和国家的发展前景失去信心。相反，在这个时期，毛认定刘才是接班人的最合适人选。

刘是一个贫农的儿子，在延安成为毛最密切的政治伙伴。至于他为什么能成为毛的政治伙伴和他是怎样做到这一点的，个中的详情还无法搞清楚。也许毛信任刘是因为他感到刘比书记处中他周围的那些知识分子更容易相处。他和刘都是湖南人，他们都来自农村，都是土生土长的共产主义者（刘在20世纪20年

1952年8月，人民解放军建军25周年，全军体育运动大会在北京举行。邓小平和朱德、贺龙在主席台上。（侯波 摄）

代初在莫斯科东方共产主义劳动大学待了一年，但他过得并不愉快）。刘或许认为，积极地把毛推上党的领袖的地位，比采取其他手段更有希望在党内得到迅速的升迁。他在40年代的几次谈话都清楚地表明，他对毛的态度比他同时代的人对毛所持的那种英雄式的崇拜要成熟得多。1947年，他在一次会议上说："在世界上没有完美的领袖，这在过去和现在都是一样的，无论是在中国或其他国家。如果有这样一位领袖，他只不过是猪鼻子里插葱——装象而已。"

在政府中，同刘极为相似的一个人物是周恩来，他在1949年被任命为政务院总理，在中央人民政府委员会的领导下行使职权，颇受尊敬。同时，他还被任命为外交部部长。周恩来才思敏捷，精明干练，且能言善辩，他具备一位外交家兼演说家的天赋，并因此而闻名于世。他还是一个具有坚定信念的人。他从未怀疑过，中国必须首先进行资产阶级民主革命，然后再进行社会主义革命。资产阶级民主革命是建设独立、富强的现代化国家的必经阶段。周与毛不同，他

邓小平和陈云在一起。(侯波 摄)

并没有把革命本身作为一种理想。他也不像毛那样，视中国人民的贫穷和愚昧无知为一种天然优势。相反，他想尽快革除这种状况。他更不像毛那样热衷于群众运动，也不像毛那样不信任中国的知识分子。在中国，这个阶层有四五百万人，他们当中的大多数人都接受过中等或高等教育。

周工作勤奋，在这一点上他同刘完全相同。他还十分注意自己的举止、衣着和讲话的每一个细节，对于身边的工作人员，他也照顾得无微不至。有许多故事都是讲述他是如何关怀卫士、司机和厨师，以及他是如何在百忙中抽出时间去探望病人或为他们安排更好的治疗的。在“文化大革命”中，他成了数百万老百姓心目中的英雄，在那个是非不分、黑白颠倒的年代，他毅然挺身而出，为他们主持公道，向他们表示同情。

1952 年邓到北京时，新的国家领导层已基本上实现了其最初在共同纲领中确定的目标，以及党和国家领导人早期谈话中所提及的目标。在政治上，除台湾和一些近海岛屿之外，已经在全国各地建立起了它的政权。在这个进程中，专政机关在全国范围内清除了反革命分子、各种暗藏的敌视共产主义

1952 年国庆节，邓小平（前排左二）和沈钧儒（前排左一）、黄炎培（前排左三）、郭沫若（前排左四）在天安门城楼上。

的国民党间谍，拥护国民党的工会组织者、城市和农村匪祸（包括 1927 年在井冈山同毛泽东合作过的两个土匪首领中一个人的儿子）。这场运动从 1951 年 2 月开始，一直持续到 1953 年春天。其特征是：毫不留情，依靠党领导下的群众运动而不是由军队和政府出面，来辨别哪些应该受到惩处和他们应该受到什么样的惩处。在这场运动中，被处死的人达几十万之多，另外还有许许多多的人被关进了监狱。其结果是沉重打击了暗藏在城市居民中的国民党残余分子，结束了国民党在一些城市和农村的不法统治，使全社会对共产党人产生了一种敬畏之感。

在社会上，领导层已几乎完成了新民主主义的一切任务。在农村，除一部分少数民族居住区外，土地改革在大部分地区都已经完成。在工业城市，官僚资本家，即那些经营从日本企业主那里没收来的工业企业的国民党官员，已被赶走。许多外资企业被接管，其中有一些企业的资产被完全没收。但一般采用的做法是向他们施加压力，迫使他们交出他们的财产以偿还他们所欠下的债务。近代以来在国民经济的产业部门中居支配地位达100年之久的外国经济几乎被彻底消灭。

在完成了新民主主义革命的任务之后，中共领导层便开始把矛头指向了民族资产阶级，在理论上它是掌握政权的四个阶级集团中的一个阶级。在1952年6月的一个秘密指示中，毛写道“工人阶级同民族资产阶级之间的矛盾”现在已经成为中国的主要矛盾。这个指示并没有公开发表。但到仲夏，几乎每个人都确信，民族资产阶级和资本主义都要受到冲击。4个月后，工厂主和店主成了反对“五毒”即反对行贿、反对偷税漏税、反对偷工减料、反对盗骗国家财产、反对盗窃国家经济情报运动的目标。同镇压反革命运动一样，这场运动随后被称为“五反”运动，也是在共产党的领导下，发动广大群众参加的运动。在这场运动中，数以百计的商人自杀，好几千人不得不交出巨额罚款和拖欠的大量税款。

在农村，中共领导层同样也完成了新民主主义革命的任务。“土改”一结束，农村的党支部就开始动员那些无地、缺少牲畜和农具的农民联合起来，组成互助组。最初，互助组的规模很小，只有一二十人，并且是季节性的；也并没有被强加上党的意志，以促进这个“社会主义萌芽”的发展。

在经济上，国家也顺利地完成了各项任务，通货膨胀得到了控制。朝鲜战争爆发后，中央政府制定了“边打、边稳、边建”的方针，紧缩发展经费以追加军事预算。战争结束后，通货膨胀进一步得到有效控制。尽管经历了土地改革、五反运动，并且中断了中国同西方的贸易往来，但 1952 年的工农业产值仍然超过了日本入侵前最好的年份（也大大超过了 1949 年）。这一成就的取得主要得益于国内的和平环境，得益于共产党获取了日本在东北建立的工业基地。东北工业基地对取得上述好成绩的影响是很大的。

1952 年，当邓小平到达北京时，党的最高领导层已经达成了一个共识，即朝鲜战争所带来的战时紧张状况一结束，中国就应该立即开始实施迅速发展经济的计划，而且这个计划应该仿效苏联斯大林的模式。其主要特征是，国家集中大部分资金用于工业建设，在工业方面集中发展大规模的和资金密集型的工业项目。这个时期，领导层中几乎没有一个人提到农业问题，即农业如何能满足迅速增长的城市人口对粮食的需要，以及如何保证工业计划的顺利进行。农业本身几乎没有得到任何中央投资。另外还有一个问题几乎也没有人提出过，就是轻工业得到的投资还不足全部中央投资的百分之十。对于能为城市人口提

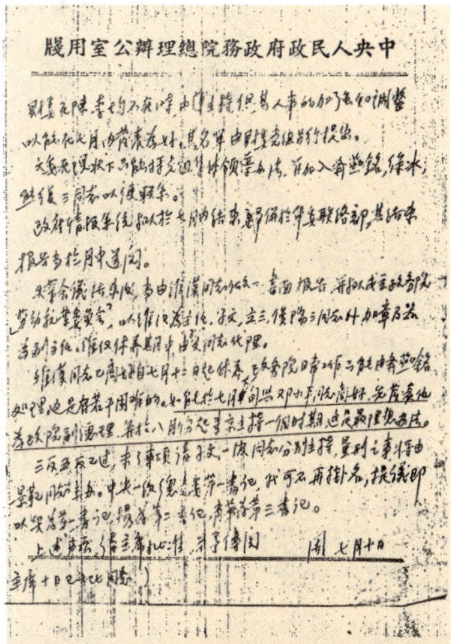
中央人民政府政務院總理辦公室用箋

1952 年 7 月 10 日，周恩来给毛泽东的信中说：“如能于七月下旬与邓小平同志商好，先发表他为政务院副总理，并于八月份起来京主持一个时期，这是最理想办法。”

供衣服和其他消费品，并能更快和更多地收回投资的轻工业的重要性，多数人没有充分的认识。当时的中国还完全照搬了苏联的政府机构及其职能。这些机构包括国家计委、国家统计局和一整套的工业部委，每一个部委都管辖着本部门的所有工厂，包括旧的和新建的工厂。其主要职能是制订计划，均衡地分配原材料，并按照这一计划拟订所有重要工业产品的产量和分配方案。

但是，高层领导对社会政策并没有取得一致意见。在把民族资产阶级确定为一个敌对阶级之后，毛想继续进行农业、手工业和工商业的“社会主义改造”。但其他几个人，刘少奇和周恩来当然包括邓在内，却想巩固新民主主义的经济形式，即土地、工厂和商店的私有制，允许它们同社会主义的经济形式长期共存。在 1953 年 6 月的政治局会议上，毛批评了这条路线的倡导者。他说，“确立新民主主义社会秩序”这种提法是有害的。“由新民主主义走向社会主义”这种提法不明确。走向而已，年年走向，一直到 15 年还叫走向？走向就是没有达到。这种提法，看起来可以，过细分析，是不妥当的。“确保私有财产”。因为中农怕“冒尖”，怕“共产”，就有人提出这一口号去安定他们。其实，这是不对的。在 8 月召开的党的财经工作会议上，毛又重申了他的这个观点，并获得了最后的胜利。同年 10 月，中共向全国宣布了向社会主义过渡的过渡时期总路线，要在一个相当长的时期内，基本上完成国家工业化和对农业、手工业、资本主义工商业的社会主义改造。这意味着新民主主义要经历一个逐步衰亡的过程。

1952年，邓小平被任命为副总理，后又兼政务院财经委员会副主任，主要都是政府的职位，而非党内职务。当时担任总理的周恩来和担任财经委员会的陈云，因此成为邓小平的上司和最亲密的同事。邓主要负责的是水陆交通。1953年9月，他接替薄一波出任财政部部长，工作重心转向更细致的财政工作。邓小平在抗日战争期间就已经和薄一波相识。1940年起，薄任八路军第一二九师决死第一纵队司令员兼政治委员。1952年年底，薄因实施新税制，降低私营企业所负担的税负，实行"公私一律平等纳税"，受到毛泽东的批评。毛在8月的一次会议上批评他所犯的错误是"资产阶级思想的抬头"，薄被迫辞去担任的职务。

邓小平当时一定以为，自己可以在财政部部长这个敏感而重要的位置上干得久一点。但他只干了9个月。1954年6月[①]，他被任命为中央委员会秘书长。他的工作从政府行政部门转向党的工作。这也使得他有机会更接近毛泽东和刘少奇，成为毛刘两人和全国党的组织机构联系的主要接触媒介。

①原文有误。邓是4月被任命为中共中央秘书长的。——译注

邓小平这次职务变动，是有背景原因的。那就是

中華人民共和國主席任命通知書

第005號

根據中華人民共和國第一屆全國人民代表大會第一次會議的決定任命鄧小平為中華人民共和國國務院副總理。

主席 毛澤東

一九五四年九月二十九日

1954 年 9 月 29 日，毛泽东签署的任命邓小平为国务院副总理的通知书。

当时的政治局委员兼国家计划委员会主任高岗和中央组织部部长饶漱石，阴谋陷害、排挤刘少奇和周恩来的活动以失败而告终。高、饶两人基于个人野心，企图推倒刘、周两人，因而在 1953 年的中央工作会议上以未指名的方式攻击刘、周两人怀疑党的新时期总路线的正确性；他们同时私下发放新政治局委员人选的机密名单，名单中更换了几位军方高级人员，企图挑起人们对刘、周两人的怨恨。高、饶两人说，这份名单是刘少奇在党内的一个关系密切的亲信草拟的。这项阴谋进行得很顺利，直到那年年底才突然出现变化。高饶分别游说邓小平和陈云，希望他们加入打击刘、周的阴谋，但邓小平和陈云两人认为他们的行为有欠光明正大，于是向毛泽东报告了此事。

1953 年 12 月，毛泽东在一次政治局会议上要求高岗对党与政府的人事任命提出建议，让他反对刘少奇的阴谋暴露出来。毛泽东同时又给刘少奇一个报复的机会，让刘主持即将召开的中央委员会会议。刘少奇也真的把握住这个机会，在会议上大肆抨击高、饶是反党阴谋分子，并敦促大会一致同意成立一个特别委员会，调查高、饶两人的行为。有个说法，高曾经威胁说要当场开枪自杀，才免去对他立即采取惩处行动。不管这种说法是否正确，这次中委会会议代表了这项阴谋的结束。高岗和饶漱石不久就丢掉了他们在党和政府中的所有职位。高岗还被逮捕下狱。1954年夏天，他在牢里自杀身亡。[①]

①此处有误，高岗是在家中被"管教"，在家中自杀身亡的。——译注

高饶事件之后，邓小平被任命为中共中央秘书长，另外还接替饶担任组织部主任，并在1955年3月，代表中共中央做《关于高岗、饶漱石反党联盟的报告》。一个月后，他被选为中共中央政治局委员，虽然在政治局排名第十三（也是最后一名），但他已经超越了中央委员会的很多同事。总括来说，高、饶事件给邓小平提供了一个高升的机会。

在通过《关于高岗、饶漱石反党联盟的报告》的会议上，毛泽东宣布，党中央决定在1956年下半年召开一次全国代表大会，这也是自1945年以来的第一次召开中共全国代表大会。他大略地介绍了这次大会的议程，并且谈到党在"一年之内"使各方面的工作都"向前迈出一大步"。他宣布，在这次代表大会上，党员之间要互相进行尖锐的批评。

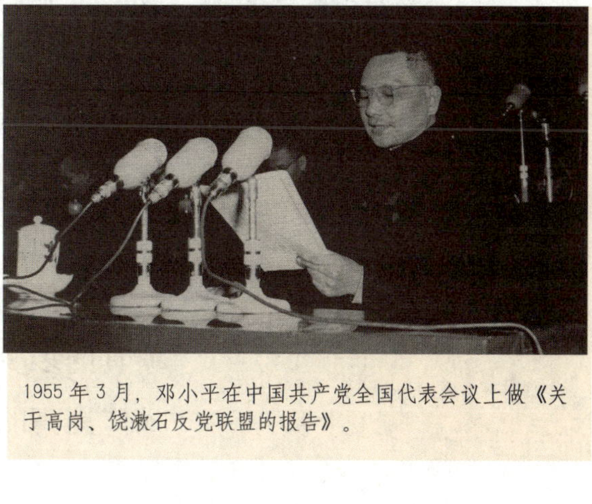

1955年3月，邓小平在中国共产党全国代表会议上做《关于高岗、饶漱石反党联盟的报告》。

换句话说，毛泽东为这次全国代表大会，定下18个月的筹备时间表。虽然必须起草很多文件，以

及做各种细节上的安排，但对身为秘书长的邓小平和他的助理们来说，时间应该很充裕。

不过事实上，到了最后关头，邓小平等人反而忙得一塌糊涂。这主要是当时国内外形势发生了重大的变化，大大改变了政治态势。在国内，中国已经从新民主主义完全步入社会主义；在国外，赫鲁晓夫公开指责斯大林和他的“个人崇拜”，并为国际共产主义运动提出了一整套新的战略策略。

中国的“社会主义改造”是在毛本人同其他许多党的领导人就农业出现的紧张情况、该走什么样的道路的争论中取得胜利后开始的。1953 年政府发现，供给城市人口的粮食出现了短缺，为此实行了统购统销制度。这个制度规定，“所有收购量和供应量，收购标准和供应标准，收购价格和供应价格等，都必须由中央统一规定或经中央批准”。这一制度，缓和了城镇粮食供应的紧张局势。但是，由于粮食产量并没有迅速增长，反而引起了农村部分地区的粮食紧张。毛对这些的反应是，应该迅速实现农业合作化，以农业生产合作社取代互助组。最初，合作社的社员是按照他们入社时交纳的土地、牲畜和家具的多少获取报酬。不过很快，便进入“更高的阶段”，实行按劳取酬。

邓小平在工作之余散步。

毛坚信，合作化通过建立较大规模的农场，实行规模经营，能够提高粮食产量，政府也更容易获得供给全国城市人口所必需的粮食。他担心土改以后所形成的所有制形式会引起农村社会的两极分化，因为越富裕的农民越能积累更多的土地和其他财产，而那些较为贫穷的农民则不得不卖掉或抵押他们的土地，土改的成果因而会被破坏。

1955 年 4 月底，中央农村工作部召开的一次会议决定，合作化运动要以“停、缩、发”方针为指导，在中国的一部分地区可以继续发展，但在另外一些地区则要停止或收缩。毛对此决定并不满意。他在一次省委书记会议上说，他认为“停、缩、发”三字方针，重点是强调“发”，他批评了农村工作部负责人的观点，并同他们进行一次“大讨论”。在随后召开的另一次省委书记会议上，他提出要彻底改变农村工作部的做法。在这次会议上，他以下面这段不久就被广为传播的名言开始他的讲话：

> 在全国农村中，新的社会主义群众运动的高潮就要到来。我们的某些同志却像一个小脚女人，东摇西摆地在那里走路，老是埋怨旁人说：走快了，走快了。过多的评头品足，不适当的埋怨，无穷的忧虑，数不尽的清规和戒律，以为这是指导农村中社会主义群众

运动的正确方针。

否，这不是正确的方针，这是错误的方针。

毛指出，广大农民是愿意在党的领导下逐步地走上社会主义道路的；党是能够领导农民走上社会主义道路的。他进一步指出，中国从1949年开始，用18年的时间实现农业合作化，并不背离苏联建成社会主义的伟大历史经验。

毛的主张占了上风。各省的省委书记都感觉到，他们的地位和政治生涯正面临得失攸关的重要时刻，因而纷纷开始着手把毛提出的“高潮”变为现实，加快发展农业合作社。他们的行动果然取得了明显的效果。到1956年年底，大约有1.1亿农户加入30多万个高级合作社。毛提出的目标提前11年完成了。在实现这个巨大转变之时，中国虽然没有像苏联那样在合作化运动中采取大规模剥夺富农或使一部分地区农业产量下降的做法，但也没有解决毛想解决的经济问题。毛随后采取的政策给中国带来的严重后果，与苏联的合作化运动相比，可以说是有过之而无不及。

在农村进行的这场运动，同样也引发了城镇的连锁反应。城镇的工厂主和商店主以一种超乎寻常的狂热，敲锣打鼓地要求把他们的财产交给国家。他们的这一要求被接受了。他们从此以后成了拿薪水的管理者，或是拿定息（通常是5%）的食息者。到1956年年底，中国的资本主义已基本消失。

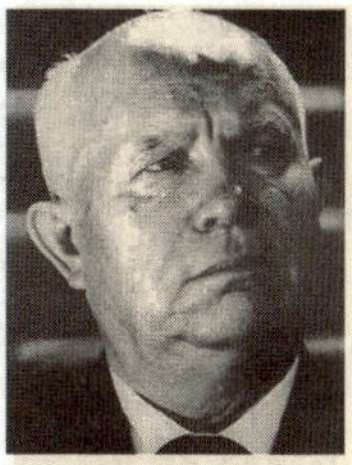

赫鲁晓夫。

对赫鲁晓夫在1956年2月召开的苏共20大上公然谴责斯大林的做法，毛泽东一开始就非常不满意。同年4月底，他在政治局会议上指出：

> 苏联过去把斯大林捧得一万丈高的人，现在一下子把他贬到地下九千丈。我们国内也有人跟着转。中央认为斯大林是三分错误，七分成绩，总起来还是一个伟大的马克思主义者。

赫鲁晓夫这一做法带来了一系列的后果。先是波兰发生暴乱，随后斯大林主义在匈牙利的统治宣告结束。毛据此断定，赫鲁晓夫在意识形态领域犯了错误，他对斯大林的攻击是轻率的和不公正的。赫鲁晓夫还在这次代表大会的另一份报告中谈到，夺取国家政权也可以通过议会道路。这让毛得出了另一个结论，赫鲁晓夫把列宁主义相当多的东西也已经丢掉了。在1956年11月召开的一次中央委员会上，毛用了一个非常生动的比喻：

> 我看有两把"刀子"：一把是列宁，一把是斯大林。现在，斯大林这把刀子，俄国人丢了。哥穆尔卡、匈牙利的一些人就拿起这把刀子杀苏联，反所谓斯大林主义……

邓小平在八大上做《关于修改党的章程的报告》。

列宁这把刀子现在是不是也被苏联一些领导人丢掉一些呢？……我看也丢掉相当多了。十月革命还灵不灵？还可不可以作为各国的模范？苏共二十次代表大会赫鲁晓夫的报告说，可以经过议会道路去取得政权……这个门一开，列宁主义就基本上丢掉了。

中国共产党第八次全国代表大会终于在1956年9月召开了。会上，毛泽东、刘少奇、周恩来、邓小平四人是主要的发言人。毛泽东发表简短的开幕词；刘少奇做中央委员会的政治报告；周恩来做关于第二个五年计划的长篇报告。第二个五年计划即将在1958年开始实施。邓小平在大会第二天做《关于修改党的章程的报告》。他在这篇长篇报告中，对当时的中国社会状况，以及党的任务做出详尽的阐述。由于他的报告不管在风格上、实质内容上都和另外三位有着很大的不同，所以，这份报告可以看作邓小平个人的政治宣言。其价值不仅在于这显示出他个人对当时政治情势的观感，同时也可以当作一种标准，用来评估他这些观感日后的总体发展。

邓小平在报告中提到三个重要的政治问题：中国阶级关系的现况，党员要以更高的标准要求自己，以及在马克思主义政党中党的领袖的作用。关于第一个问题，他认为中国正处在顺利地向没有阶级社会过渡的过程中（事实上应该是说，这个社会里只有一个阶级，而不是没有阶级）。他比较了党在1945年和1956年的情形之后，指出：

> 现在，我们国家的状况完全不同了。我国的人民革命在我们党的领导下，已经在1949年获得了全国范围内的胜利，实现了前所未有的国家统一。现在，除了个别边疆地区以外，我们不但已经彻底地完成了资产阶级民主革命阶段的任务，而且已经基本上实现了社会主义革命阶段的任务。同时，七年来我国社会主义建设的各个方面，也已经取得了巨大的成绩。所有这些，使得我国的阶级关系发生了根本的变化：工人阶级已经成为国家的领导阶级；农民已经由个体农民转变为合作化的农民；资产阶级作为一个阶级已经处在消灭的过程中。

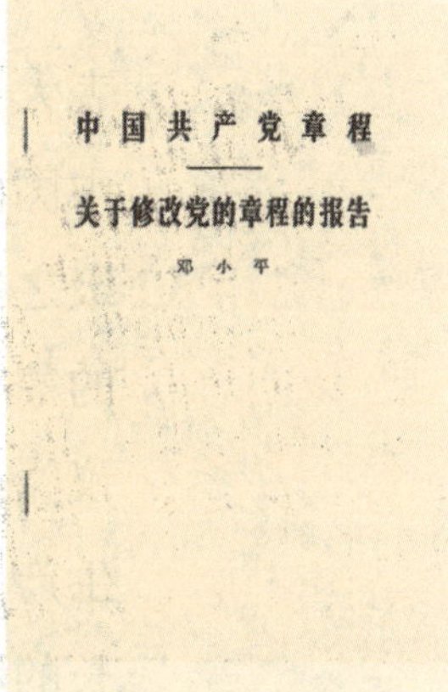
中国共产党章程
关于修改党的章程的报告
邓小平

邓小平在八大上做的《关于修改党的章程的报告》。

在后面的一段讲话中，他说：

> 在第七次大会以前和以后的相当时期内，对于不同的社会成分规定不同的入党手续，是必要的……但是，在最近时期，情况已经发生了根本的变化。工人和职员已经只是一个阶级内部的分工……知识分子的绝大多数在政治上已经站在工人阶级方面……每年都有大批的农民和学生变为工人，每年都有大批的工人、农民和他们的子弟变为职员和知识分子，每年都有大批的农民、学生、工人和职员变为革命士兵，又有大批的革命士兵变为农民、学生、工人和职员。把这些社会成分分为两类还有什么意义呢？而且即使要分，又怎么分得清呢？

邓小平对党的作用与政策的这些看法，在这次代表大会的政治决议中也表达得非常清楚。决议指出，中国的“主要矛盾”已经不再是“无产阶级和资产阶级之间的矛盾”，而是“人民对于经济文化迅速发展的需要”同“当前的经济文化状况”之间的矛盾。决议指出，“全国的主要任务”是“集中一切力量发展生产力，实现国家的工业化，并逐步满足人民日益增长的物质文化需要”。

谈到党员的行为时，邓小平提到他曾经反复批评过的两个问题：官僚主义的习气和骄傲自满的情绪。他批评官僚主义的种种表现，“在执行中央和上级的指示的时候，往往不采取同下级同志和群众商量的办法，不结合当时当地的具体情况，而只是机械地盲目地搬运”；“不少机关的负责同志，把自己的绝大部分时间，用在处理文电和不必要的过多的开会上面，很少深入基层，深入群众，了解他们的要求和研究他们的经验，这就不可避免地陷入了事务主义和文牍主义的泥坑”。有一些干部有严重的骄傲自满情绪。他们夸大个人的作用，强调个人的威信，只能听人奉承赞扬，不能受人批评监督，甚至有些品质恶劣的人，还对批评者实行压制和报复；还有一种比较大量的表现，就是命令主义。不少党的组织和干部，在做出决议、指示以前，既不同群众商量，在执行决议、指示的时候，对群众又不是采取说服教育的方法，而是企图一切依靠命令行事。他得出的结论是：这些现象的存在，说明党的工作中的群众路线，还远没有在党内得到完全贯彻执行。他接着提出各种补救措施，如在与官僚主义的长时期斗争中，要贯彻群众路线，“密切同党外人士的合作，广泛地吸收党外人士参加这一斗争”，并强调这一点具有重大的意义。他说：“我们党同民主党派和无党派民主人士的合作是长期的，这一方针是早已确定了的。从抗日战争时期开始，我们党就实行了同党外民主人士合作的方针。在中华人民共和国成立以后，我们同各个民主党派和无党派民主人士的合作，得到了进一步的发展。十多年的经验证明，这种合作对于我们党的事业，是有益而无害的。”

关于领导人在马克思主义政党中的作用，邓小平很辩证地指出，中国共产党重视毛泽东的立场和观点，同时不会接受赫鲁晓夫对斯大林的诋毁。他首先指出，马克思主义从来不否认杰出的个人在历史上和在政党中的作用。同过去剥削阶级的领袖相反，工人阶级政党的领袖，不是在群众之上，而是在群众之中，不是在党之上，而是在党之中。因此，工人阶级政党的领袖，必须是密切联系群众的模范，必须是服从党的组织、遵守党的纪律的模范。对于领袖的爱护——本质上是表现对于党的利益、阶级的利益、人民的利益的爱护，而不是对于个人的神化。

邓小平接着特别阐释这一点。他说，苏联共产党第二十次代表大会的一个重要的功绩，就是告诉我们，把个人神化会造成多么严重的恶果。中国共产党从来认为，任何政党和任何个人在自己的活动中，都不会没有缺点和错误。所以厌弃对于个人的神化。根据毛泽东提议，采取措施禁止给党的领导者祝寿，禁止用党的领导者的名字做地名、街名、企业的名字，制止歌功颂德等措施。然而，由于个人崇拜是一种有

邓小平（右二）和朱德（右三）、董必武（右一）、林伯渠（右四）在大会休息时交谈。

长远历史的社会现象，这种现象，也不会不在党的生活和社会生活中有它的某些反映。因此党的任务是，继续坚决地执行中央反对把个人突出、反对对个人歌功颂德的方针，真正巩固领导者同群众的联系，使党的民主原则和群众路线，在一切方面都得到贯彻执行。

邓小平的听众中，不管是中国人或外国人，都无法反对他阐述的这几项原则，也没有任何人能够反驳他对苏联经验所做的简短评论。还有，也没有人能够反对他对党的现状和历史所做的评论。这种评论既不自责也不自满。最高明的是，针对有人指责毛泽东鼓励对他个人的“个人崇拜”，他在演说中替毛泽东做了辩护。他指出，党所通过的禁止对任何个人“歌功颂德”的决议，提案人正是毛泽东。

中共中央总书记邓小平。

不过，对于一项最重要的问题，邓小平却没有做出任何解释。这就是党决定删除党章中提及毛泽东思想的两段文字。这并不难了解。不管他说什么，都会被认为或者毛泽东已经向党内或党外的压力低头，同意这项改变；或者他已经在某种程度上失去对自己的信心，或者两者都有。参加大会的代表们，在拿到修改后的党的章程后，当然注意到这项改变，并且想要知道为什么做这样的修改。党的高级人员在大会的简报中是这样解释的：党的章程不必再做太详细的说明，因为毛泽东思想的指导作用现在已经是理所当然的。但是，从邓小平强调党的新章程的条文必须完整与准确来看，这种解释并不能令所有人信服。

这些条文究竟是如何修改的，到目前仍然不清楚。但有两点是肯定的。第一，最初提议做这种修改的是当时的国防部长彭德怀（他从来不对毛泽东表示特别尊敬）。第二，这项修改如果没有得到毛的同意，是不可能付诸实施的。可能还要再经过好几年，才会知道究竟是谁向毛提起彭德怀的提议，对方又是如何向他说明此项提议，以及他当时有何种反应。在此之前，关于邓小平在这件事里究竟扮演着何种角色，最有把握的猜测就是，身为党章修改小组的负责人和报告人，他大概只能静候上级的指示行事。

全国代表大会最后的重头戏是选举新的中央委员会。大会一落幕，新选出的中央委员会立即接着开会，选出它自己的领导人（一名主席，四名副主席，一位总书记）、新的政治局和政治局的常务委员会。总书记一职本来已经取消，这次再度恢复，但地位和过去相比已经有所改变。总书记一职，在 20 世纪 20 年代和 30 年代一直是党的主要领导人，但现在则是党的幕僚长。新的政治局常务委员会取代了以前的书记处，职责同以往的书记处完全相同。

邓小平当选为总书记和政治局常委，因此成为一名决策者，同时也是执行党的政策的主要负责官员。身为总书记，他手下有一个秘书处，工作人员全都是党的高干。在政治局里，他的排名由第13位一下子跳升至第6位，领先另外7个人，其中包括彭德怀和洛甫，他们进入政治局的时间都比邓小平久得多。

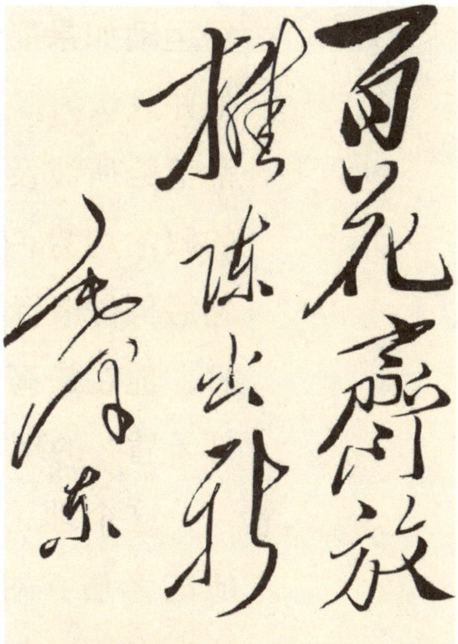

毛泽东题词。

换句话说，在短短四年内，邓小平由政治局之外的一个地方负责人，一跃而成为中国大陆最有权势的六个领导人之一。套句他的官方传记上的话，“他成了中国共产党的主要领导人之一”。他如此快速地晋升，可能是有点运气，但最主要的原因是邓小平在处理复杂工作上，例如协调党章的修改，所表现出的活力、效率与自信。有一项直接的证据，赫鲁晓夫曾经在他的文章中提到，毛泽东对邓小平的评价很高。那是在1954年，赫鲁晓夫与毛泽东在北京的一次会面中，毛指着邓小平对赫鲁晓夫说，邓小平能力很强。

任何年纪较大的中国大陆的作家、艺术家或专业人员，都忘不了1957年，这一年发起了百花齐放运动。对中国大陆的知识分子来说，这一年是在怀疑中开始，在希望中度过，但最后却以绝望结束。

鼓励百花齐放的正是毛泽东。他当时希望中国经济进步，并且希望中国的党外知识分子能够积极参与经济建设。他认为党需要进行一次新的整风运动。这场运动如果能够鼓励党外人士参与，将会更为有效。他并且认为，要想使中国不受到1956年席卷东欧的混乱情势所波及，最好的方法就是改变专政与民主之间的政治均势，并且偏向后者。先在理论上加以论证，然后再付诸行动，这已成为毛的习惯。1957年2月27日，他在最高国务会议上详细阐述了著名的“人民内部矛盾”的理论。

这个理论的核心是，社会上存在着两类不同性质的矛盾：对抗性矛盾和非对抗性矛盾。对抗性矛盾存在于“人民”（人民的概念在不同的历史时期，有着不同的内容）同他们的敌人之间的矛盾；非对抗性矛盾是存在于“人民内部”的矛盾。前者不能用和平的方式加以解决，后者能够而且应该用和平的方式加以解决。他为中国做出了一项可行的决定：党外人士可以批评党和党员的行为，知识分子可以根据他们的兴趣爱好从事写作和发表言论。他进一步要求这两个阶层在“百花齐放，百家争鸣”和“长期共存，互相监督”的口号下开始行动。但最终结果是限制而不是放宽了发表言论的范围。之所以会是这样的结果，既不是毛不守信用（尽管他后来更愿意由他自己承担不守信用的罪名，不愿意承认他错误地估计了形势），也不是毛的同事们故意从中破坏（尽管他们当中有人曾竭力反对党接受党外人士批评的做法）。而是由于自5月初党刚一开始正式号召开展批评，不仅党员当中出现了一些过火行为，而且在整个政治和社会机构中，大批判的浪潮迅猛发展。

刚开始的时候，批评是温和的。但是，当党的统战部召集政府部门的知识分子和党外人士开了几次会议后，批评便变得激烈起来。当作家、艺术家和大学生开始召开他们自己的会议时，批评就变得更为激烈了。在北京大学，继承了长期政治运动传统的大学生们建立起“民主广场”和“民主墙”，并很快贴满了大字报。一些新闻记者报道了这些活动后，中国其他地方的学生也开始鸣放。一些学生只批评党对个别人（例如作家胡风，他在1955年被指责为反革命）和一些社会团体的做法。另外一些人则指责党的领导层只讲政治原则，认为整风并不能纠正党的不良倾向，因为这些不良倾向都是党本身所固有的。还有许多言论带有强烈的反苏情绪。党外人士总的来说大都比较谨慎。只有极少数人明确表示，所谓“互相监督”更多是党员对党外人士的监督。

“批评鸣放”阶段持续了5周多的时间。6月8日，《人民日报》发表社论，宣布许多人的行动和言论表明，阶级斗争在中国并没有熄灭，把“右派分子”说成是“滥用”整风运动，企图把历史推向倒退，是一伙攻击共产党、工人阶级和社会主义事业的人。在随后的6天里，《人民日报》又连续发表5篇社论。6月19

日，《人民日报》全文发表了毛泽东《关于正确处理人民内部矛盾的问题》，并在配发的按语中指出，文章是作者本人根据自己的讲演记录整理的，并且做了若干补充。这篇文章中关于区分“香花”和“毒草”的六条标准，绝大多数人都知道是后来加上去的(1800多人在2月听过毛的这篇讲话）。他们也清楚地意识到，在毛的授意下公开发表这篇讲话，意味着一场反击运动即将开始。

一两天后，这场反击运动便开始了，并很快发展成一场全国性的运动，甚至波及许多在鸣放期间没有发表任何言论的人。他们或许是因为过于谨慎，或许是因为缺少机会，并没有发表什么言论，现在却因为出身问题而被怀疑。还有成千上万的人被以违犯过党纪国法为由，受到处理。最先受到处理的是许多小的非共产党的头面人物，其中有两个人被指责为反党阴谋的组织者。接着，这场运动就波及作家、记者和艺术家、教授和学生。这一年的初秋时节，工人、农民和省级党政干部也成了目标。一些组织还被分配到必须完成的名额。在政府机关，还对那些要准备划成右派的人施加巨大的压力，迫使他们认罪并收回他们的言

毛泽东与作家丁玲。

论。他们当中的许多人被检举者说成是立场不稳定。有的马上被宣判，有的是在几周或几个月后被宣判的。对绝大多数人的宣判都是非常严厉的，而且都被无限期地发配到偏远地区的国营农场。一些重刑犯都是党员。享誉全国的知名女作家丁玲因为与中宣部负责文学艺术的副局长发生争吵，被遣送到远在东北的劳改农场。年轻作家王蒙，因为写了一篇反映组织部中一个党支部的官僚主义和死板僵化的文章，被发配到了新疆。在此后的20多年当中，他们都没有回过北京。后来，邓小平提拔王蒙当了文化部部长。

整个“百花齐放”的结果是负面的，造成人才的大量浪费。它终结了已经持续40多年的新文学与艺术时代。它还让毛泽东意识到，中国的知识分子瞧不起他。他对此的反应有两个：第一，确定中国今后的经济发展不能再依靠知识分子；第二，确定中共八大把中国社会的主要矛盾确定为“先进的社会主义制度与落伍的社会生产力”之间的矛盾，是完全错误的。而代之以主要的矛盾仍然是“社会主义与资本主义道路”之间的矛盾。这意味着，阶级斗争仍然是最重要的政治议题。

在毛泽东发动“百花齐放”运动和反“右派”运动期间，邓小平跟党的其他领导人一样，表现得非常积极。

在“百花齐放”运动准备期间，邓小平利用职位高升后所得到的机会，经常在各种场合发表不同的讲话。从他的这些演讲内容来看，他很热心支持言论自由。他只在“大民主”问题上和毛泽东的意见相左。毛泽东在一次党的会议上说，他赞成把“大民主”，即自发的游行示威甚至罢工，当作普通老百姓用来表示他们希望党改变做法的途径之一。但是，邓小平不这样看。1957 年 4 月，他在西安向党的干部所做的报告中指出：

> 现在有的地方不是讲闹事吗？有些人不是讲大民主吗？有些青年总觉得大民主解决问题。我们是不赞成搞大民主的……大民主我们并不提倡，搞大民主并不好。匈牙利搞大民主，要几年才能恢复元气，吃亏的还是人民。波兰搞大民主也需要相当一个时期才能恢复元气。

很多中国知识分子在当时（现在还是一样）认为，邓小平在百花齐放运动和反右派运动中，是右派分子最狂热的敌人之一。很多年以后，邓小平坦言，1957 年反右派斗争还是要肯定。三大改造完成以后，确实有一股势力、一股思潮是反社会主义的，是资产阶级性质的。反击这股思潮是必要的。那时候有的人确实杀气腾腾，想要否定共产党的领导，扭转社会主义的方向，不反击，我们就不能前进。错误在于扩大化。这是他当时的态度吗？目前所能看到的唯一的证据是1957年9月邓小平向中央委员会所做的关于全党整风的报告。在这份报告中，他把反右派斗争说成是整风运动的一个阶段，即第二阶段，并预言，这个阶段很快就会结束。虽然他估计错了，但是这至少表明，他希望这场斗争能在一定期限内结束，而且，范围也不要太扩大，因为在距离大城市较远的地区组织斗争是需要一点时间的。此外，他的报告也是根据毛泽东的一篇文章撰写的。毛在这篇文章中说，“人民”与“资产阶级右派分子”之间的矛盾是对抗性矛盾，但对后者的处置不应该太过严厉。虽然，这并不足以挽回邓小平在反右派运动期间的名誉，但也许能够让人们给他一个公正的评价。

第九章

“大跃进”

（1957—1965）

从1958 年到1962年，中国经历了“大跃进”的混乱，以及混乱后灾难性的后果。“大跃进”是在1957年12月第一个五年计划完成后开始的。“大跃进”的主要口号是“政治挂帅”和“两条腿走路”。“政治挂帅”，表达了毛的一个信念，即精神的或者说非物质的刺激在经济领域同样能产生出在政治运动中那种显著的效果。“两条腿走路”，是指城市的资本密集型的高技术工业部门和农村的劳动密集型的低技术部门（包括工业和农业）共同发展。

邓小平在农村视察。

从1956年9月获得晋升，到1966年“文化大革命”爆发，这10年当中，邓小平一直置身于中共的权力核心，是众多事件的核心人物。这是他身为政治局常委和党的总书记的必然结果，同时也是他的个性使然。不管什么时候，他只要发现有问题需要解决，就会主动寻找解决问题的方案。他不是坐着等待问题找上门（周恩来有时就是这样），也不是在自己的提议受到批评或被驳回时，就退缩到一旁（陈云就是这样）。当他发现他无法说服别人接受他的建议时，或是判断他的说服行动不会成功时，他干脆先采取行动，然后再报告。毛泽东在对日作战期间，就是鼓励他的军事指挥官们这样做，甚至允许他们不报告就采取行动。后来在“文化大革命”期间，毛泽东除了批评邓小平的政治观点之外，也严厉批评了他的这种行事作风。

身为总书记，邓小平是中国共产党的执行长官，同时也通过党掌控政府的所有机构（不过，党对军队的领导权主要是毛泽东一个人来行使）。邓小平的主要运作机构是书记处。这个机构的人事阵容，从一开始就很强。到 1958 年 5 月，它的实力更强了。除了邓小平本人和他的副手彭真之外，书记处又增加了三位政治局委员。此后，随着形势的发展，书记处又接管了党内及党外其他几个机构的职权。在“大跃进”期间，它从最高行政机构国务院手中，接管了研拟与实施经济政策的权力。这是因为，在某种意义上，它能够组织群众运动，而这是国务院办不到的。在国家采取紧急行动，以挽救“大跃进”对全国造成的不良影响时，它仍沿用了这一权限。后来，当毛越过除林彪之外的其他政治局常委，擅自制定各种政策时，书记处做出了很多重大决策，它取代了很多原本应该由政治局及其常委会做的工作，因为这两个机构只能以中央委员会的名义发布文件，而且这些文件只有经过毛泽东批准后才能发布。在彭真的全力支持下，邓小平主掌了大部分权限与工作。后来毛泽东批评说，邓小平建立了一个“独立王国”，并未言过其实。

从 1958 年到 1962 年，中国经历了“大跃进”的混乱，以及混乱后灾难性的后果。毛泽东的本意是利用“大跃进”使中国经济获得快速的发展。“大跃进”在毛泽东所发动的历次大规模运动中，是独一无二的。因为它并不打算剥夺任何社会阶级的财产或地位，也没有打算通过这场运动来清党或整党。然而，这场运动造成的灾难却比其他任何一场运动都要惨重。

"大跃进"是在1957年12月第一个五年计划完成后开始的。从某些方面来说，当时的中国经济已经实现了第一个五年计划的部分目标。它的工业基础得到发展，工业生产的年平均增长率接近20%，超过了"一五"计划所规定的目标。全国铁路网增加了好几千公里的新路线。但在其他方面的发展却很令人失望。特别是农业生产，增长率只有4%，没有达到"一五"计划规定的目标。农业生产的低迷，严重影响到轻工业的发展。在这种情况下，中共面临两个抉择：或者控制农村人口的增长以满足迅速增长的城市人口的需求，或者控制城市人口的增长以保证农村人口的正常生活。最终结果是，两者都受到严格的控制。

1956年春，中共领导人一致认为，第二个五年计划的优先项目和方法，应该和第一个五年计划有所不同。毛泽东本人在一次政治局扩大会议上也表达了与之相同的看法。他建议，增加农业和轻工业的投资比例，赋予省及地方政府更大的权限，让它们拥有更多的经济自主权，比较自主地做出投资和其他经济决定。减少在偏远地区兴建新的工厂，因为这些地区距市场和原料供应地都太远。他还说，事实证明，苏联的发展模

1958年9月，邓小平视察吉林丰满发电厂。

式并不符合中国的国情，也不能满足中国的需求。他甚至批评苏联在运用这一模式的过程中就犯了一些“错误和缺点”。但他当时并没有说这个模式是错误的，或这个模式的计划经济体制存在着根本的错误。然而，在此后的18个月内，他却决定完全放弃这种模式，采用一种新的发展策略。这个战略是依据对人性完全不同的看法而制定的，对资源的利用和制定的目标也大不相同。

为什么会发生这个变化？这个变化的原因是什么？是毛的情绪发生了变化，还是他的性情变了？毛在1957年年末和1958年年初的行为方式让人们感到，他这时已经完全变了。他几乎完全陷入急于求成和浮夸的冲动之中，完全不顾“客观条件”的制约。但是，又没有确凿的证据能证明这一点。所以我们只能找出几个确实对他产生过重要影响的因素。

第一个因素，在1955年之前就实现了农业集体化和工商业的社会主义改造。在毛看来，这充分证明（而且是再一次证明），一切都能够通过群众运动和勇敢精神得以实现。这也为他要充分利用以前被封建主义和资本主义“剥削”所束缚着的人民群众的力量的设想提供了依据。1955年至1956年冬春，他提出，中国工业化的发展规模和速度，科学、文化、教育、卫生等事业的发展规模和速度，都应当加大和加快，不能再按照以往所设想的那个样子去做了。从而引发了一场轰轰烈烈的群众运动。这场运动引发了通货膨胀以及大规模的混乱，阻碍了经济的正常发展。1956年4月，周恩来向毛提议，应当立即停止这场运动。毛同意了，但对此很不情愿，也很不满意；此后，在周恩来的授意下，《人民日报》连续发表社论，批评了这种急躁情绪，并把这种情绪说成是一种“冒进”。这使毛更加坚定地要证明，他所采取的行动比他周围那些怯懦胆小的人更为正确。

第二个因素，是知识分子在百花齐放期间的行为和表现。虽然他们的行为已受到了抑制，但毛并不这么看。他断言，他们当中的许多人对社会主义、对党的领导和他本人是怀有敌意的。这就加重了他（已经相当严重）对他们的偏见。在经过反复思索后，他更加确信，任何一项重大事业的成功都必须具备三个因素：领导者的激励、被领导者的悟性和二者在思想上的共识。他开始以一种蛮横的、轻蔑的口气来谈论知识分子，并说，没有知识分子，中国就不能取得经济迅速发展的说法是毫无道理的。早在1957年7月，当争鸣时期刚刚结束时，他就宣称：

> 知识分子是工人阶级、劳动者请的先生，你给他们的子弟教书，又不听主人的话，你要教你那一套，要教八股文，教孔夫子，或教教资本主义那一套……工人阶级……就要

辞退你。

第三个因素是，苏联在1957年成功地把人造地球卫星送上了天，并发射了一枚远程弹道导弹。这使毛认为，社会主义已经赶上资本主义，是社会主义中国开始大发展的时候了。自相矛盾的是，促使毛同苏联模式决裂的也是苏联的成就。1957年秋，毛的这一愿望就已经十分强烈了。

“大跃进”的主要口号是“政治挂帅”和“两条腿走路”。

“政治挂帅”，表达了毛的一个信念，即精神的或者说非物质的刺激在经济领域同样能产生出在政治运动中那种显著的效果。但是，经济领域的事实证明，他错了。但这个口号能够用来反对那些过于追求物质繁荣的行为。简单地说，如果运用非物质刺激的手段不能实现繁荣的话，那么这种繁荣也就没有存在的价值。再进一步讲，繁荣的成就也许会削弱社会主义的价值，即使在实现繁荣的过程中人们一直呼吁要实现社会主义的价值。不能认为物质繁荣就是绝对的好，或者是完全的好。这最终势必导致这样一种认识：财富和美德是互不相容的，贫穷才是光荣的。

毛本人从没有赞同过这种观点。但是，“文化大革命”后期，这种观点却被一些同他的妻子江青关系密切的激进分子所利用，也许是江青本人也想利用它。有关这种观点的一句最著名的名言是：晚点的社会主义火车，也比正点的资本主义火车好。这是邓小平非常痛恨的一种观点。

“两条腿走路”，是指城市的资本密集型的高技术工业部门和农村的劳动密集型的低技术部门（包括工业和农业）共同发展。这并不是毫无道理的。在农村确实有大量的未被利用和正在被利用的资源，其中也包括一些比较简单的工业技术。这些资源如果被合理地加以利用，一定能发挥这些地区的特长。然而后来的事实证明，对这些资源的利用是非常缺乏理性的。错误之一是，让农民及其家庭成员在农忙的时候从事非农业劳动。另一个错误是，创办了一些农民的技术能力所不及的工业项目。这两个错误都让农民付出了惨重的代价。

“大跃进”的章程是《工作方法六十条》。它是毛泽东 1958 年 1 月至 2 月间，在浙江等地召开的几次会议的结果。它包括许多不同的问题，如毛关于革命性质的新理论、管理国民经济的责任从政府转到了党、资源的分配权力从中央下放到各省、采用新的计划方法和先进的农业生产方法。有关革命性质的内容表明了毛已背离正统的马克思主义。他认为，完成了社会主义改造，消灭了土地和资本的私有制，也就完成了社会主义革命。这也反映出他在 1956 年和 1957 年的事件中的急躁冒进情绪。正如他所说的：

> 我们的革命是一个接一个的。从1949年在全国范围内夺取政权开始，接着就是反封建的土地改革，土地改革一完成就开始农业合作化，接着又是私营工商业和手工业的社会主义改造。社会主义三大改造，即生产资料所有制方面的社会主义革命，在1956年基本完成。接着又在去年进行政治战线上和思想战线上的社会主义革命，这个革命在今年七月一日以前可以基本上告一段落。但是问题没有完结，今后一个相当长的时期内每年都要用鸣放整改的方法继续解决这一方面的问题。现在要来一个技术革命。

关于经济计划的内容表明，毛已彻底打破了过去制订计划的方法，代之以中央和地方各级机构分别制订两套主要产品的生产计划。中央在制订计划时有两本账，一本是必须完成的计划，一本是希望完成的计划。地方也有两本账。地方的第一本就是中央的第二本，而且是地方必须完成的计划。按照这种计划，工厂、矿山和农业合作社最后要完成的生产指标要比中央为它们那个行业制定的全国的生产指标增加几倍。这个新的计划试行不久，便带来了种种弊端。在基层，它驱使当地的干部向工人和农民提出过多的要求，致使他们变得日益疲倦和沮丧。在中层，它助长了浮夸风。干部们所报的产量与实际完成的情况之间存在着很大的缺口。在中央，它使领导层对国家的经济状况形成了完全错误的印象。在政治上，新的方法的目的原本是想加强"领导与群众的联系"。然而，在实施的过程中，它却起了恰恰相反的作用。它在毛和他的同事同辛勤劳作在工厂和田间的工人和农民之间制造出一些不学无术、胆小怕事的干部。

"大跃进"在制度上的一个最大的创新是人民公社。1957年到1958年冬，农业生产合作社曾集中起来，以便共同为大规模地修建运河、水坝和其他水利工程提供充足的劳动力。人民公社就起源于此。集中导致了合并，合并导致了新一级行政机构的产生。这一级机构接管了在此之前一直分散在合作社和地方政府部门之中的职责。这段时间，那些在两年半前农业集体化运动期间的积极分子又立即开始行动来，到1958年年底，99%以上的农户都加入了人民公社。

人民公社一共存在了25年。在这段时间内，发生了几次实质性的变化。公社最初的形式，也是毛喜欢的组织形式，其实只持续了不到三年。人民公社最大限度地迎合了毛的心意的根本原因，与其说是因为他喜欢行政上地方分权，不如说他更喜

20世纪60年代的邓小平。

欢这一级组织能够动员最基层的广大群众。公社的职权范围涉及政治、经济、文化和军事，迎合了毛不喜欢专业化的思想。公社实行集体生活和集体劳作，全体社员在公社食堂吃饭，妻子们到田间干活时把孩子送进托儿所。公社通过生产大队和生产小队，平均分配社员收入，这也非常符合毛的思想。因为他把平均看成是消灭热心追逐个人利益行为的一个途径。他坚信，这样做是为实行"按需分配"的共产主义分配原则奠定基础。

"大跃进"是在1958年5月，中共第八次全国代表大会第二次会议上正式发动的。跟20个月前召开的八届一中全会一样，这次会议也是由刘少奇做主要的报告。他第一个报告是相当严谨的，但第二个报告却是幻想式的。毛泽东在八届一中全会上只讲了一次话，而且很简短，几乎可说是敷衍了事。但在第二次会议上，他的发言不少于五次。他不仅自己相当兴奋，而且也让与会代表们非常兴奋。他批评斯大林冷漠与官僚式地对待经济发展，并且宣称，全党当前的任务就是要"揭盖子，破除迷信（是指克服困难的可能性），让劳动人民的积极性和创造性都爆发出来。打破束缚，打破克服困难的迷信，让工人群众的积极性与创造力爆发出来"。这次会议最后还通过了一条"多、快、好、省"地建设社会主义建设的总路线。几千名与会代表信心十足地回到他们的岗位上，深信他们的前途就在于能否有效地实现这条总路线。

在接下来的六个月当中，中国大陆的七亿人民都陷入狂热的气氛之中。一个又一个运动相继热烈地展开。先是成立人民公社，接着又说即将建成共产主义社会。在这股“共产风”之下，很多人民公社实施了免费供给制度，社员吃饭不要钱，吃多吃少随便。1958 年 1 月，毛泽东发出号召，在近几年内，农村地区的工业生产值要赶上农业生产值。为了响应毛的这项号召，各地的人民公社兴建或扩充数以千计的小工厂或小作坊。这些小工厂或小作坊使用的机器设备大多数是他们自己设计或生产的。后来由于缺乏钢铁，生产这些工厂机器没有了原材料，人民公社决定自行炼钢。[①]

① 此处有误，大炼钢铁是为了追求钢铁产量。——译注

大炼钢铁运动是“大跃进”的最高潮。到 1958 年年底，中国农村地区兴建了几十万座小炼钢炉和小炼铁炉。有些公社一口气就兴建了几十座。据估计，大约有 6000 万人参加了这项运动。他们或者到矿山开矿，或是到煤矿运煤，或者直接用小高炉炼钢和炼铁。在党的干部的强大压力下，很多社员被迫交出他们家中的铁锅、水壶，

北戴河会议后，全国掀起了“以钢为纲，全面跃进”的全民炼钢铁的热潮，几千万人大搞小高炉和土高炉，耗费了巨大的人力和资源。图为河南信阳郊外的土高炉群。

拆下家里所有能用来炼钢炼铁的东西。

由于大炼钢铁运动进行的时候，正好是华北农村地区的秋收季节，因此造成了农忙最紧要的关头缺少劳动力，以致有些田里的作物没有人收割。大炼钢铁运动也没有炼出任何有用的钢和铁。因为，农村地区根本没有炼钢炼铁所必需的技术和设备。广大农民花费几百万小时生产出来的，不过是几百万吨毫无用处的废铁。

尽管如此，1958 年的粮食产量仍然达到 2 亿吨，是中国有史以来最高的。毛泽东等人看到各地送上来的报告中都提到农业增产，因此盲目地认为，粮食产量还可以更高。8 月，中共农村工作部长谭震林在一次会议上宣布，粮食产量可能达到 3 亿多吨。12 月，中共中央宣布，粮食产量达到 3.75 亿吨。这个数字几乎是 1957 年的两倍。

20 世纪 50 年代，毛泽东与邓小平在郑州。（侯波 摄）

1958 年年底至 1959 年年初，毛和他的同事们已经觉察到了农村中开始出现强烈不满的情绪，他们也觉察到了“大跃进”生产出来的许多商品并不能满足消费者的需要。他们开始调整前一段时间推行的一些政策。在 1959 年 2、3 月间召开的一次工作会议上，毛批评了农民的收入过于平均、许多公社无偿占有农民的劳动、银行提早收回给公社的贷款等现象。毛转而听取陈云的意见。陈云早就想对发展战略做重大的改变，并且坚持认为，组织动员的手段不可能成为经济增长的动力。陈云提出，1959 年的钢产量应当从 3000 万吨降至 1300 万吨，要把国民经济看成是“一盘棋”。他指出，鼓励地方或省生产所有产品并都做到自给自足，是限制而不是推进整个国民经济的发展。

虽然如此，毛和其他人并没有改变他们在 1958 年虚报产值的基础上做出的几个决定。其中最主要的一个决定是在 1958 年粮食总产量的基础上，继续提高 1959 年的粮食总产量，但总的播种面积要减少。而且在总播种面积减少的前提下，还要相应地减少粮食作物的种植比例。正是这些决定使得“大跃进”变成了一场灾难。到 1958 年年底，农民已连续两个夏季和一个多冬季没有得到过休息。肥沃的土地也因不合理地密植和深耕受到严重毁坏。这个时候应当做的是，减轻农民的压力，合理地利用土地。这两项措施毛都赞成，但实际上并没有实行。

从现在已经公布的中共文献上，看不出邓小平在 1958 年说过什么，或做过什么（他的文选中没有收入他在这一时期的任何一篇讲话）。然而有些文献又充分表明，他是站在毛的一边，赞成“大跃进”的。在党内就是否应该发动“大跃进”发生争论时，他是反对周恩来和陈云的意见的。3 月间，他在一次会议上说，

邓小平和毛泽东交谈。

那些反对发动“大跃进”的人是“错误”。这一年夏天，他又多次提到“大跃进”已经取得丰硕的成果，称这个运动的前途是光明的。有一次，他在参观一个人民公社时说，“我们想要多少谷物，就可以有多少。而且在不远的将来，每个人都可以有酒喝有肉吃。农村妇女有朝一日也都可以擦口红、穿高跟鞋。”据毛泽东当时的一位私人秘书说，毛是通过邓小平向全国各地的干部宣传“大跃进”的意义的。

但邓小平也并没有完全按照毛泽东的指示去做。他也没有使用毛泽东（或刘少奇）常常使用的那些煽动式的用语，而且也很少提到“政治挂帅”、重振意识形态和社会影响之类的话语，这些都是毛泽东发动“大跃进”的重要目标。他对农村兴建的炼钢炉的效果持怀疑态度。10 月，他到农村进行调查研究期间曾经说过，他们应当引进技术。1958 年年底，在根据毛的指示召开的一次讨论劳动报酬和奖金问题的会议上，邓小平明确表示，他反对全面免费供应物资。

1959 年，邓小平的角色改变了。周恩来和陈云试图根据工业和农业的真实情况，调整钢铁的生产指标，因为原来制定的指标根本是不可能实现的。邓小平赞成周恩来和陈云的意见，他们成为合作者。邓小平主持书记处召开两次会议。第一次会议，听取了有关人民公社情况的报告。第二次会议重新研究钢铁生产的指标，并且将会议精神传达党中央财经领导小组。中央财经领导小组是毛决定重新采纳陈云的意见时成立的，是一个由资深的党的领导干部组成的一个小型的特别委员会。由于它的一些成员比邓资格老，所以书记处本身的职能也相应地发生了变化，它似乎成了中央财经小组中资历最深的成员，也就是周恩来非正式地管辖下的一个委员会。不管这个委员会的性质是什么，当时中央已经开始着手控制“大跃进”所产生的严重后果，而且邓本人又开始同周和陈有了密切的工作关系。

1959年，中共领导层又重新团结起来。大家努力工作，力图阻止农村危机的日益扩大，避免整个国民经济陷入不景气。一开始进行得还算顺利。但是，由于毛和1954年以来一直担任国防部长的彭德怀之间的冲突，党内的统一和团结被打破了，并造成了一种谁提意见谁就会遭到迫害的气氛。

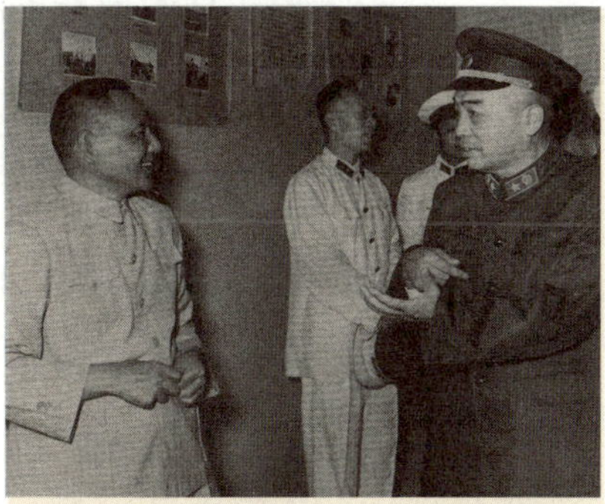

1958年8月，邓小平和彭德怀参观国防科研部门的汇报展览。

彭德怀为人率直，没有心机，在军中很受欢迎，也很受党内同志爱戴。根据“文革”期间他在狱中所写的回忆录来看，他并不是什么理论家，但他很关心改善五亿农民的生活。他很重视党与军队的纪律，同时也认为，党的高级领导人之间应该坦诚相待。他一向以平常心对待毛泽东，并没有特意去巴结他。他和毛泽东的关系一直不是很融洽。1959 年，他又在一项重要政策上和毛泽东发生争执，这个政策就是军队的性质问题。毛想加强中国核武器的攻击力量，并以小型的适合进行“人民战争”的地面武装部队做后盾。彭则想按照苏联的模式建立武装部队，使它拥有先进的武器和装备，既能够进行常规战争，也能够进行核战争。

1958 年秋至 1959 年春，彭德怀通过视察部分农村地区，同农民和地方干部面对面地谈话，得出一个重要结论：“大跃进”正在导致经济上的一场大灾难；地方干部向上级领导（或者像他这样的来视察的国家领导人）报告情况时并没有说真话。但他并没有向其他领导人或在党的会议上过多地谈到他的这个结论。5 月，他到东欧几个国家出访。6 月中旬，他返回北京之前，在莫斯科同赫鲁晓夫进行了会晤。

7 月初，彭德怀前往庐山参加政治局的扩大会议。7 月 14 日，他给毛泽东写了一封长信，谈到“大跃进”的问题。他认为毛泽东一定会亲笔回信给他，或是召他去谈谈。但他没有料到，毛并没有这么做，而是以

《彭德怀的意见书》为正式标题将他的信印发给参加庐山会议的每个人。在随后的一次讲话中，毛以讥讽的口气把这封信说成是向他本人和党中央领导机关的一次无原则的进攻。他向与会人员说，彭所批评的这些政策，是大家一起制定的，而他自己就曾经带头批评过这些政策，但彭在应该说话的时候却保持沉默。他暗示，彭已同赫鲁晓夫勾结起来。他要求与会的全体成员都要考虑一下，面对彭的“机会主义”进攻，自己应该站在哪一边。

彭德怀有一些积极的支持者，他们在预备会议上曾经发言，另外也还有不少的同情者。但是，在毛泽东把彭德怀定性为“资产阶级在党内的代言人，这次向党发动进攻，是有计划，有准备，有组织，有目的”之后，除非党内两三个资格最老的领导人愿意出面，否则没有人能够让毛泽东让步，挽救彭德怀。然而他们没有这样做。毛泽东因此能够在随后立即举行的中央委员会会上，放手全面批判彭德怀，同时让中央委员会通过一项决议，把彭德怀和另外三个人（包括毛泽东在江西时代的老对手洛甫）说成是“反党集团”的成员。除了25年来一直担任军事领袖的朱德之外，没有人在会上替彭德怀辩护。刚在4个月前接替毛泽东出任中华人民共和国主席的刘少奇，尤其猛烈攻击彭德怀。

彭德怀所受的羞辱，在9月举行的军委扩大会议

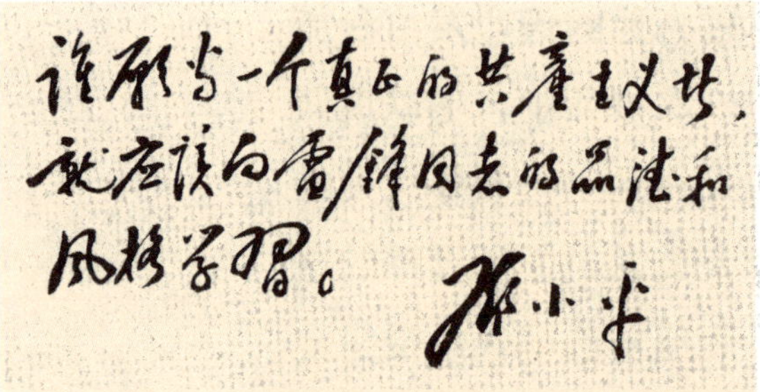

1963 年 3 月，在毛泽东的号召下，人民解放军掀起了向雷锋学习的热潮。这是邓小平的题词。

上画下句点。林彪和其他人对他发起猛烈的批判，指责他是“军事俱乐部”头头，并且解除他国防部长的职务。他虽然被保留了政治局委员的头衔，但不久就不能再参加政治局和中央委员会的会议了。他在中南海的房子也被没收，迁居到北京西郊的一栋空房子。

林彪取代彭德怀出任国防部长，并且很快把军队变成可以供他自己使用的政治工具。他先是按照他所理解的毛泽东所希望的，把军队加以改组。然后着手把军队变成具备革命美德的根据地。1960 年秋天，他说服军事委员会同意，把毛泽东的思想列为军队进行政治教育唯一的课程；1962 年，他出版发行从毛泽东各种演说和文章中摘选出来的《毛主席语录》，也就是后来闻名全球的“红宝书”。

毛泽东对林彪这些行动的反应和林彪所期待的一样。1963 年 12 月，毛泽东号召全国“向人民解放军学习”；1964 年，他指示政府和党的各级部门都要像部队一样，成立政治部。

在经济上，庐山会议给原本已经奄奄一息的“大跃进”一次复苏的机会。这是因为毛泽东坚持要在全国发动一场“反对右倾机会主义”的运动。不久，这项运动就变成了一场对所有在“大跃进”中表现得不积极或慎重的党干部的整肃。结果，造成所有党的干部不敢再对“大跃进”提出任何反对意见，也不敢再替农民争取任何福利。

1960 年年初，中共又发动了在城市建立人民公社的运动。生产目标不但没有降低，反而进一步提高。毛泽东明确表示，他支持“政治挂帅”式的工业管理模式。

1960 年年底，苏联决定停止对中国的所有形式的援助，才使毛泽东从“大跃进”的美梦中惊醒。同意对国民经济实行“调整、巩固、充实、提高”的方针，并允许批判那些强行无偿占有农民劳动的地方干部。一直到 1960 年 11 月，那些长时间以来一直坚持认为“大跃进”对中国来说实际上是一场大的灾难的中共领导人，终于能够从根本上纠正“大跃进”的错误了。周恩来发出十二条紧急指示，允许农民恢复“大跃进”以前的生活和劳动方式。

不过这时候，中国农村正遭受严重的饥荒。1959 年，农村人口还可分配到 1.22 亿吨粮食。到了 1960 年，这个数字已经降到 1.13 亿吨，每人每年只能平均分配到 150 公斤粮食。1960 年国家城市人口远远少于 1959 年，但收入也大大减少，实际上是 1949 年以来最少的年份。在死亡率上升的同时，出生率也明显下降。1960 年，全国的死亡率大大高于出生率。

60 年代初，外部世界从难民的报告中了解到，在中国的一部分地区，食物严重短缺。但直到 80 年代初，中共才最终公布有关这一时期的出生和死亡率、粮食产量和收成的数字，让外人了解了当时饥荒的真相。即使在目前，官方文件也很少提到“大跃进”的情况，甚至也很少有小说及文艺作品提及。“文化大革命”产生了一大批伤痕文学作品，“大跃进”却没有类似作品。

1958 年，邓小平有一次在玩台球的时候摔断了右腿。从照片上可以看出来，至少在 1961 年 4 月之前，他一直都是撑着一根拐杖走路。他的腿伤复原得很慢。

由于腿伤，邓小平没有参加在庐山举行的政治局会议和中委会会议。但他一定参加了那次免去彭德怀国防部长职务的军事委员会会议。除了毛泽东，他是军委会上唯一的文人。虽然他跟彭德怀一直没有过特别密切的交往，但他一定很为彭的命运和毛泽东的行为担忧。在已经公布的一些材料中可以看到，他认为毛泽东虽然是很杰出的领袖，但并不是绝对不会犯错的。但在当时那个非常敏感的时期，他还是很勇敢地重申他的这种看法。1960 年 3 月，

1960 年 3 月 15 日，邓小平参观北京毛纺厂的纺织车间。

他在天津对党的干部的一次讲话中，一针见血地批评了党员当中日益滋长的一种倾向，即把毛泽东思想用得庸俗了，把他们所取得的一切成绩都归功于运用了毛的思想。他说，毛泽东的地位和作用同一般的领导成员是不同的。但是，切不可因此把毛泽东同志和党中央分开，应该把毛泽东同志看作是党的集体领导中的一个成员，把他在我们党里头的作用说得合乎实际。至于庐山会议的后果，他后来认为是十分有害的。他说，庐山会议后期，毛泽东同志错误地发动了对彭德怀同志的批判，进而在全党错误地开展了“反右倾”斗争。八届八中全会关于所谓“彭德怀、黄克诚、张闻天、周小舟反党集团”的决议是完全错误的。这场斗争在政治上使党内从中央到基层的民主生活遭到严重损害，在经济上打断了纠正“左”倾错误的进程，使错误延续了更长时间。

身为党的总书记，邓小平当然难以避免不和毛泽东发动的“反右倾运动”或“第二次”跃进发生关系，但他并不是这两项运动的支持者，也没有发表与这两项运动有关的谈话。从他在天津的讲话内容来看，1960年春天，有很多时间他是在北京以外的地区考察。同时，中共和苏联的关系

20世纪60年代初，邓小平视察河南三门峡水库。

也很有可能占去他很多的时间。这或许也为他把大部分国内事务留给其他人去处理提供了一个借口。毛泽东在1960年1月至3月召开几次会议，讨论应如何应付中苏关系所发生的危机，邓当然一定出席了这几次会议。

50年代末和60年代初中苏之间的大论战，是共产主义世界内部及外部都始料未及的，其影响不仅深远而且范围广泛，影响到整个世界。中苏论战使1950年签订的《中苏友好同盟互助条约》变成了一纸空文，并且摧毁了“社会主义阵营”，分裂了国际共产主义运动，打破了当时的世界均势。它还导致毛泽东对苏联社会做出了新的判断，直接影响到他后来在中国发动“文化大革命”。

这场论战始于1958年，是在两国两党关系度过了历史上较好的一段时期后不久发生的。中国人从1956年波兰和匈牙利的暴乱中得出了两个重要结论：俄国人已经意识到非斯大林化的危险。中国对那些极力想摆脱莫斯科的影响以获得更加独立地位的国家的共产党的态度必须十分谨慎，因为对他们过分表示同情有可能助长“修正主义”，而“修正主义”是通向彻底的反革命的。这个后果与赫鲁晓夫主张的非斯大林化和议会道路的结果是相同的。因此，1957年毛在出席社会主义国家共产党和工人党代表会议开幕式时，就专门讲“以苏联为首”的问题。他说：“我们这里这么多人，这么多党，总要有一个首。就我们阵营的内部事务说，互相调节，合作互助，召集会议，需要一个首。就我们阵营的外部情况说，更需要一个首。”

毛还说，苏联成功地把两颗人造地球卫星送上天，成功地发射一枚洲际弹道导弹，表明“东风”已经压倒了“西风”。他主张，国际共产主义运动应当以中国共产党人在反对蒋介石的战争中所运用的在战略上藐视敌人，在战术上重视敌人的战略战术为榜样，决不向敌人屈服。他还谈到了核战争可能带来的后果。他宣称，人不会在这场战争中死绝的，一个勇敢的、新的共产主义世界将会在“帝国主义的废墟上”崛起。但他并没有预见到当中国面临苏联不友好的政治或军事态度时所应采取的行动。

俄国人一定对毛有关核战争的观点感到不安。但他们还是决定，要满足中国人提出的帮助他们建设制造和试验核武器设施的一切要求。10 月中旬，在毛到达莫斯科之前，两国已在这里签署了一项秘密协定。这个协定按说是两国之间相互信任和密切合作的承诺。但事实并非如此，它标志着两国两党之间的关系已经到达顶点，随后就是走下坡路了。

不久，影响两国两党关系的台湾问题、印度问题和“大跃进”相继出现。在台湾问题上，中国的立场是十分明确的，始终强调台湾是中国领土不可分割的一部分，中国有权采用任何手段收复台湾。苏联无论是在公开场合还是在私下都没有反驳中国的这一立场。但赫鲁晓夫认为，假如美国确实承诺过要帮助国民党保卫台湾，而对苏联来说，它与美国之间的关系又是至关重要的，那么中国至少应该事先告知苏联他们在台湾海峡使用武力的意图。而这正是中国人所不愿意做的。他们并不想进一步扩大台湾问题在国际社会的影响。因而，当 1958 年 8 月中国人对离大陆仅有几公里之遥的国民党驻守的岛屿金门展开猛烈的炮击，并进而攻击国民党的补给船只时，中苏关系以及中美关系出现了危机。此后不久，赫鲁晓夫在写给艾森豪威尔总统的信中这样说道，对中华人民共和国的进攻就是对苏联的进攻，苏联将“忠于职责”，采取一切必要的手段保卫中国。但他对毛的做法非常生气，因为他 8 月初曾在北京同毛有过一次长谈，当时毛对他即将开始的这场炮击只字未提。

印度问题之所以成为影响两国关系的一个问题，是因为当中印两国军队在靠近尼泊尔、锡金和不丹的东西段边界上发生冲突时，苏联正谋求加强同印度的密切联系。在东段边界，冲突是由 1959 年春西藏叛乱（和随后不久达赖喇嘛逃亡印度）后，难民和游击队在西藏和印度之间的活动引起的。在西段边界，发生冲突的原因是中国在印度已宣布为己有并不时有印度的巡逻队出没的领土上修建了一条公路。[1]中国在

①中印边界冲突的实际情况是，1959 年，印度总理尼赫鲁向中国提出领土要求，同年 8 月 25 日，印度武装部队向我边防军开火，挑起武装冲突，并不断升级。三年后，挑起全面冲突。中国政府对印度的无理要求和军事侵犯，进行了有理有节的斗争，1962 年 10 月 22 日，中国军队被迫进行自卫还击。11 月 22 日，主动停火、后撤。此后，中印在边界问题上没有再发生冲突。——译注

公开的声明中对苏联不站在中国一边的行为提出了抗议，并指出，苏联在这个问题上宣布中立，事实上是为了取悦印度。赫鲁晓夫1959年10月出席中华人民共和国成立10周年庆典时，在北京和中国人为这个问题发生了争吵。4个月后，苏联党（不是苏联政府）在给中国党的一封信中说，中国的行为是“狭隘的民族主义态度”的表现。在这封信中，俄国人想让中国人做到，要使民族的利益服从于他们把自己视为监护人的国际利益。

这两个问题是任何两个主权国家之间都有可能出现的问题。而第三个问题“大跃进”，只有在具有相同意识形态的两个国家之间才可能出现。无论是在意识形态上还是在政治上，俄国人都有充分的理由对“大跃进”表示反感。因为它否定了苏联的发展模式，这个只有三年社会主义建设史的国家竟然敢于声称，要比苏联更快地进入共产主义，更快地实现共产主义。实际上，它给负责向中国运送商品的苏联经销商造成了巨大的压力，并且给正在中国工作的1500名苏联顾问和技术人员带来了几乎难以忍受的工作条件。

这段时间，俄国人特别是赫鲁晓夫的行为也十分粗暴和过火。从1958年秋天起，赫鲁晓夫开始以轻蔑的口吻向到莫斯科访问的人，包括西方的来访者谈论“大跃进”。1959年夏，他首先中止了1957年10

月签署的中苏军事技术协议，接着便开始公开批评“大跃进”。所有这一切都是为了向中国人暗示，就像20年代和30年代的共产国际那样，他要惩罚中国共产党在政治上和思想上擅自一意孤行的行为。更为重要的是，赫鲁晓夫第一次公开攻击“大跃进”几乎与彭德怀在庐山写信给毛发生在同一天。毛由此断定，赫鲁晓夫和彭已经串通起来，准备对中国的事务进行干涉。实际上，并没有赫鲁晓夫和彭德怀阴谋串通的确切证据。而且与一个外国人串通，也不符合彭的性格。根据彭回忆，他最初并没有想上庐山。他是到庐山待了一段时间以后才决定给毛写信的。然而，老谋深算的毛却从中看出了其他的问题。不久，官方的决议称，彭的干扰有力地支持了“赫鲁晓夫的修正主义集团”。

这些问题再次引发了一场有关赫鲁晓夫在1956年苏联二十大的讲话中就已经提出的一些原则问题的争论。中国人率先开始了争论。1960年4月，他们在列宁诞辰的那一天同时在《人民日报》和中央委员会的理论刊物《红旗》杂志上发表了四篇长篇评论文章，它们的中心思想暗含在第一篇文章的标题《列宁主义万岁》中，这就是：他们比俄国人更信仰列宁主义。他们谴责俄国人提出的关于和平共处、战争是可以避免的、非共产党国家的共产党有可能通过和平道路夺取政权的新主张，认为俄国人已完全背弃了列宁主义。这使俄国人很被动，他们不得不辩解说，自列宁以后，世界已发生了变化，有必要对他的一些学说进行修正，但他们在思想上并没有放弃列宁主义。在中国人展开的进攻面前，苏联人首先要为自己的行为做出解释，然后才能发起反攻。

1960年夏天，中共和苏共发生两次冲突，分别是在北京举行的工会会议和在布加勒斯特举行的罗马尼亚党代表大会上。在布加勒斯特，赫鲁晓夫对毛泽东进行人身攻击，骂毛是"极左分子"和"左倾修正主义者"，并且说毛和斯大林一样狂妄自大，这引来中共首席代表彭真的反击。彭的发言同样具有攻击性，并且更具说服力。这番激烈的争论，引起其他国家共党代表的恐慌，他们纷纷以各自党的名义向中共和苏共双方施压，要求双方和好，并努力达成协议。在各方调停下，最终确定，当年秋天在莫斯科举行三个会议：中共和苏共的双边会议，26国共党代表会议，以及81国党的领导人的首脑会议。

在这三个会议上，邓小平一直都是中共的首席发言人。他当时发表的很多声明和演说的原文一直没有公开发表，但从一些引文和参考资料中可以看出来，他当时是坚决支持纪念列宁周年的纪念文章中所提出的观点和立场

1960年秋，邓小平在北京人民大会堂做关于莫斯科会议的报告。

的。他对和平共处的看法是，这只是社会主义与资本主义或帝国主义之间的武装停火而已；对于战争，他认为发生新的世界大战的可能性不大（因为苏联所拥有的核武器可以阻止美国发动核战争），但区域性的局部战争是无法避免的；对于社会主义路线，他认为，资本主义国家和他们的殖民地一定会爆发暴力革命。在实际策略上，他认为，社会主义阵营一定要保持警惕，加强武装。他认为，对于社会主义阵营和个别社会主义国家来说，积极支持民族解放运动，是正确（和安全）的做法，而鼓励社会主义阵营以外的共产党减少武装反抗是错误的。

从目前能够找到的材料中还看不出，邓小平是否在全球核战争的后果问题上和毛泽东持同样的看法，即认为核战争的最坏结果是导致帝国主义的毁灭，而不是整个人类的毁灭。从表面上看来，在为期八个星期的会议期间，他一定很难不去提及这个问题。但如果他真的提到这个问题，一定会引用毛泽东的这个说法。在任何其他记录里，也没有看到他曾经在这个问题上支持毛泽东的观点。看来，邓小平对毛泽东关于核战争的看法是抱着怀疑态度的。

第三次的高峰会最后发表了一篇宣言，涵盖所有的问题，并由与会的各国领袖签署。据第一位研究中共与苏共冲突的西方学者唐纳德·赞格瑞尔教授的分析，这篇宣言等于是苏联的一大胜利。宣言主要以苏联的基本立场为主，不过文字却很含糊、不清楚。这篇宣言能够顺利发表，完全是因为当时在北京监控全局的毛泽东①，接受了代表团团长刘少奇的建议。当时中共所面临的抉择是，妥协或是和苏联正式决裂。但从以后的发展来看，虽然刘少奇在宣言上签了字，但并没有改变毛泽东对苏联的看法，即赫鲁晓夫和苏联内外的很多人，都已经变成了"现代修正主义分子"。

①他和朝鲜的金日成是唯二两个没有出席会议的共产党领袖。——译注

1963年7月，邓小平率领中国共产党代表团前往莫斯科同苏联共产党代表团谈判，刘少奇、周恩来、朱德等同志到首都机场送行。（杜修贤 摄）

1963年7月，邓小平再度前往莫斯科，这也是他最后一次访问莫斯科。他率领一个人数不多的党的代表团，和由意识形态专家苏斯洛夫率领的苏联共党代表团，商讨莫斯科宣言所提到的所有理论问题，以及双方在1960年前后所争执的一些问题。双方都对对方有非常不满意的地方。中共对苏联特别不满的有两点，第一，苏联在1961年到1962年之间，收容了从新疆逃往苏联领土的5万名中国难民。第二，赫鲁晓夫在1962年中印之战前后，公开批评中国。在苏联方面，特别不满意中共先是公开指责苏联在1962年10月古巴"导弹危机"中的行为是"冒险主义"，接着又嘲笑苏联是"投降主义"。

会谈开始之前，双方各自发表冗长的文件和声明，

充分而且有针对性地表达自己的立场和观点。然后，双方在会谈中进行激烈的辩论。苏联方面甚至明确表示，他们和邓小平代表团会谈的重要性，比不上当时同时在莫斯科举行的，苏联与美国和英国进行的有关部分禁止核试验条约的谈判（实际上，这个会议的主题本身就是对中共的挑衅）。赫鲁晓夫本人确实曾经举行晚宴招待邓小平和他的团员们，但那是在会谈举行了五天，而双方又没有准备让步之后。双方也没有决定下一次会谈的日期。这等于是会谈破裂。而事后也证明，这也标志着中苏两党26年正式交往的结束。

“文化大革命”期间，流传着一个故事，说毛泽东否决了邓小平起草的这份中国人在会议前公布的文稿。这个故事可能有相当的正确性。但即使真的如此，也不能表明毛泽东已经不信任邓小平了。毛泽东经常对别人起草的文件感到不满意，而且如果他对邓小平的能力有任何怀疑的话，绝对不会派邓小平去对付苏斯洛夫，甚至赫鲁晓夫本人。不管如何，在这次的莫斯科会谈之后，毛泽东对邓小平的表现甚感满意。最不寻常的是，毛泽东还特地到机场迎接从莫斯科回国的邓小平，并且指定邓小平为一个写作小组的组长，准备对中苏共冲突的原因和过程发表详细的公开报告。这个报告在1963年9月到1964年7月之间分九次发表（简称“九评”），而且颇具说服力。

在国内，从1961年到1965年，邓小平在两项事务上特别活跃：拟订经济复苏计划；策划及组织一场运动，专门处理在“大跃进”之后普遍存在于党内的腐败、缺乏纪律和道德败坏现象。

邓小平、卓琳和周恩来在颐和园漫步。（杜修贤 摄）

负责经济复苏计划的主要有四个人，刘少奇、周恩来、陈云和邓小平。这项计划的主要内容是逐步取消“大跃进”在制度上的大部分创新措施，以年度计划取代五年计划，同时把投资重点从重工业转移到轻工业和农业（这是毛泽东在1956年春提出的一条重要建议）。

邓小平对这项计划的实质内容做出相当大的贡献，尤其是在农业和工业方面，他主要是配合其他人的工作。他制定的每一项有关经济和教育活动的文件，都是在党的一位高级领导人监督下进行起草的；他同时还负责协调三个为检查各项政策而成立的三委员会的工作。

到了1961年年底，这几个人和这三个委员会已经制定出八个重要的政策文件以及几套规定草案。毛泽东召集了几次工作会，审议这些文件和规定。会上，这些文件和规定大体都获得通过。但在其中一次会议上，毛泽东和邓小平发生了冲突。关于冲突的原因有几种说法。有人说，毛泽东批评了邓小平调查北京郊区几个人民公社后所做的报告。还有一种说法，说毛泽东对身为总书记的邓小平对这些会议的一些“安排”很不满意。第三种说法是，在毛泽东还未过目之前，邓小平就安排通过一项或多项文件。不管哪种说法是准确的，反正毛泽东都很生气。他质问说，是哪个“皇帝”敢于擅自做出这些安排？不过，邓小平并未因此而靠边站，或是被要求进行自我批评。毛泽东一定是对他能够在短短几个月内，领导几个特别委员会提出一套完整的长期计划，留下很深刻的印象。

这项计划几乎全面推翻了“大跃进”的所有政策。在农村，虽然人民公社作为一级单位仍然保留下来，但被剥夺了绝大部分的权力。地方上的主要经济单位是生产队，每个生产队大约由 30 个农村家庭组成（原来的人民公社平均有 4000 户农家）。土地所有权都归生产队。生产队负责管理队员的生产工作，并且给予队员们适当的报酬。人民公社社员收入一律平等的制度已经取消，并且再度允许个人拥有一小块自留地。在一种已在全国部分地区普遍建立、以实现农业集体化为最终目标的政治体制下，生产大队有权和社员签订合约，允许他们从事非农业性的生产劳动。到 1965 年，全国的粮食产量达到 1.95 亿吨，恢复到 1957 年（“大跃进”的前一年）的水平。

在工业方面，毛泽东在 1960 年提出的且一直实行的工业管理制度被取消。薄一波起草了一个包括六十条规定的管理规划，邓小平做了一些补充，把它变成了一个详细的法规，重新采用责任制和专业制度，重新确定了工资制度。工业的投资比例予以削减，很多亏损的工厂都被勒令关门。因此而被裁员的工人多达几百万人，他们全部被遣送回农村地区，这也有效减少了政府必须取得足够粮食供应城市居民的压力。工业比农业晚一些进入不景气，最不景气的一年是 1961 年。但恢复的速度却比农业要快得多。到 1965 年，大部分工业产品的产量已经是 1957 年产量的两倍多，新建了一批工业企业。在原油产量大增的前提下，这些新的工业企业迅速发展成具有相当规模的大企业。

邓小平本人对经济发展的看法，在 1958 年到 1962 年之间也发生了很大变化。在 1959 年 10 月，他还很热心地在文章中称赞群众运动是一种最好的方法：

> 我们的基本工作方法就是：领导和群众相结合，一切工作走群众路线，放手发动群众，有领导地展开轰轰烈烈的群众运动，把群众的智慧和意见集中起来，依靠群众的力量来贯彻执行党的方针政策……看不见群众的……积极性……总认为，群众的觉悟不够，群众运动是靠不住的……认为，在革命中固然需要群众运动，但是在建设中，那就是另

外一回事了。这种看法……是错误的。

然而，1962年7月，他在共产主义青年团的一次代表大会上，又提出了一个不同的观点：

生产关系究竟以什么形式为最好，恐怕要采取这样一种态度，就是哪种形式在哪个地方能够比较容易比较快地恢复和发展农业生产，就采取哪种形式；群众愿意采取哪种形式，就应该采取哪种形式，不合法的使它合法起来……刘伯承同志经常讲一句四川话："白猫、黑猫，只要捉住老鼠就是好猫。"这是说的打仗。我们之所以能够打败蒋介石，就是不讲老规矩，不按老路子打，一切看情况……现在看来，不论工业还是农业，非退一步不能前进。你不承认这个退？农业不是在退？公社不是在退？……第一步恢复粮食，第二步恢复经济作物，同时把农具和牲畜慢慢地恢复起来……过去我也讲过，我们的运动太多，统统是运动，而且统统是全国性的，看来这是搞不通的。

1962年2月6日，邓小平在"七千人大会"上讲话。

这种改变，导致他和毛泽东之间产生了隔阂。毛泽东一向认为，除了在社会主义生产关系之下，生产力不会获得最好的发展；而且，从1958年开始，毛泽东就主张，社会主义生产关系应该从国家和集体所有制扩展到管理制度和分配制度。在管理制度上吸收工人与农民参与管理，在分配制度上实行非物质奖励和平均分配。对于这两点，邓小平都和毛泽东有不同的看法。

邓小平在重振党的士气上，看法也跟毛泽东不同。他们唯一一致的看法是，一定要消除“大跃进”所造成的消极影响和后果。但他们对于造成消极影响和后果的原因，以及应该采取何种方法来解决这个问题，则又各有不同的看法。毛泽东认为，这个问题的根本原因，在于很多党员的社会主义价值观念太过薄弱；邓小平则认为，根本原因在于严重的政治与经济问题。毛泽东想通过让党的干部参加体力劳动和接受农民的批评，来教育他们。邓则认为，只有在地方干部接受了由上面派下来的工作组的调查，而且确定必须要对他们进行惩处之后，农民才能发挥这一作用。他还认为，乡以上的干部在成为改造者之前，首先要加强自身的改造。

1963年5月，在农村展开了一项社会主义教育运动。这场运动的根据是一份文件，后来这份体现毛泽东指示精神的文件被称为《前十条》。但很快就发现，地方的干部并不愿意组织农民组织来监督他们自己。因此9月间，书记处发布了第二项文件，也就是《后十条》，把教育的方式从自下改造转变成自上改造。毛泽东在当时并没有表示反对。但他继续把这场运动看作进行社会主义价值观教育所必需的，并且盼望有一天，农民组织会能成为进行这场运动的主要机构。

在这时候，刘少奇也插了一手。他的妻子王光美在天津附近的一个人民公社里住了5个月，刘少奇本人也在河南的一个公社待了两个星期。他们两人一致认为，大多数的地方官员都是贪污腐化的，而农民本身也好不到哪儿去。所以，不能太倚赖农民们来纠正地方干部的行为。刘少奇因此草拟了第三份文件《后十条》修正案，并在1964年9月，以中央委员会的名义发出。对于这场教育运动对领导者和被领导者可能产生的影响，这份文件持很悲观的看法。所以，刘下令从各城市派出大批工作组，对地方干部的恶行进行全面深入的调查。根据这项命令，对很多农村地区的人民公社的干部进行了彻底的调查，结果造成了对成千上万名官员干部进行整肃。

邓小平和刘少奇在一起。

《后十点》修正案只实施了4个月。经过1964年12月和1965年1月中央工作会议上一场激烈的辩论后，毛坚决主张由另外一个文件即《二十三条》来取代它。这就基本上又回到了《前十条》，只是增加了几段措辞严厉的论述，即这场运动应当被看成是“社会主义和资本主义两条道路的斗争”，它的对象是“公社……甚至省级机关和中央部门中反对社会主义的人”。从这些内容来看，毛发出了一个信号：他已经开始觉察出在他的同事当中出了修正主义分子和阶级敌人。

第十章

走资派

（1965—1973）

1967 年 1 月至 8 月，刘、邓两人在理论上都还是自由之人。但是，他们只能躲在中南海的围墙之内，甚至即使躲在中南海内也免不掉受到骚扰。1966 年 12 月，刘少奇和他的妻子王光美身边的一些服务人员，在他们家中对他们夫妇举行了一次斗争大会。在街头，红卫兵不断示威声讨他们，官方和红卫兵的报纸更是不停地刊登诋毁他们两人的文章。刘少奇是他们最主要的攻击目标，并被指责为是“中国的赫鲁晓夫”和“中国第一号走资派”。在红卫兵的文章中，把邓小平称作“中国的第二号走资派”。

『将军楼』里的三位老人：邓小平、卓琳和邓小平的继母夏伯根。

如果毛泽东在1966年之前去世，“文化大革命”就不会发生。“文化大革命”是毛泽东亲自策划、发动的，他对这场运动的影响力远远超过任何其他人。

按照毛泽东的想法，“文化大革命”要从1966年进行到1969年。中共第九次全国代表大会对它所造成的影响给予充分肯定，并且把它写入了修改后的党的章程里。但从中国共产党现在的观点来看，“文化大革命”持续了整整十年，是政治冲突和社会动乱不安的十年，它最终以毛泽东最激进的手下“四人帮”被逮捕而结束。

从后面这个观点来看，“文化大革命”是一个千变万化的运动，它的特性一直不停地在变化。即使是在1969年之前，它也具备三重性质。第一，它是一场“超级革命”，企图创造出一种被列宁视为“左倾社会主义”的观念和行为模式（列宁把它称为“左派幼稚病”）。第二，它是一场反革命的运动，目的在于打破及重建20世纪50年代在新民主与社会主义革

1966年，毛泽东发动“文化大革命”，被林彪、江青反革命集团利用，酿成长达十年之久的全国大动乱。

命条件下建立起来的很多制度。第三，它还是一场“为了革命而革命”的运动，这也是毛泽东确认的这场革命所具备的价值。

毛泽东之所以发起“文化大革命”，有三个很明显的目的。首先，更进一步地教导整个社会，认同社会主义的价值观，并建立与之相互适应的机构。从20世纪50年代起，他就开始这样做了。在社会主义的价值观当中，比较突出的有四种：平等、共产、朴素和斗争。毛泽东很重视斗争，因为他认为唯有通过斗争，才能得到真正有价值的东西。而且他还认为，社会主义不是稳定的社会形态，而是很不稳定的社会形态，所以必须经常加以强化，否则就会退化。

毛泽东是个平等主义者，主张一切平等，如机会均等。他心目中理想的社会，所有社会成员的面貌、受教育的程度和生活标准都应该是基本一样的。不管在外貌上、教育水平和生活水平，都应该完全一样。这也是他喜欢共产社会的原因之一。他认为，如果能正确地激发和领导人民群众，他们就能创造出任何业绩和奇迹。他对个人主义极其反感，把个人主义等同于自私自利。

毛泽东很反感旧中国的知识阶层和读书人，讨厌他们的迂腐和轻视一般老百姓。相反，他赞美农民的淳朴。他认为，农民之所以有力量是因为他们没有受到污染。他想通过低薪制和超低的待遇，让那些农民出身的士兵进城后依然保持朴素的优良传统，不被腐败所侵蚀。到了 20 世纪 60 年代中期，他又开始担忧起中国年轻人的道德，因为他们不曾经受过战争的洗礼。他还告诉多位来访的外国客人，他特别担心很多老革命的子女变得自私和娇生惯养。

由于以上原因，毛泽东偏爱没有阶级的社会制度。在工业方面，他希望工人能够参与工厂的管理和经营，并在制定生产目标和引进新的生产技术方面，有很重要的发言权。在农业方面，他希望所有的农业活动都能采取集体经营的方式。在公共卫生方面，他希望派出很多受过专业医疗训练的医生前往农村地区服务，同时希望一些受过次级培训的医疗保健工作者，也就是“赤脚医生”长期在农村地区进行服务。在教育方面，尤其是高等教育方面，他希望入学考试不要太过严苛，课程设置要注重实用。在文学与艺术方面，他希望用通俗易懂的文字和表达方式宣传社会主义的价值观，缩小城市与农村地区的文化与物质差距，并且消除脑力劳动者与体力劳动者之间的差别。

毛泽东发动“文化大革命”的第二个目的，是要夺回他认为的正在逐渐从他手中失落的政治权力。到 1965 年年初的时候，他已经感到很生气，因为党的中央权力机构，在邓小平的控制之下，在刘少奇以政治局和政治局常委会名义的监督下，已经掌握了绝大部分的决策权。正是在这个时候，毛泽东把邓小平所主持的书记处，形容成是一个“独立王国”。毛泽东的妻子江青，则明白指出是邓小平本人“独立王国”。

毛的第三个目的，是要培养“革命接班人”。在进入20世纪60年代后，他开始关心起自己的身后问题。1963年时，他已经70岁。他同时也对和他同辈的领导人缺乏革命热忱感到担忧。他自己发明了“无产阶级专政下继续革命”的理论，但却发现，他四周的人没有继续进行革命的热情。尤其是被公认的有朝一日会接替他成为中共党的领袖的刘少奇，毛泽东认为他最没有继续革命的热情。

从20世纪50年代中期以后，在所有政治局常委中，唯一没有和毛泽东发生过冲突的是林彪。但林彪有他本身特有的弱点。他没有毅力、体弱多病、声望不高，而且缺乏军事事务以外的行政经验。但是毛泽东还是认为，林彪与其他人相比，包括周恩来在内，是较佳的继承人选。当周已是政治局委员的时候，林彪仅是一名排长。但无论是在公开还是私下的场合，他都没有反对过毛本人。

随着毛在政治上和个人关系方面与延安老领导集团其他成员的疏远，他转而向其夫人江青以及康生、陈伯达征求建议，寻求他们的鼓励和积极支持，他与后两个人相识已经30多年，虽然他们在政治上并没有什么卓越的表现。

毛泽东与贺子珍。

江青是毛泽东的第三位妻子。他的第一位妻子是杨开慧，毛与她有三个孩子，毛泽东深爱着她，并曾赋诗一首以表达对她的怀念之情。杨开慧是1930年在长沙被国民党杀害的。毛的第二个妻子是贺子珍，毛是在他的第一位妻子被捕后遇见她的。贺子珍又为毛生了六个小孩，除了一个孩子外，所有的小孩或是在江西时送到农民家里寄养，或是在幼小的时候就夭折了。贺在长征时生了一个小孩后不久便被弹片击中受伤。1938年，她被送往莫斯科进行治疗，或许是精神上的治疗。也是在这一年，女演员江青到达了延安，不久便成为毛的妻子。1939年，她与毛泽东结婚，不久便为他生下了两个女孩[①]。毛的同事们均反对这场婚姻。毛泽东靠承诺不让江青插手政治，平息了周围人对他们婚姻的反对。

①江青只为毛泽东生了一个女儿。——译注

在50年代，毛还遵守这个承诺。而江青可能对毛的做法感到满意，因为此时她的健康状况不佳，她至少两度被送往莫斯科接受药物治疗。她照看小孩，包括贺子珍的一个孩子。但她是一位爱虚荣、有野心的人，对大部分共产党领袖的夫人们将自己限制在妇女组织内工作感到不以为然。因此，她老想着有朝一

革命样板戏。

日扮演一个重要的政治角色。在60年代早期，她的健康状况有所好转，而且孩子们也已经不再是负担。于是，情况随之起了变化。她在某种程度上成了毛泽东的顾问，毛有时也会听一听她的政治见解。到1963年，她成为一名重要的人物。她开始清除她认为在毛泽东看来是有害的戏剧，并因此卷入与党的文化机构的接触与冲突之中。虽然，她能够设法让文化机构同意上演在她的领导下创作的八部革命样板戏和芭蕾舞剧，但她并不能让文化和艺术在革命的方向上进一步前进。

康生1900年左右出生于山东的一个地主家庭，20年代他是在上海度过的。在上海的工人运动中和艺术界的外围，康生认识了江青。当共产党中央机关在1933年离开上海时，他去了莫斯科。在那里，他接受了警察和情报工作方面的训练。尽管在1934—1956年期间，他是政治局的正式成员，但很少在公共场合露面。其缘由或许是由于他按照苏联的模式，首先在党内然后在全国建立起了一个警察机构。在延安整风运动中，他与毛发生了冲突，他希望对受到批评的“教条主义者”和其他人进行肉体上的惩罚。在赫鲁晓夫谴责斯大林后，他受到了沉重的打击，失去了其政治局委员的资格。但在60年代早期，他的地位有所改善。他成为邓小平领导的书记处的一名成员，而且还是毛喜欢与之谈论马克思主义理论和哲学的小圈子里的成员，他身材瘦小且善于察言观色，在“文革”期间以“冷酷无情”著称。

肥胖、圆脸的陈伯达曾是一位大学讲师。在延安时期，他成了毛的政治秘书，并学会按毛的文风来写作。他确实是毛泽东的人，除了几个激进的新闻记者之外，他没有政治上的拥护者。他曾在《红旗》杂志社工作，这是一份理论刊物，他任主编。他像江青或康生一样心狠手辣，但缺乏政治技巧。1970年，他丧失了自己的地位。因为，当他应当从一些迹象中看出林彪已经过了其政治生涯的巅峰期时，仍把宝押在林彪身上。

目前，根据中共官方记载，“文化大革命”开始的日期是1966年5月的政治局扩大会议。但事实上，早在前一年秋天，毛泽东就开始准备反对中央书记处。这实际上就已经揭开了“文化大革命”的序幕。

毛泽东是在遭遇一次政治挫败后，开始精心策划这件事的。连续两年，他一直急于在文艺界发动革命，希望革除掉文学艺术界传统的主题和“封建”价值观念，并彻底改变全国的高等教育体系。他同时还要求谴责被他认为是在暗地里攻击他本人的一些戏剧和报刊文章。他尤其反对北京市副市长吴晗所写的《海瑞罢官》的剧本。这个剧本的主角海瑞，是明代一名县官，他因为纠正地方上的不公平事件，而得罪地方权贵，被告到皇上面前，而被皇帝免掉官职。毛泽东认为这个剧本是影射他在 1959 年罢免彭德怀一事。

毛泽东发表一连串的声明，猛烈抨击以宣传部、文化部和教育部为代表党的文化和教育机构。1964 年年初，他宣称：

在文化界，特别是在戏剧领域，封建落后的东西占了统治地位，而社会主义的东西则微乎其微……如果坐视不管，那么文化部就要改名为“帝王将相部”、“才子佳人部”和“外国死人部”。

但有关单位并没有采取太多行动。吴晗的作品是被禁演了，但吴晗本人和他的剧本，都没有受到公开批判。有几位作家和艺术家确实被送到农村地区从事短暂的劳动，但对于那些发表文章说中国的历史不能纯从阶级斗争观点来解释的历史学家，以及那些把中国农村地区的社会与经济问题归咎于“大跃进”的新闻记者，却还是没有采取什么行动。

历史学家吴晗。

毛泽东愈来愈觉得不耐烦，最后决定把文化革命的全部问题摆到政治局委员与地方党委书记会议的议程上。

这次会议是在1965年秋举行的，开了将近两个月。有关这次会议的文件并不多，却可以很清楚地看出来，彭真在会上当面反对毛泽东。彭真是当时的北京市市长，因此是吴晗的顶头上司，他同时也是已经成立了一年的党中央文化革命小组的负责人。他明确表示，“在真理面前，每个人都是平等的”。即使是毛泽东，犯了错误，也应该受到批评。邓小平在一次报告中明确指出，他反对进行彻底改革。毛泽东含蓄地问道：如果中央出了修正主义，应该怎么办？他所得到的答复是，如果发生这种情况，就让各省采取行动，反对修正主义。这次会议没有做出任何毛所希望的决定。自从长征以来他还从未受到过如此严重的挫折。

毛泽东的反应是躲到上海去。他和江青在当地有很好的政治关系，而且对他在当地的活动，远在北京的那些领导人也比较难以掌握。一到上海，他就把攻击的矛头对准吴晗。

毛泽东一到上海，就在上海的主要大报上推出一篇文章，猛烈攻击吴晗和他的剧本，并把那个剧本形容成是“毒草”（这是1957反右派运动的用语）。这篇文章是以姚文元的名义发表的。姚是上海的文艺评论家，以文章毒辣见称。林彪立即指示《解放军》报转载这篇文章。这就让在京的党中央负责人面临抉择：是公然对抗党的主席的主张，还是向他屈服。

由于邓小平当时正好出外视察，处理这个问题的责任就落在邓小平在书记处的副手彭真身上。彭真有意妥协，于是安排在《人民日报》学术版和《北京日报》上刊登这篇文章，并且加上编者注，说明这篇文章只是对当时的学术问题进行讨论。

毛泽东的反应是把彭真召到上海。在上海，他很严厉地告诉他，他认为吴晗剧本中的英雄和反面人物就是影射彭德怀和他本人。所以，他现在就要对吴晗发动公开的批判。

但彭真并没有被吓住。回到北京后，他召集“文化革命小组”开会，拟定了《关于当前学术讨论的汇报提纲》。这篇《汇报提纲》提出，“要以理服人，不要像军阀一样的武断和以势压人”，并且再次重申彭真在秋季会议上当面反驳毛泽东的那句话，“在真理面前，每个人都是平等的”。《汇报提纲》在刘少奇召开的当时在北京的政治局常委出席的一次会议上，讨论并获得通过。然后作为中央委员会的文件，下发给全体党员。

在这个过程中究竟发生了什么，迄今仍然是个谜。在这篇《汇报提纲》下发之前，邓小平和其他人曾经当面向毛泽东请示。他可能含含糊糊表示了一点意见。因为他知道，假如没有他的明确表态，《汇报提纲》就被下发出去，那么他将占据非常强有力的地位。或许邓和其他人想对他进行挑战，认为即使最后摊牌，

无产阶级革命家彭真。

政治局常委的大多数人都会支持刘的决定。或许，双方都在瞒着对方。

不管真相如何，在接下来的几次对抗中，获得胜利的还是毛泽东。最晚在3月中旬，他就决定彭必须辞职，为此，他派康生到北京传达他的指示，要对彭进行批判。4月2日，留在北京的周恩来（刘少奇在国外）用电话或电报告诉毛，他同意康生传达的毛的指示。几天以后，彭发现自己在书记处的会议上处于被批判的地位。会议由邓小平主持，周恩来、康生和陈伯达也出席了。第一回合胜利后，毛在杭州召开了一次政治局常委会议，会议决定罢免彭真。

接着，在北京召开的政治局扩大会议也采取了行动。会议由出访归来的刘少奇主持。刘或许是不愿意阻止，或是无力阻止康生按照从毛那里得到的另一套指示采取的行动。5月16日，会议批准了一个党内《通知》，其内容完全符合毛的所有要求。该《通知》对彭的《汇报提纲》进行了批判，也对彭进行了指责，并解散了他所领导的“文革”小组，取而代之的是在中央委员会（不是书记处）之下成立的一个由18人组成的“文革”小组，《通知》提出要“批判混进党里、政府里、军队里和文化领域的各界里的资产阶级代表人物，清洗这些人，有些则要调动他们的职务”。

毛泽东因此掌握了主动，但是在会议上造成一场骚动的，却是林彪。他在会议结束之前，突然指控党的宣传部部长陆定一和书记处成员杨尚昆阴谋发动“反革命政变”，并呼吁彻底调查他们的行为。他宣称为了挫败他们的阴谋，他已经征得毛泽东的同意，派遣军队进驻北京的广播电台和“公安单位”。这次会议几个月之后，毛泽东在写给江青的信中说，林彪所说的话令他大吃一惊。尽管毛泽东可能真的大吃一惊，却不能使陆定一和杨尚昆免逃几乎立即被捕的命运。

在打败彭真和书记处后，毛泽东似乎应该返回北京了。但他却决定继续留在杭州，让刘少奇和邓小平去发动这场“文化大革命”！这是刘、邓两人很不愿意，但却又不得不做的一件事。毛泽东究竟是想要给他们一个将功赎罪的机会，或只是丢给他们一条绳子，要他们自缚手脚，这又是另外一个谜，而且可能永远也无法找到答案。即使他们想弥补过失，但他们的做法也错了。他们不是去努力迎合毛的意见，相反，他们计划实施一项政策，其做法几乎是刘少奇在社会主义教育运动中起草的《后十条（修正案）》的翻版。他们派遣了数百个工作组到北京的中学和大学，要求他们建立文化革命委员会，并指导文化革命委员会调查、搜集学校教师和管理人员过去和目前有无修正主义的倾向和证据，但并没想把群众卷进去。

这种做法，从一开始就受到林彪、康生和陈伯达等人的破坏。通过各机构的军宣队，以及学校和大学的军代表，他们三人把由本该党委控制的自上而下的清理工作变成自下而上的对领导和教师的揭发和攻击。他们动员学生示威游行，反对他们的师长，并要求把“牛鬼蛇神”揪出来批判，即使是党的高级干部也不能例外。到了6月初，由“好”的（非资产阶级）阶级背景的学生组成的一队又一队的红卫兵，已经布满整个北京市，并开始和工作小组发生冲突。在幕后，林彪等人也展开积极行动。他们改组北京市委，并且派军宣传队接管了《人民日报》。

刘少奇和邓小平很快就发现，他们所面临的这项动乱，是毛泽东最亲信的人发动的。因此他们前往杭州见毛泽东，请他做指示。但毛泽东只是建议他们，不要太过倚赖工作小组或把他们当作革命工具，其余的事情由他们自行决定。他们既然不能拒绝担负起更进一步的责任（这样做等于违背了党的纪律），只好采取唯一可行的做法，回到北京，向红卫兵宣战。他们下达两项命令，禁止学生与教师秘密集会，并宣布所有的红卫兵组织为非法。这项措施取得了效果，工作小组受到鼓舞，全力反攻，阻止红卫兵走上街头。但对于军方所控制的一切，邓小平和刘少奇却束手无策。

在这种情况下，毛泽东终于回到北京。途中，他在武汉游过将近一里宽的长江。虽然从照片上看起来，他其实是浮在水面上漂过长江，而不是真正游泳，但这对一位已经 72 岁的老人来说，毕竟是不简单的。在随后而来的宣传中，他被描述为像是超人一般。在陈伯达和其属下宣传人员多年来的不懈努力下，对毛泽东的个人崇拜，在这时候达到最顶峰。他开始被描述成具有神奇力量的人。在美术作品里，他的形象被画得比四周的人都要高大。他成了人民心目中的“最红最红的红太阳”。

在返回北京的途中，毛泽东已经决定好他下一步应该怎么办。一到北京，他立即着手实施。他是在 7 月 18 日抵达北京的。在一两天之内，他告诉党的领导人，进入社会主义以后，还应该使自己经受住严峻的考验；同时他还对另一群人发出这样严厉的警告：假如你们不革命，那么革命将指向你们。他坚持解散刘和邓的工作组，并特意给红卫兵战斗队写了一封信：

> （你们的）两张大字报（激进分子们最喜欢的一种表达方式——作者注）……说明对一切剥削压迫工人、农民、革命知识分子和革命党派的地主阶级、资产阶级、帝国主义、修正主义和他们的走狗，表示愤怒和声讨，说明对反动派造反有理。我向你们表示热烈的支持。

在那一年春天，毛泽东在书记处、政治局常委会和政治局会议上都获得了胜利（但他本人只出席政治局常委会议）。现在，他想在中央委员会上（中央委员会已经四年没有开会了）也获得同样的胜利。他成功了。这主要是靠大批“高校革命师生代表”参加会议，并按指挥向他本人及林彪欢呼，对少数有足够勇气站起来表示反对意见的发言者发出嘘声。其中之一就是邓小平，他坚持说林彪指控彭真和其他人阴谋发动反革命政变没有根据。

经过12天紧张而愤怒的激辩后，会议通过了《中国共产党中央委员会关于无产阶级文化大革命的决定》（简称《十六条》）。由于《十六条》对革命的做法规定得含糊不清，使江青和其他一些人日后有机可乘，但《十六条》却明确提出，革命的政治对象是那些“党内走资本主义道路的当权派”。从文化方面来说，它要求彻底清除“四旧”（旧文化、旧思想、旧风俗、旧习惯）。在当时未被发布的其他决定里，政治局常委会人事被整个改变。林彪的排名从第7名，一下子被提升到第2名，刘少奇则从第2名被降到第8名。陈伯达和康生成为常委，排名甚至在刘少奇、朱德、陈云之上。邓小平保住他的第6名排名和总书记头衔。在他的朋友中地位比他高的现在只剩下周恩来了。尽管周本人未受攻击，但从这次会议看，周似乎不准备为刘、邓在过去两个月中处理事情的方式辩护。

8 月 5 日，在会议进行当中，毛泽东突然采取了一项很不寻常的举动，自己写了一张大字报，标题是“炮打司令部”，这比他以前所说过的或所写过的任何东西都更为明确。他希望红卫兵把下列人视为自己的敌人。他写道：

> 从中央到地方的某些领导同志……站在反动的资产阶级立场上，实行资产阶级专政，将无产阶级轰轰烈烈的文化大革命运动打下去，颠倒是非，混淆黑白，围剿革命派，压制不同意见，实行白色恐怖，自以为得意……又何其毒也！

5 天后，他对在人民大会堂外的群众发表讲话，希望大家要关心“国家大事”。8 月 18 日，他与林彪、周恩来、陈伯达在天安门广场参加了红卫兵大型集会，类似的集会共八次，这是第一次。

这次集会揭开了中国大陆十年动乱的序幕，在这段时间内，中共高级干部或著名人士几乎都受到红卫兵或造反派的攻击。这段时期内有多少人遇害身亡或受伤，有多少公共纪念物和公众艺术与文学作品受到破坏，并没有官方的统计数字。更不用说私人财产受到的损害了。光是在街头暴动中死亡的人数就高达几万人。很多人在红卫兵敌对派系的战斗中丧生，更多的人死在军队手中。这些军队先是奉命支持红卫兵，最终又奉命解除红卫兵的武装以维护社会秩序。

大多数的暴力事件发生在1967—1968年，也就是红卫兵夺得武器或被发给武器的这段时间。但红卫兵有组织地使用武器，是在1966年8月和9月，当时红卫兵被煽动起来开始“破四旧”，他们经常随意闯进私人住宅，拷打一些作家、艺术家和音乐家，捣毁或烧毁他们的书籍、美术作品和乐器。第一批死亡事件就发生在这个时候。中国最著名的剧作家老舍，在遭红卫兵毒打后，含恨自杀身亡。傅雷也自杀了，他是一位法国文学翻译家，是著名的钢琴家傅聪的父亲。

8月18日，邓小平陪着毛泽东、林彪、周恩来和其他领导人一起出现在天安门城楼上。他当时还掌握实权，而从他随后所采取的行动来看，他当时最主要的工作是防止红卫兵破坏党的安定团结。他当时的处境还不是完全无望。他在外地有同盟者，至少有两个地方局的党委书记明确表示反对自下而上革中央的命。他还可以争辩说，中央委员会的决定丝毫未涉及红卫兵（该决定只谈到文化革命委

“文化大革命”初期，邓小平和刘少奇、周恩来在天安门城楼上。

员会），并且允许那些在政治上被审查的人为自己辩护。但书记处已经改组。书记处中只有一名新成员陶铸，坚定地支持毛主义（但他很快脱离了这个阵营）。他的政敌们正忙着向在那年夏末从各省涌进北京的数百万名红卫兵们发表演说。

但是到了9月底，毛泽东发现，大多数省委的党员干部不但不欢迎红卫兵，甚至不愿和红卫兵扯上任何关系。有些地方甚至组织武装队伍对抗红卫兵。他相当生气，因此召集各省委书记在北京开会。他这时已经惯于采取这种方法，并且认为能很快就能让与会者屈服。但他遇到了顽强的抵抗。这次会议用了将近一个月的时间，才使这些省级官员屈服。

邓小平处于这场风暴的中心。10月16日，他对“文化大革命”的进度做出一项报告，却引来陈伯达和另外几个人的严厉批评。陈伯达抱怨跟邓小平讨论事情，比“登天”还难，并说，他是“修正主义路线错误”的“急先锋”。他声称，刘和邓的“思想作风”是反对毛的，而且刘和邓不会承认他们的错误，仍然“试图反扑”。他还说在刘和邓两个人中，邓更为顽固。林彪再次提出彭真阴谋发动政变的话题，还暗示邓可能是一名同谋。但代表们对刘和邓的同情远胜于对陈和林的支持。有一到两天时间，毛似乎失去了对会议的控制。他迅速做出反应，要求刘、邓做“自我检讨”。他的估计是，一旦地方干部们看到这两个掌管中央书记处的人屈服了，他们就会放弃抵抗。不知是谁通过什么途径对这两个人施加了压力，但这种做法很见效。毛度过了危机。

邓小平在做出上述报告一周后，对自己做了自我批评，神情忧郁地念了他的检讨。其内容让人读了替他感到不平。由于他已经决定屈服，所以他放弃了一切反抗的念头，对自己做出自我谴责。他说，他毫无保留地接受毛泽东和林彪有关“文化大革命”的指示，以及陈伯达对他所做的所有指控。他说，这次会议的目的，是要清除刘少奇和他自己所代表的“资产阶级错误路线”对“文化大革命”方向的影响；现在正进行中的群众运动，已经和“无产阶级的正确路线”发生正面冲突。在这段工作中所犯的错误，而应由他和刘少奇来承担。

邓小平说，他的“重大错误”的根源在于他的思想方法和工作方法。对于学习、宣传和运用毛泽东思想，他一直都在敷衍应付。他说，他自己的表现像一个资产阶级的“小知识分子”，“世界观”也一直没有改变。他承认，他干扰了毛泽东的社会主义教育运动。身为总书记，没有尽到向毛泽东报告的责任，同时也没有理会毛泽东说他的书记处已经成为“独立王国”的警告。他接着说，如果他继续以以往的思想方法、工作态度及政治观点留在书记处，将会损害党和人民。他唯一能做的就是向林彪学习，因为林彪对毛泽东思想学习得最好，而且在贯彻毛泽东思想方面“无人能比”。他总结说：“如果我想改正我的错误，并在以后对党和人民做出贡献，这是唯一的方法。”

邓小平说得如此夸张，一定让所有听到他做这次自我批评的人，不管是他的朋友还是敌人，都能感觉得出来，他是言不由衷的。事实上，他是故意选用对方批判他的语言，目的就是要表明，他是被迫这样做的。不管如何，这次经历一定令他感到万分痛苦。他不得不做出难堪的政治投降；同时也向那些盼望得到他支持的人宣布，他再也没有能力帮助他们了。他正式否定了自己在过去几年当中所取得的一切成就；同时，他也给了他的敌人将来攻击时的借口。他毁掉了他身为总书记的一切权威。

在邓小平（以及刘少奇）做出自我批评后，毛泽东立刻做出一副宽宏大量的姿态。他告诉与会的各省代表，刘、邓两人过去所犯的错误，并非完全不可原谅。但他同时明白表示，他很不满意他们两人，尤其是邓小平本人对他个人的态度：

> 我故意下放（最高权力）。他们就建立独立王国……从 1959 年到现在，邓小平什么事也不请示我……（1958 年）我对武昌会议不满意……所以我回北京开（另一个）会。虽

然你们开了六天会，但你们仍不让我开一天会。不让我完成工作没什么了不起。但我反对你们像对待死去的祖宗那样对待我。

他又说，应该给刘、邓两人一个机会，看看他们是否真的悔改了。即使毛泽东真有此意，但刘、邓两人的一些死对头这时正掌握着大权，他们是永远不会给刘、邓两人这个机会的。

刘少奇和邓小平两人在11月和12月公开露了几次面。但此后，他们便不再露面。对刘来说是永远地消失了。对邓来说，在公开场合露面，是6年多以后的事情了。在当时，外界根本不知道他们两人的真正遭遇。直到20世纪80年代后，人们才有可能重新了解他们当时的遭遇。

1967年1月至8月，刘、邓两人在理论上都还是自由之人。但是，他们只能躲在中南海的围墙之内，甚至即使躲在中南海内也免不掉受到骚扰。1966年12月，刘少奇和他的妻子王光美身边的一些服务人员，在他们家中对他们夫妇举行了一次斗争大会。在街头，红卫兵不断示威声讨他们，官方和红卫兵的报纸更是不停地刊登诋毁他们两人的文章。刘少奇是他们最主要的攻击目标，并被指责为是“中国的赫鲁晓夫”和“中国第一号走资派”。在红卫兵的文章中，把邓小平称作“中国的第二号走资派”，但官方的报纸则没有这样说。

攻击邓小平和刘少奇的运动由江青、康生、陈伯达与张春桥等人主持。张春桥是江青在上海的老朋友。他们都一样的阴险毒辣。张组织了第一次大规模的、公开的反对刘、邓的示威游行，并号召游行者“痛打落水狗”，“让他们遗臭万年”。4月，江青在一次红卫兵集会的演讲中，罗列了邓的“十大罪状”。对刘、邓的这场斗争起起落落，完全要视当时正在进行中的一场权力斗争的情况而定。这场权力斗争在1967年年初爆发，并且在那一整年当中弄得党和军队鸡犬不宁。每当激进派觉得受到威胁——3月间就发生了这种情况，在由周恩来主持的党的一次会议上，一批副总理和老元帅对激进派发动了面对面的严厉抨击；或是当他们觉得可以完全放手攻击敌人时，就像7月间，毛泽东离开北京前往南方视察时，这场斗争就更为激烈。

毛扮演的角色仍不很确定。从春天开始，他当然赞成把刘的威信彻底搞垮，因为，在他看来，刘是党和国家的潜在危险。但他对邓的态度不那么极端，因为邓从来没有被列入接班人的人选。同时也因为他喜欢邓的好斗性格，哪怕是反对他本人的。数年之后，邓本人也承认：假如没有毛的保护，林彪和江青会加害于他的。

江青指控邓小平的十大罪行，其实可以归纳成四条：邓小平看不起毛泽东；反对改革高等教育、文学与艺术；试图取消农业集体化；1966 年夏实行“资产阶级专政”和“白色恐怖”。她引用邓小平一些讲话和谈话来支持她这些指控，但事实上，她选得并不很高明。当江青的这些指控讲话发表在红卫兵的宣传品上时，有些读者肯定会感到，这些话用来形容江青本人恐怕最合适不过了。

> 有些人老爱批评别人来使自己出风头，或踩在其他人的肩膀上爬上去。他们不注意别人的本质，而只是要找别人的缺点（小辫子），而使自己达到成功的目的。

有组织地批刘、邓的运动，在 1967 年夏天达到最高潮。7 月间，数以千计的红卫兵首次获准进入中南海，在他们的住宅内举行“批斗大会”，批斗他们本人和他们的妻子，并且强迫他们的子女在一旁观看。在一次批斗大会上，邓小平两只胳膊被反扭到背后。红卫兵们称这种姿势为“喷气式”。红卫兵们还高喊，应该给邓小平戴上帽子，拉到大街上游行示众。此时，邓小平一定很担心被拖出中南海，在斗争大会上遭到羞辱，也许还会被毒打一顿，然后被关进狱中。就像在 1966 年被斗倒的彭真及其他领导人一样。

然而，邓小平逃过了这样的厄运。他被赶出他的住宅，被软禁到一栋较小的房子。本来跟他同住的三名子女被赶走了。但他的妻子卓琳和继母夏伯根获准与他同住。对他的批斗也在这时候逐渐冷却下来。

刘少奇的命运要悲惨得多。1967 年 5 月初，在毛泽东默许下，成立了一个调查刘少奇问题的“专案组”。这个小组的控制权很快就落入江青和康生手中。1968 年 10 月，这个小组提出一个报告，把他说成是一个“叛徒、内奸、工贼”。1968 年 10 月，中央委员会全体会议通过了这份报告，刘被撤销一切职务，并被开除出党。大约一年之后，由于得不到药品和医治，他因肺炎死在一家省监狱的地板上。他的夫人王光美于 1968 年被关进监狱，在狱中待了八年。

就在这次中央委员会上，邓被撤销了党内和政府部门的一切职务，但保留了他普通党员的身份。这一定是毛泽东出面干预的结果。这样的打击对他来说已经够大了。但接着他又遭受了另一个更大的打击。9 月，他的大儿子邓朴方从北京大学的一幢楼房的顶上跳下来，伤得很重。其时，邓朴方是北大物理系的一名学生。关于此事的真相有若干种说法，但有两点是一致的。第一，出事前，邓朴方正遭受一群红卫兵的折磨。第二，当有人大胆出面把摔落在水泥地上的邓朴方救起，送到北大医院时，他被拒绝接收入院。等到他最后被转送到一家外科医院时，已经无法挽救他腰部以下完全瘫痪的命运。出院后，他被送到北京郊区一家残疾人福利院。在这段时间内，他躺在床上，还得以用金属丝编制篮子为生。这种生活一直持续到 1971 年夏。

邓小平和夫人卓琳在江西相依为命，用劳动和读书来充实生活。

1969 年 10 月 20 日，在被整整软禁了两年之后，邓小平、卓琳和夏伯根突然被赶出中南海，在军队的监护下，被发配到江西的省会南昌。这是林彪的一项阴谋，目的是要把在“文化大革命”中被斗倒的一些老干部和几位老元帅送到远离北京的地方。

林彪的这项行动，和他的总参谋长黄永胜在 10 月 18 日发布的一项命令有密切关系。这项命令宣布全国进入紧急状态，命令军队进入最高警戒。黄当然是根据林彪的指示下达这项命令的，但林彪事先并未和毛泽东商量，直到 10 月 19 日，林彪才打电话向毛泽东报告这项命令。毛认为他或许是“发昏”了。毛泽东反对林彪擅自发号施令，也反对在当时发生任何军事意外，因为周恩来当时即将在北京和苏联总理柯西金展开会谈，讨论中苏边界的紧张情势（自从 3 月间中共和苏联在乌苏里江的珍宝岛发生冲突以来，中苏边界沿线连续发生多次小冲突）。

毛泽东的反应令林彪大吃一惊，但并未因此中止他把邓小平及其他一些老将军以及政治家赶出首都的计划。“文化大革命”结束后，对林彪行为的一项指控，就是他当时是在策划和发动武装政变。

如果中苏边界真的爆发严重冲突，第一个倒霉的将是周恩来。幸好，中苏边界并未发生冲突，周恩来才有能力和机会照顾被流放的邓小平。否则，如果全由林彪手下处理，那邓小平将会很惨。周恩来这时候在党内的地位低于林彪，所以，他无法反对林的遣送命令。但是他打电话给江西省的党的领导，要他们在南昌附近找一个地方安顿邓小平和他的两位家人，而不是按照原订计划把他们弄到山区去。他还安排跟林彪并不很亲近的地方军事人员保护邓小平，同时也是在周恩来的安排之下，邓小平才能带着一小部分书籍搭机飞往南昌。

在江西，邓小平、卓琳和夏伯根住在一幢楼的四个房间里。这房子原是一位步兵学校校长的居所。他们能得到公家配给他们食物和燃料，但在其他方面他们必须自己照顾自己。煮饭做菜的工作大部分由夏伯根负责，邓小平亲自劈柴、敲碎煤块，用来做饭和取暖。邓还要做大量家务。卓琳刚来时身体不适，不能帮邓做许多事，直到天气转暖，其健康状况有所改善后，开始接下邓小平和夏伯根所做的部分家事，同时跟邓小平在屋前的空地上种些菜。这段时间，她还要和邓小平一起，到距他们所住的地方约一里远的一家农机修理厂劳

“将军楼”是一栋二层小楼，邓小平夫妇住在楼上的这间套房里。

动半天。

当年邓小平在工厂里使用过的钳工工具。

对三个流放者而言，生活的艰苦可想而知，但警卫人员并没有干扰他们。而邓小平则从阅读他所带来的书籍中得到很大的慰藉。根据他的官方传记，在江西的这三年当中，他读了“大量马列著作和其他许多古今中外的著作”。从他后来回到北京后所发表的讲话可以看出，这段生活经验对他的帮助很大，因为这些讲话中充满对中国与外国历史的精辟见解，这是他以前的讲话中所没有的。

负责看管他们的警卫人员，跟他们住在同一栋房子里。这些警卫当然知道他们是什么人。他们前去劳动的农机修理厂的厂长当然也知道他们是何许人。但厂里的一般工人刚开始似乎并不清楚他们是谁。但他们一定很快就发现，每天早上 8 点由警卫陪同到工厂上班，中午再由警卫陪着离开工厂的这个老头子（邓小平这时已经 65 岁）和这位中年妇女（卓琳这时是 53 岁），原来是以前的党总书记和他的爱人。

1971 年夏天，邓朴方获准离开北京，前往南昌与他的父母团聚。从他瘫痪以来，邓小平夫妇一直没有看到过他。因此，当他们看到他的情况时，一定相当惊骇。此后，他们夫妇和夏伯根就负起照顾邓朴方

难得的家人团聚。

的责任，每天必须把他从轮椅上扶起来洗漱、上厕所，还要扶他上床。在邓朴方来到之后不久，他们最小的女儿邓榕（家人都喊她毛毛）和儿子邓质方（他在西北插队）也来看他们。邓质方很快又走了，但毛毛则获准留下来。

与此同时，“文化大革命”开始发生变化。

1969 年夏天，也就是林彪在党的九大上成为毛的指定接班人几个月后，毛泽东开始对他失去耐心。因为林彪并未积极改造党和政府，而这是毛当时非常重视的一项工作。林的野心是想继刘少奇之后出任国家主席，而毛希望这个职位暂时空着。林还想干预外交事务。毛这时和周恩来正在策划恢复与美国的来往，并促成尼克松总统在 1972 年 2 月来北京访问。

毛泽东决定削减林彪的势力。第一步就是发起一个运动，打倒陈伯达。因为陈很轻率地就使自己成为林要获得国家主席职务行动的干将。毛采取名为“搬石头”“掺沙子”和“挖墙角”的措施，迫使林彪在政治局的军队党羽们做出自我检查，因他们与陈关系密切。毛还在几个重要的政治和军事委员会上削弱林的支持力量，并改组了北京军区的领导班子。

面对毛泽东的凌厉攻势，林彪要求他在空军任参谋的儿子策划刺杀毛泽东的计划。这项计划代号为“571 工程”，因为读起来很像是“武装起义”。预定执行刺杀行动的是一群高级军官，但不是最高级的军官。他们大部分来自空军。这项计划未能付诸实施。经过毛、周与林彪及其家人的斗争，最终死的不是毛。1971 年 9 月 13 日清晨，林彪所搭乘的一架军用飞机在外蒙古沙漠坠毁，他本人、他的妻子叶群、他的儿子，以及机上另外 7 个人全都死亡。

在江西，当邓小平听说 1971 年 10 月 1 日国庆节北京不举行游行、毛和林均未公开露面时，他意识到国家一定发生了危机。11 月 5 日，在一个政治情况通报会上，他和卓琳才知道林彪死了。刹那间，他大概清楚地认识到此事对他本人的意义。他的主要政敌被除掉了，而他的主要朋友周恩来的地位必然更为稳固。毛仍是所有高层政治权力的中心，他现在不得不为将来制订新的计划。不久，邓通过毛以前的警卫员、现任政治局委员和 8341 部队（该部队负有保卫党的领导人的特殊任务）领导的汪东兴，写信给毛和中央委员会，要求准许他重返北京，并在北京安排工作。

邓小平和他的家人的生活情况很快获得重大改善。

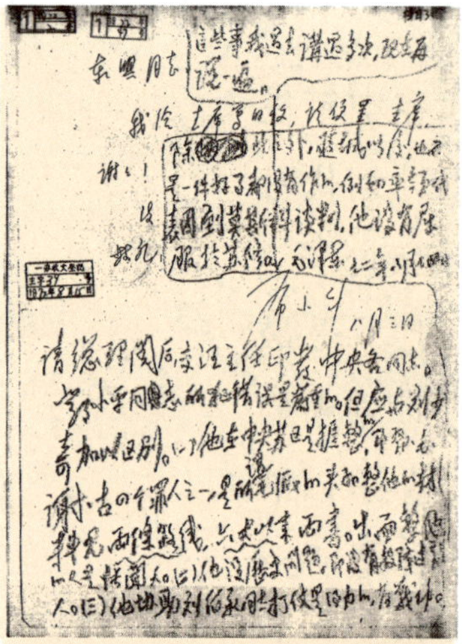

1972 年 8 月 14 日，毛泽东对邓小平来信的批语。

1972 年 4 月，邓朴方获准进入北京一家设备很好的军医院就医。陪着哥哥上北京的毛毛回来后，也获准进入南昌一所医学院就读。

然而邓小平一直未收到任何回信。因此，他在 1972 年 8 月，再次写信给毛泽东和中央委员会，再度提出回北京工作的要求。他在信中表示，他支持“文化大革命”，因为“文化大革命”揭露了像林彪和陈伯达这些人的真实面目，他细数他在过去几年来与林、陈两人交手的经过，并且提到他自己经过一番磨炼后的心境。这封信确实送到毛泽东手中，毛并且开始考虑“让他继续工作”之事。从毛的角度看，让邓小平复出有很多好处：可以增加当时党政领导班子最缺乏的行政经验，可以争取到党内同志对他的好感，因为他这时非常希望再次建立起他在党内的良好声望。同时也可以替周恩来安排一位能干又忠诚的助手。周恩来本人也一定替邓小平向毛泽东说了不少好话。但邓小平后来一再表示，决定让他复出只是毛泽东一个人的意思。邓小平如此说法，是可以理解的。

邓小平终于在1973年2月离开江西。回到北京后，他、卓琳、夏伯根和毛毛搬进一栋房子，这栋房子在中南海外面，但离中南海很近。他很快就恢复工作。

这一次他被任命为副总理，跟他在 21 年前从四川调进北京时所担任的是同一职位，而他的顶头上司也是同一个人，周恩来。

第十一章

打倒“四人帮”

（1973—1976）

1976年10月5日，在政治局会议上，大家做出最后的决定，逮捕“四人帮”。“四人帮”以及其他不知情的委员都未参加。10月6日傍晚，当张春桥、王洪文和姚文元走进中南海准备参加华国锋召开的一次会议时，被汪东兴指挥的部队逮捕。大约在同一时候，毛远新和江青也分别在他们的住处遭到逮捕。据说，江青被带走的时候，还对着逮捕她的人大声怒骂。

1973年4月，在周恩来举行的欢迎西哈努克亲王的宴会上，邓小平六年来第一次公开露面，十分引人注目。（杜修贤 摄）

邓小平复出后的政治局势与他被流放期间相比，在许多重要方面都大不相同了。刘少奇死了，虽然这还是国家机密。林彪也死了，他的主要追随者，包括陈伯达都进了监狱。在1968年至1969年冬季，被送到农村去的一千多万红卫兵开始意识到，他们将永远做一个乡下人，再也不能完成正规的学业了。总之，这时的局势依然令人困惑、担忧。

毛泽东的健康在这时候开始恶化。他患有帕金森综合征。1972年又得了中风和心脏病。他再也不能像从前一样发表长篇大论的讲话了。尽管这些讲话充满完全相左的论点，却都是言辞激烈、击中要害。凭着这些讲话，他完全控制了党代表大会的议程。虽然他仍能平静地说出意见和一些口号，但他的精力已经不行了。他已进入老年人的状态，老是沉溺于久远的往事之中，爱唠叨他过去的故事和建议。在心理上，他开始变得喜怒无常、郁郁不乐。他已经很少接见党内同志和家人。江青带着他的孩子搬出了他的住所。

然而，毛泽东仍然主掌着中国的政治。凭着他的声望，他的一句话就足以确立或推翻某项政策，造就或毁掉一个人的政治前途。任何一位中共领导人想要成功地推动一件事情，必须先得到毛泽东的支持。任何人想取得或保持政治权力，毛泽东是否支持也是成败关键。在决定什么人将在他死后担任什么职位的问题上，他也拥有最重要的发言权。

周恩来的健康也亮起了红灯。在 1972 年 5 月的一次例行健康检查中，他被发现患了癌症。在 1973 年春，他虽然相当活跃，但不管是毛泽东还是其他任何人都可以看出来，他不可能活得比毛泽东久，而且就算他活得比毛泽东久，他也无法有效地施展他的政治权力。周恩来对那些暗示在毛泽东死后他是最有资格担任中国领导人的说法，总是小心谨慎地给予贬抑。也许因为他意识到，担任毛泽东的继承人是很危险的。但如果大家一致鼓掌通过，要他担任党主席，他倒未必会拒绝。

周恩来在 1972 年表现出顽强的工作作风。他筹办并监

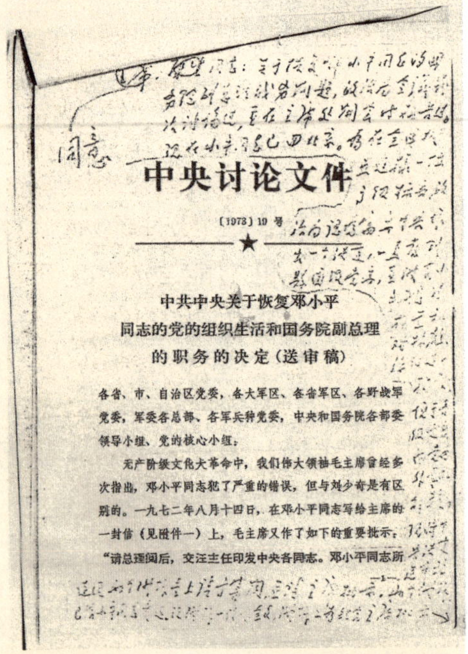
同意

中央讨论文件

〔1973〕10 号

★

中共中央关于恢复邓小平同志的党的组织生活和国务院副总理的职务的决定（送审稿）

各省、市、自治区党委，各大军区、各省军区、各野战军党委，军委各总部、各军兵种党委，中央和国务院各部委领导小组、党的核心小组：

无产阶级文化大革命中，我们伟大领袖毛主席曾经多次指出，邓小平同志犯了严重的错误，但与刘少奇是有区别的。一九七二年八月十四日，在邓小平同志写给主席的一封信（见附件一）上，毛主席又作了如下的重要批示：“请总理阅后，交汪主任印发中央各同志。邓小平同志所

1973 年 3 月 9 日，毛泽东批准的《中共中央关于恢复邓小平同志的党的组织生活和国务院副总理的职务的决定（送审稿）》。

督了向党和军队干部传达林彪的叛国行为和身亡情况，组织了对林彪在军队中的亲信的清查；同时致力于恢复60年代初期的农业、工业和教育制度。他还恢复了1966年至1969年期间遭到贬黜的许多人的原职。这些工作，周恩来是同他的两位亲密同事一起干的。这两个人在“文化大革命”中一直待在台上，并且从60年代至80年代一直担任领导职务。这两个人，一位是老元帅叶剑英，他是抗日战争时期八路军总参谋长。另一位是邓小平在大别山时期的老战友，1954年后当过多年财政部部长的李先念。叶自林彪死后一直负责中央军委的日常工作。李先念在最混乱的几年间在周恩来的领导下主持政府工作。

周恩来打出的口号是反极“左”派。毛泽东并未反对，因为林彪的背叛、逃亡与死亡，对他的心理和政治声望打击很大，但这并不能保证他会一直同意周这样做。他本人就是“左”派，而且也一直自认为“左”派。所以，周的反“左”口号一定会令他觉得很不舒服。他也对“文化大革命”和它的“社会主义新生事物”，如大字报与红卫兵，感到非常自豪。最重要的是，林彪的叛逃并没有使他对江青、张春桥和姚文元失去信任，反而似乎更增加了对他们的依赖。林彪在位时，江青等人的光芒多少被林彪淹没，所以，他们现在非常得益于林彪死后留下的巨大政治空间。

在这种情况下，邓小平的地位并不很有保障。虽然，

1972年毛泽东同意把他从流放中召回任职，并称赞他是很难得的人才，在战争年代和反对苏修的斗争中“做过贡献”。但根据以往的经验，他知道他不能相信毛泽东会永远支持他。周恩来是他最坚定的支持者，但在讨论邓小平复出的问题时，周恩来不管在身体上还是政治上都很虚弱。叶剑英和李先念都是他的好朋友，但他们两人也是靠着附和毛泽东的某些见解，才逃过“文化大革命”初期的斗争的。康生和江青对他的敌意仍然未消除。另外，还有很多在“文化大革命”中崛起的人，他们一定很担心，如果让邓小平成为国家的领导人，他是不是会善待他们。

从所担任的职位上看，邓小平的地位也不很安稳。身为副总理，他有权参加国务院的会议，下指示给各部部长，同周保持日常工作联系。但作为一名普通党员，他无权参加任何党的高级别的会议。

很巧的是，邓小平回到北京时，正好碰上非常不利的政治形势。毛泽东在1972年年底1973年年初做出一系列决策，使得激进派得以控制各项活动，发动损害周恩来声誉和权威的政治运动。

其中一项决定关系到接班人问题。刘少奇和林彪都辜负了毛泽东的期望。现在，他无法从他身边最接近的人当中找出一个在思想上可靠，政治生命又可以保持长久的人。周恩来因为健康问题而不被列入考虑，而且毛泽东也认为他在政治上并不可靠。在激进派方面，康生年纪较大，体弱多病，且不得人心；江青、张春桥和姚文元这三个人除了搞党内斗争之外，在其他方面并没有表现出什么特别的才能。毛泽东年轻时是热心的女权运动者。这可从1950年颁布的婚姻法中看出来。在财产与离婚问题上，该法赋予女性与男性相同的权利。但他知道，根据中国的政治文化，对女性统治者的偏见是很强烈的；同时他也知道，江青的思想觉悟是很差的，对行政工作没有兴趣，而且声望并不高。张春桥曾经当过上海市革委会主席，虽然显出有行政工作能力，但一向被视为江青的爪牙，表现却不怎么样。姚文元也是如此。

结果，毛泽东不但没有从政治局内部或其外围找出一位或多位继承人选，相反，他采取了一项很出人意料的行动，充分显示出他这时候的做法实在相当任性善变。他把王洪文带进中共的领导圈内。王洪文是来自上海的一位激进分子，当时只有38岁，还不及毛泽东年龄的一半。而且除了上海之外，其他地方的人很少听说过他。毛泽东明确表示，他希望王洪文在当时正筹备召开的中共第十次全国代表大会上做关于修改党章的报告，并选他当中央委员会副主席。据说，他让王洪文在他家中住了一段时间，教导他了解最上层的政治艺术。如果真是如此，那王洪文可说是学得不多。根据他在1976年被捕后，中共一份内部传阅的文件可以看出，王洪文资质迟钝，个性懦弱。他很喜欢钓鱼、射击和享受各种高干特权。但他没有主见，每次江青要他对她的看法提出意见时，他总是表示同意江青的见解。他没有什么政治深度，在政治上显得浅薄。

另一项决定是改变对林彪的政治判决。毛泽东突然宣布，林彪是极右的代表，而非极“左”的代表。这项改变对他有两个好处。其中之一是拉大林彪和他的政治距离。另一项好处是，由于大多数人根深蒂固地认为，林彪从1966年到他死亡之时的行为，和“文化大革命”的纲领和作风有很密切的关系，所以，改变对林彪的政治判决，可以打破这种想法。在政策上，毛泽东最关心的是保持革命的成果，包括搞实践教育、政治灌输和体力劳动及在公共卫生方面的赤脚医生。他怀疑周恩来有意用林彪的坏声名来葬送这些社会主义的新生事物。

激进派分子很快就意识到，毛泽东的这项改变，对他们来说是个机会。他们要求毛泽东准许他们发动公开反对周的行动，对周本人进行批判。毛泽东反对这样做，他说，周恩来的声望太高，对他发起批判，对发动者本身是不利的。但他同意他们发起“批林批孔”运动。

这种名目的运动，只有在那些有着悠久历史和文化传统，以及惯于借古讽今的国度里才会出现。在江青和王洪文的策动下，北京最著名的两所大学——北京大学和清华大学的一群作家撰写一系列文章批评孔子和被孔子当作典范的公元前12世纪的统治者周公；赞扬统一中国并成为中国第一位皇帝的秦始皇以及中国历史上几位女性统治者。读者一看便知这是影射当代政治人物周恩来、毛泽东和江青。但很多人，不管是共产党员还是非党员，对于把焚书坑儒的秦始皇和几位被视为暴君的女性统治者，全都说成是进步的统治者，感到相当惊讶。所有希望林彪死后，社会能最终能进入政治安定时期的人，在读到“这些人物坚持使用革命暴力所以是进步的”说法时，无不感到惊恐。那些欢迎邓小平复出的人，在读到“周公恢复国家机构，重组已被打碎继承权的家庭，和把已隐退的人们官复原职是错误的”的说法时，都感到非常失望。

周恩来并没有被这场运动打倒，却被迫从百忙之中抽出时间和精力来保护自己。据说，他曾经多次阻止报纸编辑刊登某些特别荒谬或恶毒的文章。在江青还不是重要的政治人物时，周恩来一直待她很好。例如，他在20世纪50年代有一次访问苏联时，还特地到距莫斯科有段距离的一所疗养院看望江青。而且，在“文化大革命”那段动乱不安的时期内，他也一直试着和江青维持友好的关系。但现在这场运动终于迫使他不得不把江青看作敌人，而且绝对不能心软。

在这场运动的某个阶段里，邓小平也成为必须被打倒的目标之一。但很矛盾的是，这项运动进行的时期，

1973年8月，邓小平当选为中共十届中央委员。图为邓小平和邓颖超在中共第十次全国代表大会主席台上。（杜修贤 摄）

也就是1973年夏天到1974年夏天，正是邓小平的政治生涯蓬勃发展的时期。

中共第十次全国代表大会于1973年8月秘密召开，共进行了5天。这次会议，是激进派的一大胜利。周恩来在会上做政治报告，担当了毛泽东1945年、刘少奇1956年、林彪1969年扮演的角色。但他显然很了解自己的地位并不稳定，所以，他所采用的报告内容是王洪文领导下的写作班子为他准备的。王洪文在会上做了《关于修改党章的报告》，报告充满了激进派的色彩，包括重申“文化大革命”路线和坚持批判“修正主义”的必要性，还讲阻挠群众批判是不可接受、不可原谅的。果然如毛泽东所希望的，会后王洪文当上了中央委员会副主席。张春桥和江青两人成了政治局常委会委员。

邓小平也是十大的党代表，并且入选主席团。大会结束时，他再度当选中央委员；另外还有许多人也再次当选为中央委员。他们在1956年时是八大的中央委员，但在1959年被除名。这是邓小平恢复党的高级职务的第一步，但在新的中央委员会选举新政治局时，他没有能够更上一层楼。他可能事先就知道这个结果，因为中委会开会时，他的名字不在候选人名单上。在当时激进派势力如日中天的情况下，他对此并不感到有丝毫意外。他也没有必要感到失望；因为如果当上政治局委员，反而会使他和激进派发生正面冲突，而没有时间来争取毛泽东对他的积极支持。

当年秋天，毛泽东派邓小平和王洪文一起离开北京到外地视察。据推测，毛泽东把他们两人安排在一起，目的是要他们两人彼此试探对方，看看他们是否愿意及是否有可能共事。可惜的是，我们并不知道他们两人在这次联合视察时共处的情形，但邓小平后来说王洪文是“坐直升机”升上来的。由此可以看出邓小平对王洪文个人及其能力的看法。这次视察结束后，毛泽东问他们两人认为在他死后，中国会发生什么状况？王洪文回答说，全国会继续实行毛泽东的“革命路线”，并在这个基础上达成团结。邓小平比较精明，或是比较诚实，他回答说，军阀将再度出现，全国会陷入混乱中。毛泽东认为邓小平的回答比较好。

为了维护自己的声望，保持“文化大革命”的成果，毛泽东这时决定放松军队对全国政治生活的控制。地方省委会收回了在1969年九大前后被革命委员会夺走的大部分权力，但是在革委会中当权的一些军人并没有放弃他们的权力，他们摇身一变成为很多省份改组后的党委委员或书记。毛泽东希望用文人取代这些军人，大幅度降低军人在各级党委会所占的比例。他同时也希望打破中共11个军区司令员过去多年在地方上建立起来的势力。他也许想到了邓小平的预言：在他死后，将会出现军阀混战的局面。总之，毛泽东相当清楚，一出了北京，都是“枪杆子”在指挥党。

毛泽东在1973年12月采取了行动。他在政治局的一次会议上说，他要对各军区司令重新改组，并在军委的一次会议上重申了这个意见。他说，军委并没有尽到处理军事事务的责任。为了获取军委会成员的信任和支持，他承认在对包括朱德在内的许多“革命英雄”的经历和政治立场问题上，他曾被林彪蒙骗过。为了不让各军区的司令员们担忧接受改组意味着丧失地方军队的权势，而无任何回报，他提议让邓小平这位可靠的军队英雄重新参加军委工作。毛泽东的策略相当成功。正式调令下达后，八大军区的司令毫不迟疑地离开了他们的军区，而且没有任何怨言。

毛泽东同时向军委会建议，任命邓小平为中国人民解放军总参谋长。这项建议当时并未立即付诸实施。但邓小平已经被提升为政治局委员和军委会委员。这使得他的地位至少与激进派同级。但激进派的两名成员王洪文和张春桥，在党内的排名还在他之前。不过，他们在军队与政府方面的地位都远不及邓小平。

从1974年年初起，周恩来也开始把外交事务的日常工作交给邓小平处理。对邓小平来说，这是新的工作领域。很快，邓小平在外交工作上就表现出与周恩来不同的作风。周恩来那种柔和，甚至有点狡猾的外交手法不见了。从 1971 年 1 月秘密访问中国，到 1973 年 11 月，基辛格前后共访问中国大陆四次，并和周恩来建立起相互尊敬与谅解的关系。但他发现，邓小平较难打交道，而且不容易亲近。事实上，邓小平当时所传达给美国的信息，也比周恩来时代更为严厉。例如，邓小平警告美国，美国想从中国和苏联的和解中捞到好处的想法，是很危险的；而且，美国也并未兑现稍早所承诺的台湾与贸易关系。此外，激进派也在一旁虎视眈眈，看看邓小平有没有任何可以让他们指责他是帝国主义者的朋友的表现，或是崇洋媚外。

美国著名外交家基辛格。

邓小平担当新角色的第一项工作就是，率团前往纽约，在联合国召开的讨论国际合作与发展的特别大会上发言。他没有对国际合作与发展发表任何看法，而是借机宣示毛泽东生前提出的最后一个理论，“三个世界”的理论。毛泽东的这个理论表现出他一向特有而且愈老愈明显的大中国主义。这个理论不是来自列宁主义，反而同它相矛盾。这个理论来自毛泽东 20 世纪 30 年代对中国阶级状况的分析。正如他过去看到的，在中国有三个阵营（革命的、反革命的、中间的）。他现在觉得全球有三个世界。

第一世界是两个超级大国。它们比其他所有国家的势力都强大，有瓜分世界称霸全球的野心。第二世界是其他发达国家。中国是第三世界。虽然中国有能力成为和美国、苏联一样强大的国家，但却没有野心称霸世界，所以中国永远不会成为超级大国。相反，超级大国野心难以掩盖，他们相互为敌。的确，战争大概只会在它们之间爆发。如果美苏真的打起来，全世界都将被卷进第三次世界大战之中。

邓小平的演说吸引了很多听众和观众，并在国际间广受宣传。他回到北京时，受到热烈隆重的欢迎，很像他 1963 年在莫斯科和苏斯洛夫激辩 5 天后回到北京时所受到的欢迎。政治局的大部分委员，包括他的政敌在内，都前往机场迎接他。他被安排坐上第一辆小轿车，领着长长的欢迎车队，风风光光地驶入北京。三个星期后，在毛泽东与来访的巴基斯坦总理会谈时，尽管周恩来也同时在场，邓小平却被安排坐在毛泽东和巴基斯坦总理之间的座位上。这个位置一向保留给毛泽东最重要的顾问。这样的安排很明显是要向全世界明白表示，毛泽东对邓小平在联合国的演说相当满意。

纽约之行，对邓小平还有两方面重要意义：这使得国际社会增加了对他的认识，同时也让他首次见识到现代西方世界的繁荣景象。在 1974 年之前，非共党国家的政治领袖、外交官和新闻人员对邓小平还没有什么特殊印象。对日抗战期间及结束后，有少数几位美国军官跟邓小平有过接触，其中有位美国海军陆战队军官，伊文思·卡尔逊曾经撰文赞扬他博学多闻，而且思维敏捷、机智。但在他担任中共总书记期间，只有外国共产党党员和共党的支持者跟他见过面，在20世纪50年代和60年代访问过中国大陆的西方记者虽然写了很多介绍中共的书籍，但书中提到他的内容却很少。

邓小平对这次纽约之行有何心得，并没有正式文件可以参考。但他一定对纽约留下很深刻的印象。尽管他在20世纪20年代初期曾在巴黎待过，20世纪50年代和20世纪60年代也曾经多次访问莫斯科，但这些经验都比不上他在纽约看到的摩天大楼，以及纽约繁荣与紧张的生活节奏。在纽约曼哈顿闹市区待了4天之后，他一定很强烈地感受到，中国必须要经过一段很漫长的努力与奋斗之后，才有可能实现现代化。

在出席了毛泽东与巴基斯坦总理会谈之后两周，周恩来离开中南海，住进北京医院的一间套房。他这样做可能有他策略上的考虑，希望借此摆脱激进派对他的监视。但事实上，这时候他已经病得相当重。从1974年4月他在机场和邓小平合影的一张照片上可以看出，这两人的健康情况呈现相当强烈的对比。仅比周恩来年轻6岁的邓小平，脸圆圆的，皮肤光滑。周恩来却是形容憔悴，脸上从太阳穴到下巴有多处深

1974 年 4 月，邓小平率中国政府代表团前往纽约，出席联合国大会第六届特别会议。图为周恩来抱病到机场为邓小平送行。（杜修贤 摄）

色斑点，而且全身瘦得只剩皮包骨，一身衣服松垮垮地套在身上。

周恩来还有一项尚待实现的计划，就是整顿党和政府，特别是后来者；尽快实现现代化的经济战略目标。然而他面对着难以克服的障碍。思想上，毛泽东对现代化这个理念一直持怀疑态度。①把这个理念看作阶级斗争的代名词。激进派则把它看作对他们的挑战与威胁。在组织上，党中央这时候已经撤销书记处等具有协调性质的单位，只剩下中央办公厅和宣传部，而这两个单位都由"文革"派控制着。在政府方面，许多部门是由临时人员充数，大多数部长的职位空着。针对这种情况，周计划召开全国人民代表大会。这个最高权力机关从 1964 年至 1965 年冬天以后就未曾召开过会议。周打算向大会提交一份长长的政府官员候选人名单和一个二十年发展纲要。他还想开个中央委员会会议，以便党的高层领导干部能支持他挑选的政府官员的人选。由于担心激进派分子捣乱，而且周也不想让他们在政府中担任太多的职务，他在筹备这些会议的过程中，并没有和激进派磋商，他只和他所信任的以邓小平、李先念、叶剑英为中心的少数人商量，同时暗地里取得毛泽东对他计划的支持。这原来是激进派分子最擅长的政治

①早在 1955 年 3 月 31 日，毛泽东在全党代表会的结论中就提出：我们进入了一个"全面社会主义工业化，全面社会主义改造，全面现代化国防，并且开始要全面原子能这样的历史的新时期。" 1956 年 1 月 25 日，毛泽东在最高国务会议讲话，明确指出："社会主义革命的目的是为了解放生产力。"由此可见，毛泽东并非对现代化持怀疑态度。——译注

计谋，周恩来现在也不得不这样做了。

周恩来和他的盟友们这时又得到了一项有利的条件。毛泽东改变了对激进派的态度，尤其是对江青。早在1974年3月，毛泽东就已经告诉江青，他和她最好彼此不要再见面，并说江青多年来并未听从他的指示，同时也未研读他交给她的马克思、列宁及他自己的著作。在7月间举行的一次政治局会议上，毛泽东当着江青和她的三位同伴的面，说他们是“四人帮”。结果，“四人帮”就此成了他们千古洗刷不掉的恶名。大约在同一时候，他告诉一些来访的外国客人，江青有“很大的野心”，所以，她没有权力以他的名义发言。这项改变使得周恩来有机会加强对新闻媒体的控制——这本来是“四人帮”控制的地盘，结束批孔运动。他同时设法使毛泽东接受中央委员会的一项决定，谴责激进派提出的“反潮流”口号。接着以维护工业、商业正常运营为理由，谴责反对地方党委的领导和拒绝工作的造反行为。

毛泽东1974年7月做出决定，离开北京到南方休息一段时间。这对周恩来也相当有利。尽管毛泽东出席了当年夏天党的一些会议，但他愈来愈消沉。他因为视力极度衰退而沮丧，同时也似乎已经发现，江青等人已经成为他的政治负担，而且负担愈来愈重。

毛泽东不在北京，也表示周恩来有权力决定政治局何时开会，以及讨论些什么，同时，他也可以放手指挥政府的运作。这也表示，“四人帮”只能通过周恩来与毛泽东接触，或是特别大老远地跑去求见。

这年 10 月，毛泽东在长沙提出建议，希望全国人大任命邓小平为第一副总理。“四人帮”吓坏了。因为这个消息只能解释为，毛泽东认为邓小平最有资格接替周恩来出任总理，而且，由于总理的排名在党内仅次于毛泽东，所以，也就等于是毛泽东自己的继承人。在一次政治局会议上，江青和邓小平发生争执，江青对邓小平出言不逊。会后，“四人帮”派王洪文向毛泽东告邓小平的状，说他不是合适的人选，这个职位应该是张春桥的，然而毛泽东已认定王洪文是个不可靠的人，所以“四人帮”挑选王洪文当密使是一个错误。他们自作自受。而且，“四人帮”还犯了更严重的一项错误，他们指示王洪文对毛泽东说，周恩来故意装病躲在医院里。毛泽东当时虽然已经年老体衰，但他仍然可以看出“四人帮”是在说谎，而且很痛恨他们竟然会认为他会相信他们的谎话。

“四人帮”的诡计产生了反效果。毛泽东告诉王洪文，要他在跟江青打交道时应该小心，避免和江青“勾结”。毛泽东还派遣自己的特使——他的侄女王海容，前去告诉周恩来，他希望周恩来继续留任总理，并希望安排邓小平出任党中央委员会副主席及第一副总理。更令“四人帮”觉得不妙的是，毛泽东再度提议，应该安排邓小平出任总参谋长，同时出任中央军委副主席。12 月，毛泽东再度向周恩来及王洪文提出这些建议，并且赞扬邓小平“政治思想强”。“四人帮”的这次反扑完全失败了。

1975 年 1 月，邓小平担任了毛泽东要他担任的所有职位。王洪文在党内的排名仍然高于邓小平，但他已经被剥夺了自 1974 年以来主持党中央日常事务的权力。在军委会里，叶剑英的排名高于邓小平，但叶愿意放手让邓小平全力去处理跟军事有关的政治工作。

邓小平立即抓紧时间运用赋予他的新权力。对于一位 70 岁的人来说，他在此后的 9 个月当中所表现的充沛活力令人称奇。他至少召集了十次会议，详细讨论社会经济等问题。每次会议他都讲话。他还主持了许多次国务院会议。在几次政治局会议上同“四人帮”进行针锋相对的斗争。他视察了几个边远省份，又去法国做了一次感性访问。他还会见了几十位外宾。

1975 年 5 月，邓小平访问法国。（杜修贤 摄）

邓小平首先处理组织上的问题，其中最严重的是国营企业内部的不安定，很多企业士气低落、纪律涣散。在铁路系统和钢铁企业，这种现象最为严重。他向各地主管工业的书记发表讲话，提出要加强“集中和统一”，建立必要的规章制度，惩处各地制造麻烦的人。他透露，1974 年发生 755 起重大铁路事故（1964 年才 88 起）。一个最重要的铁路中转站——江苏徐州车站竟被当地一名造反派头头控制着，他说：

> 比如，徐州那个闹事的头头“本事”可大了，实际上是他在那个地方专政。对这种人不及时处理，等到哪一年呀？我说，只等他一个月，等到 3 月底。如果再不转变……那样性质就变了。

然而，造反派头头对邓小平的警告置之不理，于是邓小平派部队去徐州把那个造反派头头抓了起来。

1975 年的邓小平。（杜修贤 摄）

邓小平同时着手处理经济发展战略问题。他依据的是周恩来 1 月在全国人民代表大会号召的到 20 世纪末实现中国农业、工业、国防和科学技术的现代化的观点。周恩来最早是在 1965 年提出“四个现代化”的口号的，但当时显然未得到毛泽东的支持，而且毛泽东当时认为应该把重点放在其他项目上。这一次，邓小平先设法取得毛泽东的支持，他说：

> 现在有一个大局，全党要多讲，大局是什么，三届人大一次会议和四届人大一次会议的政府工作报告，都讲了发展我国国民经济的两步走设想：第一步是到1980年，建成一个独立的比较完整的工业体系和国民经济体系；第二步是到20世纪末，也就是说，从现在算起来还有二十五年时间，把我国建设成为具有现代农业、现代工业、现代国防和现代科学技术的社会主义强国。全党全国都要为实现这个伟大目标而奋斗。这就是大局。

1975年夏季，在邓小平的主持下，提出了三个报告。这三个报告是《关于工业发展问题》《关于中国科学院工作汇报提纲》和内容更加深刻和更具有挑战性的《论全党和全国各项工作的总纲》。第二个报告的作者之一是胡耀邦。他在“文化大革命”以前当了许多年共青团第一书记。第三个报告的作者是邓力群。他曾经当过刘少奇的秘书，后来在80年代成为著名的政治保守派。由于当时党中央缺少邓小平相信的协调单位，胡耀邦、邓力群担当了邓小平的参谋的角色。

邓小平的作风是雷厉风行，干事抓得紧，行动快。他在推行重要措施之前，先取得毛泽东的同意，并把他的所有政策和毛泽东说过的话扯上关系。对他的敌人，他宁可对抗也决不回避。而他的政敌“四人帮”，却在这时又犯了两项重大的错误。他们阴谋破坏邓小平推行的整顿，他们指责让自 1966 年被贬黜的部长、官员和军队干部恢复工作是“走后门”。但他们这次没摸准毛泽东的心思。毛泽东现在最关心的是国家的安定团结，所以他批评“四人帮”搞分裂。接着，在那年春天，“四人帮”又误解了毛泽东号召全国学习无产阶级专政的理论的真实目的，又一次惹恼了毛泽东。毛泽东原想通过提醒全党注意反革命的威胁依然存在，来平衡周恩来要求发展经济的呼吁。张春桥、姚文元做出反应，写出长篇理论文章，批判只关心物质利益和坚持“资产阶级法权”，首先会产生新的资产阶级，而后他们将问鼎国家政权。张说，新生资产阶级将从党内出现。姚说，新生资产阶级将产生于社会上大量聚积财富的集团。这些文章没有提出积极具体的经济纲领，也没有补充周的经济发展纲要，只是赤裸裸地一味攻击。

在随后召开的两次政治局会议上，爆发了政治冲突。在第一次会议上，在叶剑英和李先念的支持下，邓小平批评“四人帮”滥用毛泽东的指示；在第二次会议上，毛泽东直接批评“四人帮”。他说，他们忽视他的“三要三不”指示（要搞马克思列宁主义，不要搞修正主义；要团结，不要分裂；要光明正大，不要搞阴谋诡计），他要他们不要再结帮派，而且由于事实上他们已经组成一个帮派，所以，政治局应该讨论并解决这个问题。这些批评使“四人帮”完全落于守势。王洪文甚至因此退回上海，江青也被迫写了自我批评的短文。从那年夏天到秋天，邓小平和他的支持者可说志得意满，事事顺心。

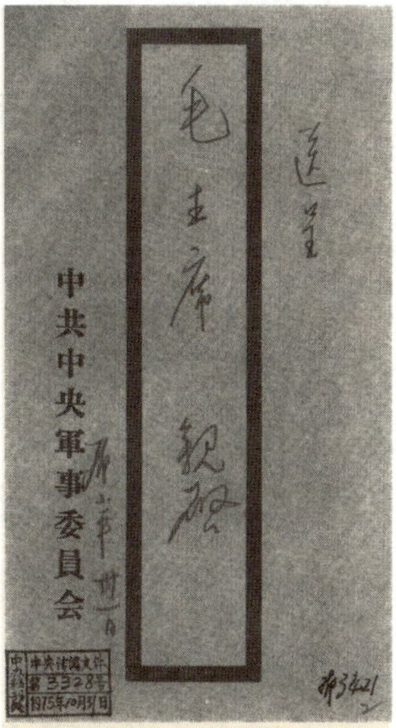

邓小平致毛泽东信。

但到了1975年10月底、11月初，情势发生了逆转。原因很简单，毛泽东认为，邓小平的各种计划已经开始威胁到“文化大革命”的成果。在毛泽东的眼中，邓小平有两项做法令他最为不满。其中之一是他使用代表“重要环节”的“纲”这个字来形容毛泽东所做的一系列指示（在这些指示中，毛泽东强调，要安定与团结，要加速经济发展）。这犯了毛泽东的大忌。因为在毛泽东的心目中，“纲”只能用来形容阶级斗争，例如“阶级斗争为纲”。

另一件事是，邓小平支持清华大学开除该校两名支持“四人帮”的积极分子。这两人上书毛泽东，毛泽东支持他们。他们于是公开宣称得到毛泽东的支持，并且扬言要发动运动反击“右倾翻案风”。毛泽东接着发表讲话说有“一些领导人”从7月到9月散布毫无根据的政治谣言，分裂党的领导，攻击“文化大革命”和它的成果。11月底，他讲话的内容摘要被公安部部长华国锋在通气会上做了宣读。在政治局所有的常委中，只有他一个人既不是“四人帮”党羽，也不是邓小平的支持者。接着，毛泽东讲话摘要又向各省委做了传达。据说，邓小平当时就被取消所有政府职责，只留下主管外交事务。不管真相如何，华国锋宣读这项声明就等于是宣判邓小平失去了毛泽东对他的信任，因此，也失去了指挥党与政府事务的权力。

对邓小平来说，紧接着的四个月，很像是1966年7月到11月的那段日子，他每天遭受激进派的猛烈攻击。但他这一次采取了不同的反应。在1966年，他同意做羞辱性的自我批评；现在，在1976年，他又被要求这样做（毛泽东通过叶剑英向他施压），但他坚决拒绝这样做。他也知道，如果他批评自己从1973年以来的任何作为，那么在毛泽东死后一定会发生的政治斗争中，他一定非败不可。

面对“四人帮”的强压，邓小平的策略是什么也不说。在1975年3月一次政治局扩大会议上，“四人帮”及其追随者曾当面攻击邓小平。邓小平的做法就是关掉助听器，称没听到他们说什么。

当年冬天和第二年春天发生了一连串的大事，周恩来去世，华国锋被任命为代理总理，以及北京市民发动大示威。他们这样做除了表达对周恩来的敬意之外，也表示他们认为，邓小平才是周恩来的适当继承者，同时也表示他们唾弃“四人帮”的所作所为。

从1975年8月起，周恩来住进医院再未出来。10月他做了至少三次手术，但手术都不成功。到了12月，他经常处于昏迷状态。他的妻子邓颖超和叶剑英、李先念在他神志清醒时向他讲讲有关的政治情况。毛泽东本人在8月也做了白内障手术，他显然未向周表示安慰和同情。他没有让周避开“反击右倾翻案风”运动的攻击，虽然他可以这样做。

在周恩来追悼大会上，邓小平代表中央致悼词。（杜修贤 摄）

周恩来在1976年1月8日去世，邓小平虽然已经在政治上失势了两个多月，但仍获准以中央委员会名义在周的葬礼上做合乎礼仪的悼词。邓小平避免显示任何私人情感，以免被“四人帮”抓到把柄，说他和毛泽东不信任的人有密切关系。他告诉毛泽东，周在生命的最后几天专注聆听着毛泽东的一首关于革命的古诗词。他赞扬周谦虚谨慎、不摆架子、平易近人的优秀品德和艰苦朴素的生活作风。这些措辞都很谨慎。不管“四人帮”如何不服气，但他们确实无法批评周恩来的做人态度。

周恩来的去世意味着毛泽东终于不得不确定谁是周的继承人。他着实犹豫了一阵子，很仔细地考虑了各个够资格的人。一个月后，他告诉政治局，也许是通过他侄子毛远新（他秋季住在毛泽东家担任毛泽东的联络员）告诉的。他建议华国锋负责管理政府工作，但先担任代总理。

对于未能当上总理，邓小平可能有点失望。但他也一定不会感到意外。张春桥是仅次于邓的副总理，他深感失望。这显出他没多少政治远见，“四人帮”垮台后党内传达的文件表明，毛泽东对他们的愤怒程度在整个 1975 年达到顶点。他甚至说过他认为“四人帮”谁也不适合担当更高的职务。虽然华是个折中妥协后的人选，而且他只是从 1973 年起才当选为政治局委员，但是他并不怀疑自己拥有担当此任和赢得提升的才干。他作为一个性情冷漠、缺乏想象力的人，可能没有察觉到从长远看他的地位是过渡性的，并不稳定。毛泽东对他的称赞固然是一笔很大的政治资本，但是一旦毛泽东去世，这反而会成为他最大的政治负担。如果“四人帮”要打倒邓和他的支持者，华肯定会被“四人帮”看作挡住他们去路的眼中钉。如果邓小平等人打倒了“四人帮”，华国锋也同样会被看作眼中钉。

与此同时，“四人帮”的一些做法也显示出，毛泽东不信任他们是正确的。不管华的地位多么不稳，他毕竟是毛泽东指定的继承人，是当时中央的负责人，“四人帮”不仅不设法争取华的信任，反而不同华商量就继续批邓。他们还指使写作班子在报刊发表文章暗示华是个胆小、愚蠢和缺少经验的人。更为狂妄的是，他们竟诽谤纪念周恩来，他们恨周，周也憎恶他们。现在周不在了，他们抹黑周除了满足复仇欲外，什么好处也没捞到。相反，由于广大人民爱戴周恩来，千百万党员也非常尊敬他，“四人帮”的这一行径造成了很大的反效果，对他们来说，损失很大。2月、3月“四人帮”加剧批邓运动。2月26日政治局决定可以在报刊和非官方的宣传材料上点名批邓。江青立即开始辱骂邓，骂他是“反革命老手”。江青还召集一次全国性的清洗干部的会议，在会上她甚至骂邓是“卖国贼”。邓之所以还能免于被完全打倒，主要是毛泽东有指示，说邓的问题应作为人民内部矛盾处理。江青明确表示她不赞成这一指示，但华国锋说领导集体必须遵守毛泽东的指示。邓没有躲起来，也没有为不出席“四人帮”在3月召集的政治局会议找借口，尽管他知道这次会议是专门为批判他而召开的。这表明邓小平此时已经看出，他可以经受得住这场政治风暴。

到了3月底，双方形成僵局。“四人帮”既没有能够说服毛泽东停止保邓小平，也没有能够说服华国锋不要理会毛泽东保护邓小平的指示。甚至也没有迹象显示出批邓运动使邓小平的声望受到伤害。事实恰好与之相反（许多外国人报道说，“四人帮”的党羽在北京的街头张贴了许多批判邓小平的大字报，并在上面引用邓的一些原话，群众一边看一边点头称赞邓的讲话，并露出会心的微笑）。邓小平反对“四人帮”的斗争也没有取得进展。因为在2月底召开的一次会议上，华国锋说，邓小平攻击“文化大革命”，背弃主席革命路线，犯了严重错误。

这种僵持不下的局面，被“四人帮”攻击周恩来的行动打破。2月25日，十年前曾刊登姚文元撰写的批判吴晗的文章的上海《文汇报》刊登了一篇社论，批判党内走资本主义道路的当权派梦想复辟，至今死不悔改、顽固不化。上海是在“四人帮”控制之下，但是离上海一百公里之外的南京不在他们控制之下。就在社论发表的第二天，南京大学的学生举行抗议示威，表达对周恩来的支持。他们被驱散了。“四人帮”在全国的报刊上封锁有关抗议事件的任何消息，但是此事依旧很快传播开来。有的是被过往的旅客传播的，有的是通过学生用沥青在火车车厢外涂写的消息。总之，是通过火车把这件事传遍全国的。这件事让北京受到巨大震动，大大激发了群众怀念周恩来的情感。他们在天安门广场人民英雄纪念碑下放满了花圈。第一批花圈被警察移走了。可是随后许多士兵、工人和学生放置的花圈没有再被搬走。

1976年清明节，天安门广场上悼念周恩来的场面。

4月4日，大批群众聚集在天安门广场。有的在纪念碑前放置花环，有的拉起白挽联，有的发表演说，有的朗诵诗歌。这些诗歌与挽联的内容，一方面颂扬周恩来，一方面批评江青。有些挽联上说“恶魔兴风作浪”，人们应该“群起除魔”，有的则说“周恩来总理永远活在我们心中”。有首诗形容“四人帮”是“豺狼”，另有一首诗说，江青一定是想做女皇帝想疯了。当天夜里，政治局召开紧急会议，确定示威者的诗和标语是直接攻击毛泽东和其他党的领导人，当天的事件是“反革命事件”。邓小平对此事负有责任。这些意见通过毛远新向毛泽东做了请示。政治局一得到毛泽东同意政治局决定的消息，便立即命令警察清除广场上所有的花圈和宣传品。到了4月5日黎明，所有留在广场上的悼念品、抗议书、纪念物等都被弄走了。

民众的反应相当愤怒。4月5日一整天，广场上聚集着抗议示威的人群，他们同警察扭打混战，焚烧警车，粗暴地痛打几个敢说周恩来坏话的“四人帮”的追随者。天黑后，大多数示威者离开广场后，部队、民兵和警察开始清理天安门广场，驱赶和逮捕仍留在广场上的几百名群众。

政治局再次开会，并做出决议：清除天安门广场是处理“反革命暴动”必须采取的行动。政治局接着请毛远新向毛泽东转达政治局的这项决定。毛泽东立即表示同意，并补充两条指示：任命华国锋为总理（免去代总理职务）和中央委员会第一副主席；解除邓小平党内外一切职务，保留党籍，“以观后效”。

这次事件很快被称作“天安门事件”，并使邓小平的政治地位退回到1969年的状况。他在政治局里的盟友也被封口（叶剑英和李先念未被邀请参加4月4日的政治局会议，也有可能是他们认为最好还是不要参加）。最恶毒的是，政治局做出决定（可能得到毛泽东的同意，也可能没有）：邓小平这件案子是“敌我矛盾”，现在可以逮捕他或对他施加暴力。邓小平后来宣称，这个事件削弱了“四人帮”的力量，使得舆论更加反对“四人帮”。可能真的如此。但在当时，邓小平一定发现情况对他愈来愈不利，军队、民兵和警察在接到政治局的命令后，立即采取行动，毫不迟疑。他们并没有回过头来对付“四人帮”；而且，这次事件反而驱使华国锋站到了“四人帮”一边。

但邓小平这一次并不像1967年那样束手无策。他早已拟妥一项秘密计划，并在危机发生时，和他的盟友保持密切联络。所以，在毛泽东下令解除他的所有职务的当天，他才能够逃离北京。他在许世友陪同下，搭飞机飞往广州。[①]许世友是原广州军区司令员，并且是政治局委员。这项行动进行得很秘密，以至于在当年整个夏天里，江青和她的“四人帮”同党一直不知道邓小平究竟躲到哪儿去了。

邓小平和他的支持者在1975年所创造的政治清明与经济好景，在1976年夏天时又再度陷入新的混

①邓小平没有去广州。此处有误。——译注

乱状态。华国锋在7月召开全国计划会议时，“四人帮”全面攻击他的所有提案，结果造成政治真空。“四人帮”鼓励他们的支持者在各省进行罢工和示威。因此，给人一种印象：他们愿意牺牲一切来追求派系利益，或是，他们甚至喜欢无政府的混乱状态。他们滥用职权最为明显的一次，也是他们所犯的最严重的一次政治错误，就是利用一项官方文件号召唐山市幸存的市民（唐山市7月发生大地震，共有25万人丧生）进一步深入批判邓小平反革命修正主义路线。

在整个夏天里，叶剑英一直扮演着反抗“四人帮”运动先锋的角色。在邓小平出任总参谋长期间，他一直支持邓小平。周恩来去世后，华国锋接任总理，而不是邓小平，他也受到排挤。他虽然还担任国防部长，但已被剥夺实权，不负责军委日常工作了。不过，他还是设法在夏天前往华南视察。这时，他一定已经下定决心，一定要采取行动推翻“四人帮”。他也知道，如果在毛泽东死前行动比毛泽东死后更危险。他看到“四人帮”正加紧在一些地方建立支持他们的武装力量，因此，反抗“四人帮”的力量应该扩大，应包括一些在“天安门事件”期间和之后站在“四人帮”一边的人。华国锋、8341部队司令员汪东兴和陈锡联（他在军委已接替了叶的位置）都是关键人物。他们几个人对“四人帮”的态度，取决于毛泽东逝世后几周内“四人帮”的表现如何。当然不用说，叶知道“四人帮”正密切监视着他。他要出面肯定困难重重。

1976年9月8日午夜过后几分钟，毛泽东去世了。全中国的民众都很惊慌与焦急地谈论着毛泽东的死讯，但并不很悲伤。对30岁以下的中国人，也就是中国大陆绝大多数的人来说，他只是一张肖像，而不是活生生的人。对党的高级干部来说，他确实是个伟人，但也犯了很多重大的错误，尤其是在对待他的同志方面。但在大部分军队领导人的心目中，他的声望仍然很高；他把当年江西和陕西的一支衣衫褴褛的小小部队发展成现代中国最强大、最成功的军队，创建了军队的纪律、军事战略战术和军队的宗旨。这些军队领导人过去是、将来仍然是毛泽东名字的强有力捍卫者。

中国未来形势的发展趋向，取决于毛泽东死后立即于9月9日清晨召开，以及后来又于9月19日和29日召开的三次政治局会议。“四人帮”在这几次会议上明确表示，他们并不准备接受华国锋作为毛泽东的继承人。他们提出几项要求：开除邓小平的党籍；由毛远新保管他叔叔所有的私人文件；由江青出任党主席。“四人帮”的这些要求，全都在正式表决时，一一被否决，或是决议交付研究。当叶剑英向华国锋建议应当逮捕“四人帮”时，华国锋还犹豫不决，但“四人帮”的态度使他渐渐明白了，只有把他们抓起来才能阻止他们继续争夺全部的政治权力。为了争取华国锋的支持，叶剑英还向华国锋保证，一旦将“四人帮”逮捕，他本人、李先念和其他延安时期的老领导人都会支持他出任党主席。

华国锋改变态度，使得叶剑英等人不再探讨一些激烈的对抗行动，比如，在广州成立另一个党中央，转而策划如何在华国锋的领导下进行有限的政治改组。华国锋态度的转变，也保证了军队不会分裂，仍保持团结，并可有效地用来对付“四人帮”的支持者在上海等几座大城市所建立起来的武装民兵部队，它还保证了汪东兴的中央警卫团能有效地随时听从调动。

10月5日，在政治局会议上，大家做出最后的决定，逮捕“四人帮”。[①]“四人帮”以及其他不知情的委员都未参加。10月6日傍晚，当张春桥、王洪文和姚文元走进中南海准备参加华国锋召开的一次会议时，被汪东兴指挥的部队逮捕。大约在同一时候，毛远新和江青也分别在他们的住处遭到逮捕。据说，江青被带走的时候，还对着逮捕她的人大声怒骂。

①此处有误。粉碎“四人帮”的决定是华国锋、叶剑英、李先念做出的。宣布对王洪文、张春桥实行隔离审查是在政治局会议上。——译注

第十二章

收拾善后

（1976—1981）

逮捕“四人帮”的第二天，中共中央政治局选举华国锋为中共中央主席、中共中央军委主席，从而更巩固了他的总理职位。但是，逮捕“四人帮”的消息并没有向外界透露，华国锋、叶剑英和汪东兴三位策划者希望这一行动能够继续保密，以便解除地方上“四人帮”余党的武装。“四人帮”在被逮捕前，已将重型武器分发给了上海和其他一些地方的民兵武装，王洪文还在中南海设立了特别指挥中心，命令各地的民兵随时准备采取武装行动。

1977年7月21日，邓小平在中共十届三中全会上讲话。

逮捕“四人帮”的第二天，中共中央政治局选举华国锋为中共中央主席、中共中央军委主席，从而更巩固了他的总理职位。但是，逮捕“四人帮”的消息并没有向外界透露，华国锋、叶剑英和汪东兴三位策划者希望这一行动能够继续保密，以便解除地方上“四人帮”余党的武装。“四人帮”在被逮捕前，已将重型武器分发给了上海和其他一些地方的民兵武装，王洪文还在中南海设立了特别指挥中心，命令各地的民兵随时准备采取武装行动。

三人在收回上海的控制权方面，并未遭遇太大的困难。曾有人给上海的“四人帮”余党发了一个秘密电话（“妈妈住院了”），暗示“四人帮”的行动计划破产了。但是，他们还是被华国锋等人巧妙地调回了北京，并一一被逮捕。在全国其他一些地方，民兵和正规部队之间的冲突持续了一段时间。我们不太清楚这些冲突有多少是支持“四人帮”的民兵发动的，又有多少是那些试图保住自己势力范围的省级领导人发动的。这些动乱蔓延的范围很广，特别是在长江以南地区。直到 1977 年年底 1978 年年初，中央政府才真正控制了距北京不足一百公里的天津。但是，效忠“四人帮”的正规部队并没有控制首都或其他一些大的地方政权。

10 月 21 日，也就是事件发生的第 15 天，官方正式公布了逮捕“四人帮”的消息。这消息使成千上万的人欢乐无比，激动地涌上全国各个城市的街头。连续几天，首都主要街道上挤满了游行的队伍。工厂和机关的工作人员几乎全部停止了工作。同春天的那次游行不同，这次的游行是多姿多彩、热热闹闹的，人们有组织地举着标语、敲锣打鼓地走上街头。夜晚，鞭炮声此起彼伏，使得一位西方记者产生了误解，报道说“四人帮”的支持者已经被枪决了。大批被关押在“牛棚”中的人重新获得了自由。在上海，停泊在港口的轮船长鸣汽笛，庆贺胜利。那些上山下乡的知识青年也纷纷告别了农村，动身返家。

毛泽东去世后，邓小平立刻回到北京。虽然有很多人建议他留在比较安全的南方，并且躲了起来。他在广东的两位保护者，原广州军区司令员许世友和广东省省长韦国清都是政治局委员，因此，邓小平从他们口中知道了 9 月政治局会议上所发生的争执。他对叶剑英的计划究竟知道多少，从来没有人知道，他自己和其他人都未透露。但他一定知道叶剑英已经下定

为促成邓小平早日复出，叶剑英、陈云、李先念等老一辈革命家在不同场合向中央或中央主要领导人进言。图为尚未复出的邓小平（前排右四）与叶剑英（前排右二）、徐向前（前排右三）、聂荣臻（前排右一）、王震（后排右三）、粟裕（后排右一）等在一起。

决心采取行动，而且他也知道，如果他想让叶剑英的计划成功，他所能帮的最大忙就是自己不被“四人帮”查到行踪及被他们逮捕。

据说，逮捕“四人帮”后召开的政治局会议一结束，叶剑英就立即打电话给邓小平，因此，他很快就知道了这一消息。10月10日他写信给华国锋，表示“衷心”拥护政治局做出的关于华国锋任中共中央主席、中央军委主席的决定，并把逮捕“四人帮”说成是无产阶级战胜资产阶级、社会主义战胜资本主义的胜利。有一点是可以肯定的，10月底，邓小平与华国锋见了一面。他们是去探望邓小平从前的战友刘伯承时在医院遇见的。邓小平告诉华国锋，他，一个“走资派”，对于已经发生的事感到非常高兴，并且表示完全支持华国锋。华国锋请邓小平谈谈他的看法，邓小平说，在制订经济发展计划时，虽然不应忽视重工业的发展，但是应当优先考虑农业和轻工业的发展。他还说在改善“人民的生活”的过程中，“专制”一点也是必要的。这就是海外很多人都觉察到的邓小平自身的一个矛盾。他急于在经济领域进行大胆的改革，但在政治上却持保守的态度。邓小平并没有把政治上的自由化视为经济自由化的先决条件，而是把政治上的自由化看成是对社会、政治稳定与经济发展的严重威胁。

在这次谈话中，刘伯承说，他死后希望由邓小平主持他的追悼大会（刘伯承这时已经 82 岁，而且双目失明）。邓小平说，这可能有点问题，因为他是犯过错误的人。这时，公务缠身的华国锋要告辞了。临行前他说邓小平一点也没有减少活力。邓小平的回答非常巧妙或者可以说是话中有话，他说，他的精力归政治局使用。

事实上，邓小平已下决心为实现全面政治平反而奋斗。他有许多支持者，其中最重要的是陈云和王震。陈云在"文革"中"靠边站"了，但没有遭受迫害；王震是位老将军，在 1972 年曾以个人名义代他向毛泽东求过情。然而，对于为邓小平平反，华国锋有很大的顾虑。且莫说为邓小平平反对他本人的权威是一种威胁，至少还要改变官方对"天安门事件"的定论。而如果不对毛泽东进行直接或间接的批评，也就无法改变这一定论。华国锋的全部权力是毛泽东给的，批评毛泽东就等于批评他自己。

1977 年 3 月，华国锋召开中央工作会议，部署该年的工作任务。仅具普通党员身份的邓小平没有参加这次会议。但是，他的许多支持者参加了会议，会上，他们要求为“天安门事件”平反，让邓小平重新出来工作。华国锋却坚持认为“四人帮”是“极右”的代表（毛泽东也曾用同样术语为林彪定罪）；“批邓、反击右倾翻案风”，是毛主席定的，批是必要的；“天安门事件”是反革命的。他坚持汪东兴向他建议的有关毛泽东和毛泽东思想的原则：“凡是毛主席做出的决策，我们都坚决拥护；凡是毛主席的指示，我们都始终不渝地遵循。”他唯一让步的是承认邓小平与“天安门事件”没有任何关系，群众在清明节到天安门去悼念周总理是合乎情理的，认为“在适当的时候让邓小平同志重新出来工作”是必要的。

不过，这已经足以让他们两人之间展开谈判。并不清楚是谁主动的，也不清楚他们两人是否曾经见过面。但已知的第一步行动却是邓小平采取的。4 月 10 日，也就是工作会议结束后的第三个星期，他再度写信给华国锋。他在信中说，他支持华国锋在工作会议上的讲话，他还提到了前一年 10 月 10 日写给华国锋的另一封信，表示完全支持粉碎“四人帮”后华国锋所担任的领导职务。他提议，在全党范围内传阅他的这两封信。邓小平的这一建议显然被接受了。接着，5 月底，“中央办公厅的两位负责同志”前去拜访了邓小平。可以肯定其中一位是汪东兴，他当时是中央办公厅主任。邓小平对他们说，华国锋的“两个凡是”不行。因为按照“两个凡是”就说不通为他平反（因为撤掉他的职务是毛下的命令），也说不通肯定1976年广大群众在天安门广场的活动是“合乎情理”的。几天以后，“中央两位领导同志”又去拜访了邓小平，邓又重申了上述思想。

对华国锋来说，这是坏消息。然而，他还是认为，他不能跟邓小平一样固执。在7月召开的中央全会上，邓小平恢复了1976年4月以前的所有党、政、军职务。在会议的最后一天对恢复他的职务进行表决之前，邓小平发表了谈话。谈话中，他拒绝接受“两个凡是”，而主张要对毛泽东的思想有一个“完整”的认识，坚持党的群众路线，坚持“实事求是”，以改善党风。在场听他发言的人都听得出来，他在这个根本问题上向华国锋提出了挑战。

邓小平此时已经将近73岁，跟毛泽东发动“文化大革命”时是同样的年纪。但他看起来并没有比他50岁的时候老太多，而且身体比与他同年龄的人健康许多。他唯一比较严重的毛病是听力差。他很早以前就开始戴助听器。借助助听器，他可以听得很清楚，甚至在大型会议上也可以掌握会议的进度。他的声音坚强有力，但有些尖厉。他可以发表长篇大论的讲话，而不会显露出疲倦。他走路的步伐很快，他在18年前摔断的腿已经完全复原。

邓小平的妻子和继母虽然经历三年的流亡生活，她们的健康情况并未受到太大的伤害。事实上，卓琳回到北京后，身体反而比她当初离开北京时更健康。他的继母夏伯根身体也很硬朗，她是一位船工的女儿，把全部的精力都投入照顾邓小平及其一家人身上，并且还可以干些体力活。本书在1992年完稿时，她仍健在，是年她89岁。

邓小平的孩子当中，只有邓朴方在“文化大革命”中受到了严重的伤害。这一伤害是非常令人痛心的。1972年，他获准住进北京一家设备很好的医院时，几乎已经完全瘫痪。1976年他出院后，被安排在一家电视机厂工作。1977年春，他搬回家住时，邓小平把房子做了一番整修，使他可以坐在轮椅上，自由地往来所有的房间，并可搭乘一部电梯上下楼。1980年，邓小平秘密送他去加拿大治疗，在那里他至少做了两次手术，终于可以再度坐直身体，移动手臂和脖颈，但还是无法行走。80年代以后，为了照顾中国千百万的残疾人，邓朴方建立了中国残疾人福利基金会，自任会长，从此，成为一名受公众关注的人物。

邓小平的大女儿邓林已经结婚，是位画家（她本想当一名音乐家，但在60年代初，她生了一场病，所以没法再上音乐学院附中了）。他的二女儿邓楠也结婚了，她是1971年在陕西插队时遇到她先生的。邓小平的三女儿邓榕（毛毛）是医学院学生，一直住在家中。在邓小平的三个女儿当中，邓榕最像父亲。

她活泼好动、精力充沛、大胆敢言。跟邓朴方一样，她也是中共党员。后来，她在《人民日报》上发表一篇长文，详细叙述在江西那段日子的生活。

邓质方，邓小平的小儿子，也是最小的孩子，14岁时曾经当过红卫兵，跟邓楠一样，在1967年他的父母被软禁时，被下放到陕西。1973年，他成为北京大学物理系学生，所以，他一定目睹了1975年学生集会反对他父亲的情形。但他本人似乎并未受到迫害。1980年，他被派往纽约州的罗切斯特大学研究所学习（他的指导教师和同学当中，几乎没有人知道他的真实身份）。80年代初，他带着妻子和刚出生的女儿[①]回了国，但并没有入党。

①此处有误，应为儿子。——译注

“文化大革命”给邓小平家族带来了很大的伤害。他的二弟邓蜀平在土改中被没收了在四川的土地，之后入了党。1967年3月他被武汉的红卫兵折磨了好几个星期，最后自杀了。红卫兵批斗折磨他是因为他与中国“第二号走资派”有密切的关系。卓琳的哥哥，50年代他从父亲手中继承来的产业被没收了，随后被强迫劳动了8年，“文化大革命”中又被逮捕入狱。

邓小平复职后，有机会重新观察中国的政治。由于重新接触官方的信息，因而比流放前能更准确地把握当时党、军队和政府所面临的问题以及当时的社会和经济状况。

当时的社会秩序混乱。犯罪与消极怠工的现象非常普遍，铁路沿线车匪路霸横行。由于大批的知青返城，城市的失业率很高。在农村，很多党的干部变成当地恶霸。20 世纪 50 年代给许多外国人留下深刻印象的那种勤奋工作的热情已经消失，代之以腐败堕落和悲观失望。

1977 年 7 月 31 日，邓小平复出后第一次以中央军委副主席和解放军总参谋长身份出席纪念建军 50 周年大会。他的出席受到全体与会人员的热烈欢迎。

1978 年 3 月，邓小平在全国科学大会开幕式上说，“四人帮”对四个现代化的破坏，已使国民经济濒于崩溃。这是一种夸张的说法。80 年代中国公布的统计数字表明，“文化大革命”对经济造成了很大破坏，但是尚未完全崩溃。1967 年到 1968 年是红卫兵和造反派最为活跃的年代，但就是在这几年，也没有出现“大跃进”以后那种大萧条的局面。1969 年的工业产量依然比 1962 年高，只有钢、水泥和化肥持续减产。1975 年，很多产品的产量，包括水泥和化肥，增长了近两倍。“文化大革命”时期对工业的投资比例相当高，尤其是重工业，这也是“文化大革命”时期工业发展的一个特征。实际上，中国在第一个五年计划期间（1953—1957 年）完全照搬苏联模式。这或许是毛泽东发动一场清除党和国家最主要的危险——修正主义运动的最大悖论。在毛泽东看来，苏联是修正主义的头子。

在农业方面，产量增长得很快。同工业一样，1968 年也是农业产量最低的一年，主要是因为缺少化肥。1968 年以后，粮食产量持续稳定地增长，1975 年粮食总产量达到 2.85 亿吨，比 1966 年增加了 700 万吨。问题是同一时期的人口增长速度也很快。“文化大革命”所造成的严重后果之一就是农村大量的新生儿出生。20 年以后的今天，人们依然可以感受到这一后果所带来的严重影响。

党、军队和政府的情况都相当糟糕。当时大约有党员 3500 万人，这当中至少有一半的人是在 1966 年后入党的。许多人都很年轻，还有许多人是造反派。他们不喜欢受到纪律的约束，也忍受不了由“革命”转到“生产”后所面临的单调生活。军队中派系林立，“肿、散、骄、奢、惰”（邓批评军队的用语）。1977 年 12 月，邓小平在中央军委全体会议上谴责了这些现象，并且呼吁把那些在“文化大革命”中搞“打、砸、抢”的“坏分子”从重要的领导岗位上清除下来，领导班子要抓紧整顿。在此前几个月。他更严肃地指出，军队“遇到敌人进攻还能不能打仗？”“我们的军队人数虽然多，但是素质比较差”。邓小平拿人民解放军过去的光荣历史与当时令人失望的状况相比，自然有他的道理，但是“文化大革命”期间，军队被当成了政治工具，林彪对军队中的所有老干部都残酷镇压，使得军队士气低落，这也是不可否认的事实。政府部门的情况也不好。政府高级部门冗员充斥，许多部委被一些利益集团所把持。许多干部只关心自身的利益，官僚作风严重。这正是 20 年前邓小平在党的八大上所严厉谴责的现象。

从 1977 年夏天到 1978 年年底，邓小平直接负责教育、科技、军事和外交工作。

邓小平是自己要求负责教育和科技事务的。他对这些方面早就有兴趣。1961 年，他主持起草了《教育部直属高等学校暂行工作条例（草案）》，在起草报告的过程中邓小平体会到，提高普通教育水平，是促进科技进步的条件，而科技进步是经济迅速发展的条件。“四人帮”认为，在教育方面，不必重视专业知识和技能的培养。对此，邓小平深恶痛绝。同邓小平一样，“四人帮”也曾经探讨教育与科技、科技与现代化之间的关系。但是他们认为，现代化会破坏他们所提倡的教育，因而是危险的。邓小平对“四人帮”的这种看法深恶痛绝。

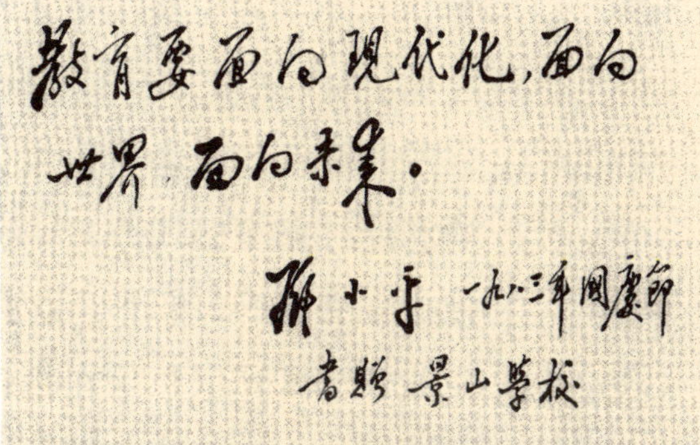

“文化大革命”期间，北京景山学校被诬蔑为“黑学校”“黑样板”。邓小平派教育部负责人到景山学校宣布推翻这一结论。这是邓小平后来给景山学校的题词。

因此，邓小平呼吁恢复和改善各级学校，以培养各种专门人才。他严厉驳斥了“四人帮”的谬论，他说：

> “四人帮”胡说“知识越多越反动”，鼓吹“宁要没有文化的劳动者”，把既无知识又反动的交白卷的小丑捧为“红专”典型，把孜孜不倦、刻苦钻研、为祖国的科学技术事业做出贡献的好同志诬蔑为“白专”典型。这种是非关系、敌我关系的颠倒，一度在人们的思想上造成很大的混乱。

在军队中，邓小平以军委副主席和总参谋长的身份着手整顿他所谴责的不良现象，努力恢复军队的士气和军队的专业化训练。在这方面，他的任务是相当艰巨的。作为一名抗日战争和解放战争时期的军事英雄，邓小平在军队中享有很高的声望。但他周围有几个人在 1976 年 4 月是赞同贬黜邓小平的。其中最著名的是政治局里的三位军人身份的委员汪东兴、陈锡联和原沈阳军区司令员李德生。暂且不谈政治立场，他们也会以为，邓小平指责军队纪律松弛、宗派林立、专业技术水平低，是在批评他们本人。邓因此不敢肯定他们是否会与他合作，支持他对军队进行整顿，清除部队中的林彪、“四人帮”余党。很难判断他们在最初阶段与邓小平合作的情况。

但可以确定的是，人民解放军在1979年春天与越南为期两周的战斗中，表现极差，证明邓小平批评解放军“素质比较差”是正确的。

在对外事务方面，邓小平的表现也很活跃。在对外政策方面，中国也有许多需要改进的地方。1976年，中国没有什么对外政策，有的只是狭隘的排外心理。1976年秋天，毛泽东去世后，苏联主动提出要改善同中国的关系，但遭到了断然拒绝。中国因此陷入了林彪欣赏的对外格局，即对美苏两个超级大国都采取同样的敌对态度。这种态度除了可能给中国带来巨大的军事危机之外，也与邓小平要通过大规模引进国外的设备和技术促进经济迅速发展的雄心不相符。

邓小平和卡特总统在美国总统官邸白宫的阳台上。

1975年年底邓小平下台后，中美之间的谈判就停止了。现在邓小平要重新打开中美之间的大门，与美国进行谈判。由于历史的原因，邓小平不能在台湾问题上有任何妥协退让的表示，也不能停止谴责美国不去抵抗苏联。基辛格说，毛泽东和周恩来是不会允许美国人“既享用茅台又享用伏特加的”。因此，邓小平在台湾问题和地缘政治平衡问题上都持强硬态度。当时的时机对中国很有利。华盛顿方面越来越多的人认识到，承认中华人民共和国是中国的唯一合法政府，实现中美关系正常化，可以牵制苏联，而不至于刺激苏联。苏联此时正在东南亚和非洲实行扩张主义。在实现中美关系正常化问题上，邓小平有很大贡献。他促成了美国总统卡特和国家安全事务助理布热津斯基的中国之行。同国务卿万斯相比，布热津斯基更支持美国同中国亲近。1978 年 5 月他访问了中国，中国的新闻界没有批评他，而一年前万斯访问中国时，则受到了激烈的批评。

1978 年 12 月，中美关系实现了正常化。但中美建交时，美国政府却附带发表了一份声明，声称美国保留向台湾出售武器的权力。但中国方面更看重的是行动，而不是空谈。美国此时已拒绝向台湾出售战斗机。中国的态度越来越明确，首次减少了驻扎在台湾海峡对面的兵力，这是 30 年来的第一次；中共还公开呼吁台湾的国民党政府能够采取理智的办法解决统一问题。

这是一项重大的外交胜利。同时开启了中美更亲密的关系，进一步改善了中日关系（此时日本批准了中日和平友好条约，其中包括一项条款，两国承诺共同反对“霸权主义”），并给驱逐很多华人出境的越南以教训。

上述这一切只不过是邓小平的计划中很小的一部

分。他还有更大的计划，那就是要让全党摆脱“文化大革命”在思想、政策方面所造成的影响，以经济发展代替阶级斗争，把发展经济作为全党的最高目标，并进行大胆的经济改革。事实表明，毛泽东和“四人帮”的估计是对的，邓小平就是要消除“文化大革命”的影响，同时证明他本人1956年所说的阶级对立已经不存在了是正确的。邓小平1956年9月16日说：“资产阶级作为一个阶级已经处在消灭的过程中。”同样的，邓小平也慢慢表现出来，他并不接受华国锋是毛泽东或周恩来的继承人这一事实。

一开始，邓小平很谨慎。1977年7月他复职后几个星期，召开了党的十一届三中全会。[①]会上他只强调毛泽东思想的基本特征是“实事求是”，而避免去提“文化大革命”，他没有明确攻击“两个凡是”，并说华是“英明的领袖”。除了在与一些人私下小范围会谈，他也没有批评华在1978年2月召开的全国人大会议上制定的十年规划。在那一年的春夏两季，他继续强调“实事求是”的重要性，并且说这是毛泽东思想的“基本准则”。1978年9月他才

① 1978年12月召开了十一届三中全会，而1977年7月召开的是中共十届三中全会。——译注

1978年的邓小平。

第一次在同领导层以外的人谈话时批评“两个凡是”。那时，国家的政治气氛已有了很大的转变。

邓小平当然应该对这种积极的改变负责。因为大家也都知道，他积极盼望政治上有一个新的开始。我们不知道他在这一过程中到底主动做了什么，但可以肯定，他一定向他的知己谈及过这种新的开始，也一定向他的亲密战友叶剑英和李先念抱怨过“两个凡是”。在政治局常委会上，他也许更为积极主动地批评了华国锋及其支持者。即使如此，大多数工作还是他的支持者们做的，包括胡乔木和胡耀邦。1978 年 3 月，胡乔木担任了中国社会科学院院长，并立即着手撰写一篇文章，批评 50 年代以来的经济政策。胡耀邦从 1976 年起就同邓小平密切合作，现在则出任中共中央组织部部长。

跟“四人帮”一样，两胡也大量利用新闻媒体。5 月初，胡耀邦安排专门面向知识分子阅读的《光明日报》刊出一篇长文，题目为“实践是检验真理的唯一标准”。《人民日报》随即发表了一篇评论员文章，强

实践是检验真理的唯一标准

本报特约评论员

检验真理的标准只能是社会实践

理论与实践的统一，是马克思主义的一个最基本的原则

（下转第二版）

1978 年 5 月 11 日，《光明日报》刊登的特约评论员文章《实践是检验真理的唯一标准》。

调理论应该接受实践的检验，而不能反其道而行之。华国锋、汪东兴很快就察觉出这些文章对他们的思想地位，也就是他们作为领导人的合法地位构成了威胁。但是，他们无法阻止这些文章的广泛传播，也无法阻止在党和军队的会议上对这些问题进行讨论。

1978 年夏末，这场理论争论转变成为一场政治运动。很多大字报和传单纷纷呼吁要进行各种各样的思想和政治改革，包括要求罢免吴德北京市市长的职务。当时人们普遍认为，吴德是反对邓小平的，而且他应该为镇压 1976 年 4 月的示威运动负责。在这种情况下，邓小平提议召开一次中央工作会议，为中央委员会全会做准备。

11 月 10 日中央工作会议召开时，邓小平在国外。他或许是故意缺席的。但无论如何，缺席对他很有好处。如果他出席会议，就要听取对政治局其他成员的强烈批评，和对中央领导集体的指责，因为他也是这一集体中的一员。他避开了这一切，等到会议需要一位领导人做出结论时，他才出现。

邓小平在 12 月 13 日会议最后一天所发表的讲话中，充分表现出他不推诿、不搪塞的作风。他首先对这次会议所进行的生动活泼的讨论表示满意，认为这是恢复了党的“民主传统”。对于这次会议讨论和解决的许多“有关党和国家命运的重大问题”，邓小平提出了四点意见。它们分别是：所有党员尤其是高级

1978年12月24日，彭德怀、陶铸追悼会在北京人民大会堂隆重举行。图为邓小平在追悼会上为彭德怀致悼词。

领导干部要克服教条主义和本本主义；在党内和人民内部的政治生活中，在经济决策过程中要进一步提倡民主；正确处理在“文革”中犯错误的同志；向前看，及时地研究新情况和解决新问题，尤其要注意研究和解决管理方法、管理制度和经济政策方面的问题。联系思想解放，邓小平再次提到了实事求是，提到（虽只是顺便提到）了关于真理标准问题的讨论。

会议结束前，北京市委宣布了一项重要决定：为1976年4月的“天安门事件”平反。其他的重要决定，则由紧接着召开的中央委员会正式通过。其中最重要的是否定了“两个凡是”的观点，把四个现代化列为“全党工作的重点”，放弃“以阶级斗争为纲”的路线。在邓小平的官方传记中，把第二和第三项决定总结为“政治路线上最根本的拨乱反正”。这是很公正的说法，因为它结束了毛泽东1957年以来所制定的基本的政治路线。

华国锋依然保留了他以前所担任的职务。但他最有力的支持者汪东兴却被免去了中共中央办公厅主任的职务，并由胡耀邦担任重新恢复的总书记一职。陈云再次当选为政治局委员，增选邓小平最坚强的三位支持者邓颖超、胡耀邦和王震为政治局委员。政治局在1975年和1976年指责邓小平的决议也被撤销了。随即开始了平反冤假错案的工作，为彭德怀、陶铸恢复了名誉；当时还健在的彭真和薄一波也得到平反，并复出任职。

同1966年8月“文化大革命”开始时所召开中央委员会会议的情形一样，这次工作会议也是在民众发起运动的背景下召开的。所不同的是，发起这场运动的是年轻的工人和机关工作人员，而不是大中学生。他们的活动是自发的。他们要求政治改革，用共产党的词汇来说，是右而不是左。同红卫兵一样，他们也反对党的权威。但是他们提出这一要求是希望个人能获得更多的社会和政治自由，以及实现政治多元化，而不是像红卫兵一样喜欢斗争、闹事。

这一运动始于11月中旬，最初是在沿西单一条街一段围墙边举行露天集会。不久，这段墙就被称为民主墙，从头到尾贴满了大字报，这是当时国家所允许的一种表达意见的方式。这些大字报批评毛、“四人帮”和“一小撮”不愿为“天安门事件”平反的高层干部，同时颂扬周恩来和邓小平。后来，人们得知华国锋及其盟友在中央工作会议上受到批评的消息，加之军队和警察没有对民主墙的活动进行干预，大字报的作者们越来越大胆了，聚集在民主墙前的人也越来越多。到了11月底，大字报上有关民主与人权问题的讨论成了一大特色，一些大胆的人开始散发传单和报纸。三个月以后，这项运动变得更为激进，有些人甚至到政府机构的门前静坐绝食。抗议运动还向其他许多大城市蔓延，而且对邓小平的态度越来越不友善。

无疑的，在刚开始时，邓小平颇为赞许这项运动。因为它承袭“天安门事件”，推动了真理标准问题的讨论。而邓小平认为“天安门事件”是革命事件，而非反革命事件，这一事件使他成为英雄，使他的政敌成了反派角色。邓小平坚信党应随时了解群众的要求，这是一条正确的原则。但是，随着这一运动的不断深入，他开始察觉到了危险。继续容忍这一运动，可能在政治上对他造成伤害。他政治上主要依靠的是一批在“文化大革命”中受到迫害的人，如陈云、彭真。而这些人一直对党领导之外的政治运动持怀疑态度。另外，这一运动可能会破坏一些社会秩序，而邓小平以为，稳定的社会秩序乃是实现现代化的基础。

邓小平并未急着采取行动。事实上，在拟定现代化的整套政治理论之前，他没有采取任何行动。在完成了他这套理论之后，他发表了一篇演说，这篇演说跟他在1956年向八大所做的报告同样重要，都可视作他个人的政治声明。这篇演说补充了他在 12 月工作会议上所发表的演说，并且提出一些指导方针，而这些指导方针后来都成了中国共产党的指导方针。这些方针集中体现了邓小平思想的精华，因而非常值得我们进行探讨。

邓小平是 3 月底在党的理论工作务虚会上发表这篇谈话的。他首先回顾了逮捕“四人帮”以后的形势，认为粉碎“四人帮”以后的形势基本上是好的，接着谈到了所面临的困难。由于有这些困难，因此实现四个现代化的任务是很艰巨的。邓小平说，他想说的是思想政治方面的问题。接着，他直截了当地谈了自己的想法：

> 中央认为，我们要在中国实现四个现代化，必须在思想政治上坚持四项基本原则，这是实现四个现代化的根本前提。这四项是：第一，必须坚持社会主义道路；第二，必须坚持无产阶级专政；第三，必须坚持共产党的领导；第四，必须坚持马列主义、毛泽东思想。

邓小平接着说，四项基本原则是我们党“长期以来所一贯坚持的”，我们要同怀疑四项基本原则的思潮做坚决的斗争，不论它是“极左”（例如林彪和“四人帮”）的还是右的：

> 现在有一些人散布所谓社会主义不如资本主义的言论。一定要彻底驳倒这种言论。首先，只有社会主义才能救中国，这是中国人民从五四运动到现在六十年来的切身体验中得出的不可动摇的历史结论。中国离开社会主义就必然退回到半封建半殖民地。中国绝大多数人决不允许历史倒退。其次，社会主义的中国在经济、技术、文化等方面现在还不如发达的资本主义国家，这是事实。但是这不是社会主义制度造成的，从根本上说，是解放以前的历史造成的，是帝国主义和封建主义造成的。社会主义革命已经使我国大大缩短了同发达资本主义国家在经济发展方面的差距。

邓小平还解释了为什么在社会主义阶段还要坚持无产阶级专政：

> 我们已经做了大量的宣传，说明无产阶级专政对于人民来说就是社会主义民主，是工人、农民、知识分子和其他劳动者所共同享受的民主，是历史上最广泛的民主。但是我们必须看到，在社会主义社会，仍然有反革

命分子，有敌特分子，有各种破坏社会主义秩序的刑事犯罪分子和其他坏分子，有贪污盗窃、投机倒把的新剥削分子，并且这种现象在长时期内不可能完全消灭。同他们的斗争不同于过去历史上的阶级对阶级的斗争（他们不可能形成一个公开的完整的阶级），但仍然是一种特殊形式的阶级斗争，或者说是历史上的阶级斗争在社会主义条件下的特殊形式的遗留。对于这一切反社会主义的分子仍然必须实行专政。不对他们专政，就不可能有社会主义民主。这种专政是国内斗争，有些同时也是国际斗争，两者实际上是不可分的。因此，在阶级斗争存在的条件下，在帝国主义、霸权主义存在的条件下，不可能设想国家专政职能的消亡，不可能设想常备军、公安机关、法庭、监狱等的消亡。

关于党的领导，邓小平强调没有党的领导就会陷入无政府状态：

离开了中国共产党，谁来组织社会主义的经济、政治、军事和文化？在今天的中国，决不应该离开党的领导而歌颂群众的自发性。党的领导当然不会没有错误，而党如何才能密切联系群众，实施正确的和有效的领导，也还是一个必须认真考虑和努力解决的问题，但是这决不能成为要求削弱和取消党的领导的理由。我们的党经历过多次错误，但是我们每一次都依靠党而不是离开党纠正了自己的错误。今天的党中央坚持发扬党的民主和人民民主，并且坚决纠正过去所犯的错误。在这样的情况下，竟然要求削弱甚至取消党的领导，更是广大群众所不能容许的。这事实上只能导致无政府主义，导致社会主义事业的瓦解和覆灭。

在谈论马克思列宁主义和毛泽东思想的那一段，邓小平划分了毛泽东本人与他的思想，毛泽东本人的思想与毛泽东思想之间的差异：

1979年7月12日，邓小平在黄山同几名女大学生合影留念。

难道不是毛泽东思想才使约占全人类四分之一的中国人找到正确的革命道路，并在1949年获得全国解放，在1956年基本上完成社会主义改造吗？这一系列伟大的胜利不但根

> 本改变了中国的命运，也改变了世界的形势。毛泽东同志同任何别人一样，也有他的缺点和错误。但是，在他的伟大的一生中的这些错误，怎么能够同他对人民的不朽贡献相比拟呢？在分析他的缺点和错误的时候，我们当然要承认个人的责任，但是更重要的是要分析历史的复杂背景。只有这样，我们才是公正地、科学地，也就是马克思主义地对待历史，对待历史人物。如果谁在对待这样严肃的问题上离开了马克思主义，那么，他就会受到党和群众的责难。毛泽东同志的事业和思想，都不只是他个人的事业和思想，同时是他的战友、是党、是人民的事业和思想，是半个多世纪中国人民革命斗争经验的结晶。

邓小平这篇讲话后不久，中国当局取消了西单民主墙。

中共官方 1991 年 8 月的党史指出，邓小平在 1978 年 12 月的中央会全上成为党的领导“核心”。但在 1979 年春天，对邓小平本人和他在政治局内的支持者来说，却绝对不是这种情况。

据一位内幕人士说，在 3 月间一次气氛相当不好的政治局会议上，邓小平就受到批评。当他在会上号召审慎处理民主运动时，他发现，只有少数政治局委员支持他。而且，还有人借着不久前人民解放军在进攻越南时损失惨重一事，猛烈地攻击他。他当时之所以很快而明确地提出四项基本原则可能是因为他觉察到华国锋和他的支持者可能会借民主运动打击他。这不是说，他在那篇讲话中所表达的不是心里话，而是说他发表这篇讲话的时机与讲话的核心内容受到了当时党内斗争的影响。

无论这一说法是否准确，总之 1979 年秋天，华国锋和“凡是”派陷入了守势，其最主要的原因是华国锋提出的十年发展规划在当时已被证明是空想。十年发展规划规定，十年内石油产量要增加 4 倍，钢产量增加 2 倍。然而，当时许多计划中的新油田并没有勘探出来，而要实现钢产量增加 2 倍，就必须进口大量炼钢设备，而当时的中国是负担不起这种进口的。由于增大投资规模，特别是对重工业的投资，导致了通货膨胀，增加了农村的压力，农村要向城市提供更多的粮食。当时担任财政经济委员会主任的陈云主持召开了为期三周的工作会议，决定放弃这一计划，实行“调整、改革、整顿、提高”的方针。历史因此再度重演。“大跃进”失败后，实行了“调整、巩固、充实、提高”的方针，华国锋的“洋跃进”失败后，接着出现的也是几乎完全相同的补救策略，而且前后两次担任挽救任务的都是陈云。

邓小平把这项工作会议的大部分工作都交给其他

人处理，他自己则全心全力处理“四个现代化”的问题，而且他也跟陈云一样坚决认为，华国锋的十年发展计划一定会造成反效果。但他当时最主要的工作是利用政策，而不是制定政策。在当年 9 月和 1980 年 3 月的中央委员会会议上，他施加压力，终于达到他所希望获得的结果。在这两次会议结束时，华国锋在政治局内的四个主要支持者——包括汪东兴和吴德——已经淡出政治局，胡耀邦出任总书记。

在 1980 年当中，邓小平把他的全部精力和心思全都花在处理政府方面的问题上面。他的策略是提出建议，要求党的高龄领导人（包括他自己在内）辞去他们的职位，而由较年轻的人接任。华国锋对这项提议可能多少有所抗拒。但即使如此，也很快被否决了。决定政府高层人事任命的是政治局，而华国锋这时在政治局内已经被孤立。8 月间，他被迫辞去总理一职，丢掉了他在 1976 年争取得来的三项职位中的第一项。

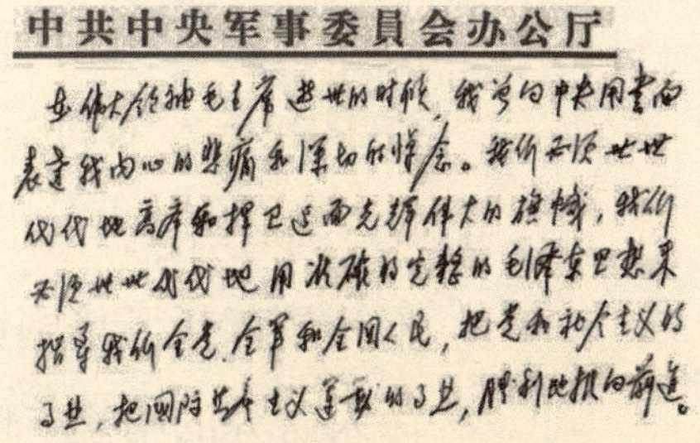
中共中央军事委员会办公厅

在伟大领袖毛主席逝世的时候，我曾向中央用书面表达我内心的悲痛和深切的怀念。我们必须世世代代地高举和捍卫这面光辉伟大的旗帜，我们要世世代代地用准确的完整的毛泽东思想来指导我们全党、全军和全国人民，把党和社会主义的事业，把国际共产主义运动的事业，胜利地推向前进。

1977 年 4 月 10 日，邓小平致中共中央信（节录）。

在名义上，华国锋继续担任中委会和军委会主席，直到 1981 年 6 月为止。但这只是名义上的。1980年11月和12月，在连续举行的九次政治局会议上，华国锋在原则、政策和公共行为方面频频遭到攻击，造成他最后精神崩溃，而主动要求解除他在党内的职务。没有人提出异议，并且由政治局做出决定，由胡耀邦和邓小平实质代理华国锋的职务，直到中央委员会接受华的辞职为止。但不知为了什么原因，中央委员会竟然一直等到七个月后才再度开会。也唯有到了这时候，绝大部分的中国人（以及全世界）方才知道，毛泽东的指定继承人早已经下台。但华国锋的政治生涯还有一段小终曲——他继续担任党的副主席，一直到1982年9月卸任。但在这之后，他的命运跟37年前的王明及博古一样，只保留了中央委员会委员的头衔而已。他从大众面前失去了踪影，报纸上再也看不到他的姓名。

邓小平为什么会对华国锋采取这种态度？邓小平算不算是背叛了华国锋？对这段时期的中国大陆历史做过深入研究的哈里·哈丁博士就是如此认为。或者，邓小平这样对待华国锋是应该的？

从表面上看，不赞成邓小平这样做的人认为，邓小平在1976年10月和1977年4月写给华国锋的信中都曾表示要全力支持华国锋。同时也在第二封信中承认他在1975年犯了错误，这表示他无意在华国锋领导下推动以前受到毛泽东批评的他的那些政策。而赞成邓小平的人则认为，在华国锋同意邓小平复出之前，他就已经明确表示，他无法也不愿意接受“两个凡是”。

在政治上，表面上看到的并不能代表所有的一切。

哈丁还说，邓小平是个有使命感的人。他下定决心，要拯救党和国家，消除那些曾给党和国家带来巨大伤害的思想。当华国锋还是一个党的县级领导干部时，他就已经是党的总书记了。邓小平的同辈和同事大多数认为，他是党和国家需要的领导人。还有，令人不忍苛责的是，他的做法和自从彭德怀于1957年[①]被斗倒以来所流行于党内的权力斗争手法比起来，是相当温和的。例如，他并没有鼓励报纸攻击华国锋本人，而华国锋却在1976年容许报纸攻击邓小平。同时，邓小平在获得胜利后，也不曾坚决要求华国锋做出当年毛泽东强迫彭德怀、刘少奇和他所做的那种屈辱性的自我批判。

①应为1959年，此处作者有误。——译注

从《邓小平文选》处理他在1976年10月和1977年4月写给华国锋的两封信的方式来看，第一封信只是被提到而已，并未选录信的内容，第二封信也只选用了部分内容。由此可以看出，对这件事是有所隐瞒的。

在纠正过去的历史错误方面，1980年和1981年有几件主要的事情：为刘少奇平反，审判“四人帮”，全面评价毛泽东和毛泽东思想，给“文化大革命”定性。

在党内外，刘少奇一直都不是一位特别受爱戴的

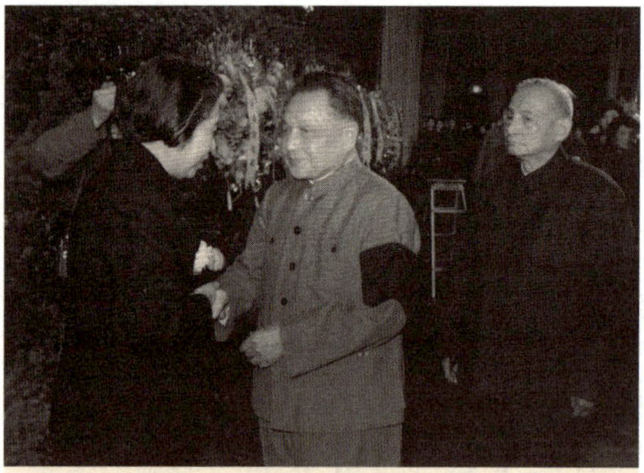
邓小平慰问刘少奇夫人王光美。

领导人。虽然，抗日战争时期他曾担任新四军政委，但在60年代，很多党员认为他不够资格接替毛泽东任军委主席，有些人甚至怀疑他能否胜任党的主席。人们对他在“文化大革命”中的遭遇只是表示遗憾，而不像对待其他受害者那样感到痛心。同为其他人平反相比，诸如，同彭德怀、彭真的冤案相比，他的案子很敏感。为二彭平反不用去否定“文化大革命”，也不必直接去谴责毛发动“文化大革命”的做法。但是，刘少奇的地位很高，他是被当成“叛徒、内奸、工贼”开除出党的，因而为他平反就没那么容易了。

邓小平想为刘少奇平反是因为他想彻底否定“文化大革命”。他准备面对全面评价毛泽东的功与过所造成的后果，而且他也一定认识到，不为刘少奇平反，自己的复出与平反就不彻底。直到1980年2月底，他才促使中央委员会通过了为刘少奇平反的决议，撤销了对刘少奇的一切指控。华国锋当然反对撤销对刘少奇的决议，而且，似乎还有几位党的高级军事领导人，可能包括叶剑英在内也同样反对。同年5月为刘少奇举行了追悼会，被关押了十多年的刘少奇的妻子王光美又重新出现在公共场合。她是一位有知识、有魅力的女性，她的出现预示着一个新的时代的到来，那将是一个丰富多彩、不再充满恐惧的时代。

对“四人帮”、陈伯达以及林彪的支持者的审判是中国共产党在政治实践上的一个创举。斯大林曾把他的政敌送上法庭，东欧的一些共产党领导人也曾经这样做过。但毛泽东从来没有打算让法庭来审判“反党”“反革命”分子。这或许是因为在他的心目中，党的地位远远高于国家；或许是因为他觉得很难像对待谋杀、抢劫犯那样，为反革命分子定罪。邓小平没有这么多的顾虑。事实上，他要明确区分毛泽东所说的“犯错误”和“四人帮”、林彪所犯的“罪行”之间的差别。

对“四人帮”的审判是1980年11月底到1981年1月底在公安部以前的办公地举行的。事先就已经给10名罪犯定了罪，只是将最后的审判程序公开了。被告中只有江青试图为自己辩护，张春桥一言不发，其他八名罪犯或俯首认罪，或把过错推给同伙。江青主要说的是她只是按照毛的指示办事（她说“我是毛主席的狗”），现在审判她的法官当中有许多人和她一样，也参与了对刘少奇的批斗，而且在“文革”期间，法律已失去了作用。她的表现引起法庭内外的阵阵骚动，许多观看电视的人不得不承认她有点精神。

然而，各种文件和口头证词表明，“四人帮”的活动折磨死了成千上万的人。江青对于了解她过去历史的人，都毫不留情地进行了迫害。

江青和张春桥被判处死刑，缓期执行（两年后改判为无期徒刑）。其他罪犯也都被判了很长的徒刑。陈伯达和林彪的一些支持者在80年代被释放，不过此后就不曾在公共场合露过面。

邓小平对所有这一切是否都感到满意，不无疑问。江青不接受她的“罪行”和毛泽东的“错误”应该分开来的说法，而且法官对她的质疑也没有提出合理的回答。她同时也让人觉得，这次审判似乎是夺权成功者利用司法来审判失败者，有点公报私仇的味道。邓小平在后来的谈话和演说中，很少提及这次审判之事。但他对这次审判的过程和后果，一定留下很深的印象，所以，当赵紫阳在1989年被撤去总书记一职时，他就主张，不可以把赵紫阳送交审判。

历史决议完成得比较顺利，这个决议是由胡乔木主持的一个小组负责起草的，决议经过了多次修改，最后才让邓小平对它完全感到满意。邓小平和胡乔木等人至少讨论了九次，主要是讨论毛泽东作为革命领导人的功与过应如何评价的问题。决议的最后定稿文字清晰易懂，用词极为谨慎。

决议的开头首先回顾了1921年至1979年中国革

命的历史，中间部分论述了毛泽东的地位和毛泽东思想的特征：

> 毛泽东同志是伟大的马克思主义者，是伟大的无产阶级革命家、战略家和理论家。他虽然在“文化大革命”中犯了严重错误，但是就他的一生来看，他对中国革命的功绩远远大于他的过失。他的功绩是第一位的，错误是第二位的。他为我们党和中国人民解放军的创立和发展，为中国各族人民解放事业的胜利，为中华人民共和国的缔造和我国社会主义事业的发展，建立了永远不可磨灭的功勋。他为世界被压迫民族的解放和人类进步事业做出了重大的贡献。
>
> 毛泽东思想是马克思列宁主义在中国的运用和发展，是被实践证明了的关于中国革命的正确的理论原则和经验总结，是中国共产党集体智慧的结晶。我党许多卓越领导人对它的形成和发展都做出了重要贡献，毛泽东同志的科学著作是它的集中概括。

《决议》对“文化大革命”的评价非常明确：“1966年5月至1976年10月的‘文化大革命’，使党、国家和人民遭受了新中国成立以来最严重的挫折和损失。”它没有否认毛泽东个人对“文化大革命”应负的责任，指出“这场‘文化大革命’是毛泽东同志发动和领导的”，对于“文化大革命”这一全局性的、长时间的“左”倾严重错误，毛泽东同志负有主要责任。《决议》还分析了毛泽东犯错误的主要原因，以及林彪、江青反革命集团的罪行。《决议》把毛泽东塑造成一个悲剧人物，认为他是自己所犯错误的受害者，周恩来也是：

> 周恩来同志对党和人民无限忠诚，鞠躬尽瘁。他在“文化大革命”中处于非常困难的地位。他顾全大局，任劳任怨，为继续进行党和国家的正常工作，为尽量减少“文化大革命”所造成的损失，为保护大批的党内外干部，做了坚持不懈的努力，费尽了心血。他同林彪、江青反革命集团的破坏进行了各种形式的斗争。他的逝世引起了全党和全国各族人民的无限悲痛。

但这项决议也凸显出很多问题。其中最重要的是，为什么党的其他领导人未能阻止毛泽东发动“文化大革命”。而且它也完全未提到“大跃进”失败后发生的大饥荒。但是它至少取得了同1945年党的历史决议一样的成功。它结束了党内对过去一些问题的争论，正确解释了一些问题，为党今后的正常生活提供了依据。它没有令什么人感到不对劲的地方，在现有的中共领导人当中，也没有什么人想要对它进行修改。

第十三章

国家领导人

（1981—1984）

在 20 世纪 80 年代，中国乃至整个国际社会都一致认定，邓小平是中国的国家领导人。然而，这个地位与他所担任的职务并不相称。他不是党的主席或总书记，也不是政府首脑，更没有像刘少奇一样担任国家主席，他的地位来自他的权威，而这种权威源于他过去的经历、领导才能以及随着时间的推移他作为一名决策者、发言人和设计师所取得的成就。

1982 年 9 月，中国共产党第十二次全国代表大会在北京举行，邓小平主持大会开幕式并致开幕词。

在 20 世纪 80 年代，中国乃至整个国际社会都一致认定，邓小平是中国的国家领导人。然而，这个地位与他所担任的职务并不相称。他不是党的主席或总书记，也不是政府首脑，更没有像刘少奇一样担任国家主席，他的地位来自他的权威，而这种权威源于他过去的经历、领导才能以及随着时间的推移他作为一名决策者、发言人和设计师所取得的成就。

“文化大革命”结束时，1958 年至 1966 年间政治局的七名常委只剩下了邓小平和陈云。那段时间（以及更早以前）陈云的地位一直比邓小平高。但陈云没有邓小平在“文化大革命”初期对抗陈伯达、康生及 1975 年对抗“四人帮”那种声望。他乐于避开众人的注意，在幕后施加他的影响，因而，一般老百姓对他没有太深的印象。其他一些经历过“文化大革命”的高层人物，如彭真、叶剑英、李先念等，都缺少邓小平那种威望和经验。另外，叶剑英比邓小平年长七岁。逮捕“四人帮”前，叶剑英和李先念都表示坚决支持华国锋。倘若他们知道后来要反对华，他们或许会改变当初的做法。

作为一名领导者，邓小平的风格与毛泽东截然不同。毛泽东总是高高在上地与他的同事保持一定的距离，邓小平则和他们打成一片；毛泽东善于掩饰自己，经常隐藏自己的真正感觉，邓小平则尽可能地把自己的观点表述清楚；毛泽东常处理抽象事物，邓小平则喜欢处理具体的事情，即便阐述一些原则问题时，亦是这样。邓小平的领导风范已不仅仅是风格问题。他有远见且实干，他能够并且已经按照自己的思路设计了中国未来的发展蓝图。当一个问题出现时，他不是等待和观望，而是立即采取行动加以解决。他待人严厉但不残酷。政治局对华国锋做出结论后，他没有组织新闻媒体毁坏华的声誉，更没把他投入监狱，1987年年初，他坚持胡耀邦辞去总书记的职务，但允许他继续留任政治局常委。[①]另一方面，在处理曾在1976年那段黑暗的日子中帮助过他的高级领导干部问题时，邓小平也绝不心慈手软。1982年，他要求韦国清辞去人民解放军原总政治部主任一职，因为韦国清安排（或是容许）军方机关报刊出一篇文章，攻击“文化圈的某些负责同志”。在许世友公开表示他反对为刘少奇平反后，邓小平也安排他退出政治局。

与毛泽东和华国锋不同，邓小平坚决抵制建立对他的个人崇拜，他的这一思想可追溯到1956年。他

① 此处有误，应是政治局委员。——译注

允许甚至可以说是鼓励国家出版社以文选的形式出版他的讲话；允许专业和省级出版社出版他另外一些讲话和有关他军事生涯的一些故事。但是，他不允许在公共场所悬挂他的画像或竖立他的雕像，不允许在任何文章或讲话中夸大他的作用。人们总是称他为“邓小平主席”或“邓小平同志”，而不是什么“英明领袖”（如华国锋）或“导师”和“舵手”（如毛泽东）。

作为一名决策者，邓小平有两项优点：他看得很远，而且他规定，所有的计划和提议都应该先试试看行不行得通。就前者来讲，他遵循的是列宁主义传统与中国政治的传统。在其早期的政治生涯中，也曾遵循毛泽东的做法。30 年代，毛泽东主张党和军队要与国民党和日本人进行一场持久战。邓小平则更进一步。他所设定的一些政治和经济目标，有的他生前或许可以看到，有的可以肯定他这辈子根本看不到。例如，他很乐意把 1997 年定为香港回归中国的时间，

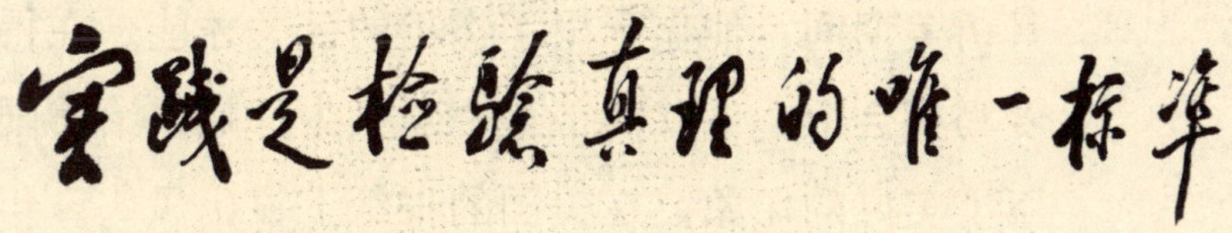

邓小平给《光明日报》的题字。

把 20 世纪末和 21 世纪中叶分别定为党和政府实现经济目标的日期。同多党制国家的政治领导人相比，邓小平有条件把眼光放得更远。但是他不一定非要这么做。许多共产党领导人并没有看得这样远。对可行性进行实验是与邓小平在反对华国锋时使用的口号“实事求是”“实践是检验真理的唯一标准”相一致的。坚持这两个口号并不意味着他放弃了社会主义，而表明在他的思想中，社会主义（以及共产主义）是与繁荣富强相联系的（这是马克思的观点），他要用各种方法来实现这一繁荣富强。他不想让那些没有参与过社会与经济实践只是在办公室中勾画蓝图的人来实现他的计划，也正因为如此，一些非共产主义作家称他为实用主义者，或实践派。

邓小平在国际上的威望来自他所积极参与的外交活动。在这一点上，他远远超过了毛泽东。1978 年，也就是他对华国锋的态度由小心监视转变为公开挑战的这一年，他频繁出国访问。冬天，他访问了缅甸、尼泊尔、泰国、马来西亚、新加坡和朝鲜。1979 年 1 月访美期间，他显示出了杰出的公关才能。在得州的赛马盛会上，他欣然戴上一顶大牛仔帽，给美国人留下了美好的印象，在美国的报纸上很出风头。年底，他出访了日本，再次显示出一位微笑大使的风度，掀起一股“邓旋风”。

之后，邓小平留在国内，但他花费大量时间接待外宾。会见外国元首和政府首脑当然是他的分内事。但他还像以往一样热情接待那些已卸任的政治家，如尼克松、基辛格、希思等。在与来访者的交谈中，他总是引导他们谈一些与其切身利益有关的问题，同时也会向他们透露两三件重要事情，这些事情通常比他在国内的公开谈话深入些。他的坦率与平易近人给大多数来访者留下了深刻印象，有些人则相当欣赏他的智慧。

1980 年 8 月 21 日和 23 日，邓小平两个上午接受意大利记者奥琳埃娜·法拉奇的采访。

在和外宾的谈话中，邓小平一再谈到三个主题。第一，“文化大革命”的动乱已经成为过去，今后不会再发生。第二，中国的发展需要有一个和平的国际环境，中国愿为维护世界和平而努力。第三，中国需要向其他国家学习，但中国要保持政治和经济上的独立。中国不会屈服于任何外来的压力，也不会将自己置于容易受到压力的境地。

随着邓小平在国际上的威望不断提高，他在国内的威望也与日俱增。人们意识到，是邓小平给中国带来了新生，并在国际舞台上占据了一席之地。人们还承认，在国家统一方面，他也取得了重要进展，这一点是毛泽东比不上的。

在 20 世纪 80 年代，中国大陆由两种截然不同的领导人实施集体领导，其中之一是一群年迈的革命领导人，他们自认有监督决策的权力；另外则是一小群较年轻的领导人（不过，也只年轻了半代），他们都是由邓小平挑选出来担任最重要的行政工作。从1982 年到 1985 年，政治局就像一家公司的董事会，大多数董事都不担任行政工作。1985 年以后这一情况有所改变。但是不担任行政工作的政治局委员人数依然不少，不担任行政工作的政治局常委，其人数甚至占多数，而且这种情况一直持续到了 1987 年。

这一类的年迈领导人当中，最重要的有陈云、彭真、李先念和王震。陈云，1905 年出生于上海市郊区，当过商务印书馆的排字工。他和邓小平同一年入党（1924年），1934 年任政治局委员，比邓小平早 21 年。除了“文化大革命”时期以外，他一直担任高层领导。80 年代，随着他五六十年代的许多讲话公开出版，奠定了他经济决策者的稳固地位。但他不仅仅是一名经济学家，他始终坚持列宁主义的观点，在坚持党的领导和党纪方面发挥了重要作用。他也经常扮演杰出的政治角色。在 1977 年和 1978 年的工作会议上，他力主彻底否定“文化大革命”。

陈云老年时的照片，看起来显得有点郁郁不乐的样子。多年来，大家一直听闻他的健康情况不佳，而且，他一年里的大部分时间都住在华南。但他中年时，一点儿也没有郁郁不乐的神情，甚至不会让人觉得阴沉。

他那时经常面带微笑，而且善于用比喻。在50年代，他把社会主义式的计划经济和市场功能比喻成笼子和鸟：如果笼子太小，里面的鸟儿会死掉；但是，如果拿掉笼子，鸟就会飞走。1959年，他把国家经济比喻成是一个“棋盘”，这显示出他很了解，如果每一个地区都专心于提高它本身所能生产的产品产量，那么，全国的经济产能将会大为提高。

80年代，陈云一直积极参加中共中央和中央纪律检查委员会的会议。中央纪律检查委员会是1982年成立的，陈云曾任该委员会的主任。随着时间的推移，陈云对经济结构的变化、宏观经济政策及社会和文化解放的态度日趋谨慎，更加重视控制通货膨胀和保证国家预算的平衡。但如果认为陈云是反对当时一些大的改革，如农村改革，那就错了，陈云的观点，代表了中共党内大多数人的观点。毛泽东逝世后，中共彻底否定了“左”的和极“左”的观点，人们似乎以为陈云也是左派。他虽然被视作左派，但他的资历太深，而且曾经推动过邓小平最欣赏的一些政策，即使不提他和邓小平的深厚友谊，邓小平还是会听他的。

彭真的头顶很圆，嘴巴很大，加上他的红脸膛，使他走到哪里都非常引人注目。同60年代初一样，80年代他与邓小平再度密切合作。一开始，他任顾问，负责党的安全与法律工作，这也是20年前他所从事的工作。后来，他任全国人大常务委员会委员长，成为最高立法机关的负责人。对于邓小平曾在1966年加入指控他的行列，彭真似乎一直没有表示任何不悦。他没有要争当政治局常委，虽然他有资格这样做。彭真的资历很深，但他在政治上始终保持低调，从没有看到过他要坚持某种观点。也许他只是一位尽忠尽职的党务工作者，而不是一位出名的领导者。他的勇气胜过他周围的大多数人，"文化大革命"前的几个月，他曾站出来大胆地与毛泽东争论。

李先念和王震同样赫赫有名，他们都是军队中的强硬派。作为中华人民共和国主席，80年代，李先念会见了许多外宾，坦率、毫无保留地介绍了中国大陆的一些问题，给许多人留下了深刻的印象。一次，他对一位来访的外宾说，在集体耕作的制度下，农民干脆放下农具，转个身子去晒太阳了。[①] 1948年，邓小平和李先念曾在大别山并肩战斗，1958年到1966年又一同在书记处工作，然而他们仅仅是好同事。王震则刚好相反，他是邓小平的知己。1972年和1978年，他两次为邓小平的复出四处游说，邓小平因此欠了他很多人情。不论在北京，或是到外省去视察，人们经常看到邓小平和王震肩并肩公开露面。80年代后期，李先念的身体状况越来越糟，1987年杨尚昆任国家主席后，他很少参与政治活动了。而作为国家副主席的王震则继续施展他的政治才能。

① 1987年5月李先念同玛格丽特女王的谈话。

中国主要的行政工作主要由两个人负责。80 年代中期以前比较有名的是胡耀邦。他 1981 年接替华国锋出任党的主席职务，1982 年 9 月中共取消党的主席之后，改任党的总书记。胡耀邦比邓的身材还要矮小，但却精力充沛。他说话时喜欢做各种手势，这在中国人当中是很少见的。他的革命经历也很辉煌：14 岁时就在井冈山加入毛泽东的部队。长征途中，他任“少共（共青团）儿童局书记”，在一次战斗中还受了伤。抗日战争时期，他任八路军总政治部组织部部长。解放战争时期在邓小平的手下工作。他大约是和邓小平同时调到北京的。之后，任中国共产主义青年团书记，主要工作是为党选拔接班人。“文革”中他被撤职下放，1975 年才重新回到北京，成为邓小平的主要助手。1978 年以前，邓小平就已经决定要胡耀邦成为他在党内的继承人。

后来证明，邓小平选择胡耀邦当继承人并不是很好的选择。胡耀邦工作勤奋，头脑清晰，但个性不够变通，容易冲动。他在党内的声望和分量都不够，在与党内资深领导人打交道时却又不够谨慎。在 1985 年，《人民日报》还特别替他刊登正式的更正文章，因为他在一篇声明中说，马克思是 19 世纪的思想家，所以，马克思所说的话对解决 20 世纪末的中国问题没有任何帮助。1986 年他访问英国，在参观莎士比亚的诞生地史特拉福时，竟然引用雪莱的诗句，令同行的中共官员大感尴尬；同时，他在这次英国之行中竟然没有去参观马克思的墓园，也引来批评。虽然，邓小平一向都是挑选非资深的党员出任总书记，但他那么快就选上胡耀邦，还是令人觉得有点奇怪。他显然没有认真去考虑那些年龄在60岁左右、在“文化大革命”之前担任省级领导人或中央行政官员的其他人选。也许，他是被胡耀邦所表现的自信和活力所迷惑。

第二个人就是赵紫阳。赵紫阳于1919年出生于河南一个地主家庭，比邓小平年轻15岁，比胡耀邦年轻5岁。他在初中毕业后，于1938年加入共产党。1961年任广东省委书记，当时他还很年轻。同那些生产队的负责人相比，他更加同情农民的处境，因而赢得了很好的声誉。“文化大革命”初，他在广州被戴上高帽游街，但70年代初即重新恢复了工作。随后的两年任四川省省长[①]。在任期内，他实验一项新制度，允许工人和农民把国家计划外的产品拿到市场上出售。1980年9月，他被调到北京任国务院总理，填补华国锋下台后的空缺。

跟胡耀邦一样，赵紫阳最后也失去了邓小平对他的信任。

1982年9月，邓小平在中共第十二次全国代表大会开幕词中提出了党在80年代的三大任务：“加紧社会主义现代化建设”，“争取实现祖国统一”，“反对霸权主义，维护世界和平”。[②]他还接着指出

①此处有误。赵紫阳当时担任的是四川省省委书记。——译注

②此处有误。邓小平是在1980年1月16日中共中央召集干部会议上提出80年代的三大任务的。——译注

了到20世纪末要抓紧的四项工作："进行机构改革和经济体制改革"，"建设社会主义精神文明"，"打击经济领域和其他领域内破坏社会主义的犯罪活动"，"整顿党的作风和组织"。在十二大的政治报告中，胡耀邦进一步阐述了上述思想，指出了中国经济建设总的奋斗目标：在2000年时力争使工农业总产值翻两番。他还说："中国决不依附于任何大国或者国家集团"，"决不屈服于任何大国的压力。"

在以后的四年里，中国的政治活动就是集中要实现这三大任务和四项工作。邓小平所扮演的是指导与监督的角色。他同时还负责两项重要的工作：向外国人说明中共所要达成的目标是什么及如何达成这些目标；对所进行的不断改变名称的各项活动，先是称之为"社会主义现代化"，接着称之为"政治与经济体制改革"，或者更宽泛地讲就是对"改革"做出解释。

邓小平的第二项工作分为四个步骤：第一步，确定"社会主义现代化"为中国的奋斗目标；第二步，于1982年提出了"有中国特色社会主义"的概念。他解释说，"中国特色社会主义"就是从"中国实际出发"，"走自己的路"。很明显，提出这一口号的目的是要唤起人们的爱国

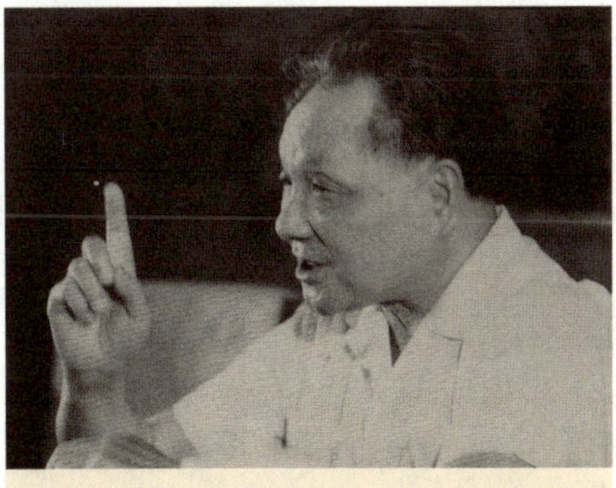

1981年6月29日，邓小平在十一届六中全会闭幕会上讲话，指出通过《关于建国以来党的若干历史问题的决议》，对统一党内思想意义很大。

心；第三步，是在1983年提出了“改革”的思想。这比他（及其他人）以往所说的“调整”要更为广泛和深刻。第四步，是提出了完整的改革理论。这一理论同时涵盖了政治和经济两个方面及二者之间的关系。邓小平认为，政治改革有赖于经济改革，这与马克思经济基础决定政治和文化上层建筑的论断是一致的，但有悖于毛泽东最后20年的理论。邓小平对社会主义本质的描述一直非常谨慎，他没有贸然用符合马克思主义思想的名词给社会主义下一个完整的定义，因而许多党的领导人不太容易准确理解他的思想，当一些外国人说邓小平把中国引向了资本主义时，他们很恼火。

实际上，早在邓小平提出他的改革理论之前，中国的改革就已经开始了。邓提出“有中国特色社会主义”之前，农村改革就已如火如荼。政府提高了农产品的收购价格，冻结了每项产品的收购额度；更重要的是政府恢复了农民以家庭为主从事生产的权力：土地仍归集体所有，但归农民承包使用。根据土地承包合同，农民有长期使用土地的权利，但要向国家和集体上交一部分产品，其余的部分可以卖给国家也可以拿到市场上出售。全国范围内“家庭联产承包制”的实施带来了中国农村的新格局，这一格局既不同于土改后的50年代，也不同于集体化时代。从理论上讲，农民只是不再从事集体劳动，但事实上，长期的土地承包合同（有的长达40年）已足以使农民将自己视为土地的主人。

1983年至1985年，是中国改革的第二次高潮。1983年，中央肯定了家庭联产承包制，并要求在全国范围内推广这一制度（尽管当时有一些农民依然热衷于集体劳动和平均分配）。1984年，中央又进一步提出延长土地承包期至15年以上。1985年，改革了农产品统购统派制度，除个别品种外，国家不再向农民下达农产品统购统派任务，而是按照不同情况分别实行合同订购和市场收购。对农民来讲，这一新制度的最大好处是他们可以自由选择种植利润较高的农作物。农民所承担的风险并不比以往大，因为政府仍保证收购所有剩余的农产品，而且按国家规定的价格或高于市场的价格进行收购。

上述改革措施对农业产量、农民收入和农民的情绪都产生了重大的影响。从1978年到1984年，人均占有粮食产量年递增3.8%（1957年到1977年递增0.2%），棉花产量年增长17.5%（1957年到1977年每年下降0.6%），肉类年增长9%（1957年到1977年年递增1.7%）。从1965年到1978年，农村人均消费只增加了三分之一，而从1978年到1986年几乎增长了三倍。80年代中期的中国农村，堆满了准备盖新房用的砖、水泥和沙石。许多农户购买了自行车、收音机。在不到十年的时间里，中国农村已

邓小平不但是义务植树的倡导者，也是义务植树的积极实践者。图为1982年3月12日，第一个全民义务植树日，邓小平带领家人和身边工作人员到京西玉泉山参加义务植树活动。

从贫穷、落后步入了小康社会，一个人生产的粮食可以养活四个人。

工业、商业和计划体制的改革是在中共十二大以后。1984年10月，中央通过了一个很长的决议，对这三项改革做出了具体规定。会上，改革派希望完全脱离苏联模式，反对派则引用陈云的比喻，希望给予笼中的鸟儿更多自由，但仍坚持把鸟关在笼里。由于决议的全文是两派人马在争议不下后所做的妥协，所以，文字显得相当暧昧不明。尽管如此，1992年以前，中国的改革一直据此进行。

城市工业和商业改革的核心是要扩大企业的自主权。对计划管理体制的改革主要是缩小了指令性计划的范围，扩大了指导性计划和市场调节的范围；实行政企分开，简政放权。价格改革主要是建立了三种价格体系，即国家统一定价、浮动价格和自由价格。很快，一种商品就出现了两种（甚至三种）价格。同时出台的上述三项改革措施造就了许多新的市场，有黑市也有白市。改革搞活了企业但同时也削弱了中央政府对企业产品的种类与销售的控制，国有经济的作用受到了影响。一些省开始利用手中新掌握的权力在属于国家所有的大型厂矿生产本省需要的产品，限制与他省的产品交流，宁愿花大价发展某些工业以满足本省的需要，也不从其他省份购进。一些工厂把产品卖给了新的客户，使老客户找不到所需的产品。由于国家预算出现了很大的赤字，再加上财政部和中央银行对信贷的控制不严格，因此出现了自50年代以来最严重的通货膨胀。工农业生产的确发展很快，但物价水平也上涨得很快。1984年一直保持平衡的银行信贷，1985年和1986年却出现了严重的赤字。

在上述改革中邓小平没有起多大的作用。1979年他提出要建立经济特区，在特区中实行优惠政策以吸引国外的投资者。在以后的几年里，他一直专注于此事，除此之外，几乎把所有的工作都交给了其他人。1984年10月，在会见参加中外经济合作问题讨论会的全体中外代表时，他对此做了解释。他说："在经济问题上，我是个外行，也讲了一些话，都是从政治角度讲的。比如说，中国的经济开放政策，这是我提出来的，但是如何搞开放，一些细节，一些需要考虑的具体问题，我就懂得不多了。"

政治改革则不同。邓小平在这方面绝非外行人，而且，在这方面也只有他有足够的权力提议进行重大的变革。

邓小平对政治改革的态度经历了三个阶段。1978

年到 1982 年是第一阶段。在这一时期，他主要致力于恢复被“大跃进”和“文化大革命”破坏的 50 年代的政治体制。即重新界定党、军队和政府的职能，限制党和军队的作用，加强政府部门的作用；重新恢复与八个民主党派的统一战线（1949 年他们都表示赞成共产党的领导）；恢复人民代表大会的立法权；引进并宣传法制观念。在社会方面，取消数百万人身上的阶级和政治标签，让昔日的地主和资本家成为国家公民；为大批“右派”“走资派”和被戴上各种各样帽子长达 20 年之久的人平反摘帽。

根据这些改革，党和军队都撤出政府单位。在过去，党和军队单位通过庞大的系统，控制人民的生活隐私。在“文化大革命”期间，城市人的业余生活被当作“资产阶级”情调取消了。现在许多人又重新开始了养花、集邮等活动。普通市民只要不对政府进行挑衅，就可以安定地生活。

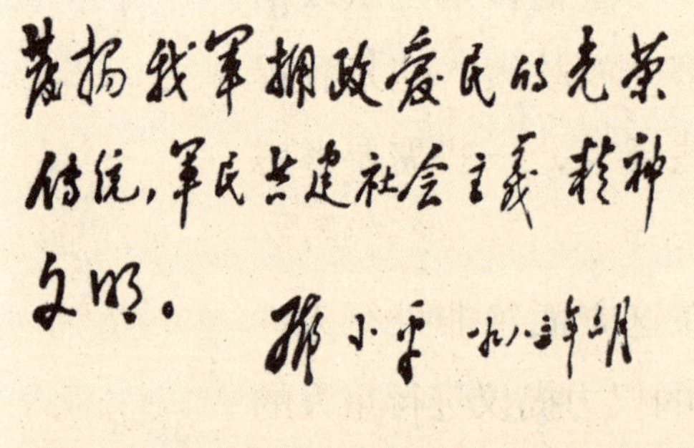

1983 年，河北、天津、北京等地相继开展共建精神文明活动。这一新生事物很快引起了邓小平的关注。这是邓小平为军民共建精神文明展览的题词。

第二阶段是从 1982 年到 1986 年。在这一阶段，邓小平主要致力于党和国家机构的年轻化。1982 年当选的中央委员当中，只有极少数老人和激进派，但是 28 位政治局委员却几乎全是 70 多岁的老人，其中有 18 人参加过50年前的长征。

1984年和1985年，邓小平花费了大量的时间和精力，劝说那些年迈的老同志退休。结果他成功了。政治局又恢复到50年代初期的面貌。全体委员当中，不是相当杰出的老人（例如陈云），就是行政首长。那些退休的老人则参加了中顾委。该机构是1982年成立的，专门用来安排这些资深的老革命。

邓小平还鼓励党内的老党员集体退休。1984年，大约还有200万名1949年以前参加革命的老党员在工作。但是到了1986年，他们当中有三分之二的人退了休。退休后，他们依然领取全额工资，享受各种福利和特权，诸如住房和用车等。在政府机构，部长和省长的退休年龄是65岁，其余高级官员的退休年龄是60岁，但也有少数例外。

第三阶段始于1986年。在这一阶段，邓小平提高了政治改革的目标。他重新提出了以前说过的一些建议。其中之一就是，党的各级领导干部必须更具革命化、年轻化、知识化和专业化。他还指出，党管得太多，使得很多工作重复、机构重叠，妨碍了政府部门的工作效率，使得很多专家无法对经济发展做出贡献，另外，他还提出新的命题，必须发扬“社会主义民主”，让更多的人参与基层单位的管理与决策。但是，真正所实施的改革并不多，人们对政治改革的反应并不强烈。新闻媒体的形式虽活泼和多样化了，但是，没有政府的批准，新的出版物还是不能发行。从1986年夏邓小平与外宾的谈话看，他本人希望更进一步地推动改革，并且希望能得到党内老同志的同意。但是同年9月召开的中央全会，并没有就政治体制改革问题达成任何协议，而是集中讨论了文化和思想问题，且措辞稳健。直到1987年中共第十三次全国代表大会，邓小平才使大会做出决定，把政治体制改革列为全党的工作目标。但是，即使如此，当时也并未对政治体制改革应如何进行、进行到何种程度做出明确规定。

在谈到文化和思想上的一些问题威胁到政治与社会秩序，以及建设社会主义精神文明时，邓小平坚持了正统的学说。他以为，“坚持社会主义，坚持党的领导”才是先进思想的核心，他从精神和物质两个方面解释了社会主义的优越性。“我们为社会主义奋斗，不但是因为社会主义有条件比资本主义更快地发展生产力，而且因为只有社会主义才能消除资本主义和其他剥削制度所必然产生的种种贪婪、腐败和不公正现象。”关于先进的文化，邓小平以为核心是要拥护社会主义制度，在社会主义制度下，人们有理想、有道德、有文化、有纪律，摒弃了“一切向钱看”和资产阶级及其他一切剥削阶级腐朽落后的东西。邓小平是以道德标准来衡量文化的，这一点颇具中国特色，具有讽刺意味的是邓小平所提倡的道德与16、17世纪欧洲中部和北部传教士所宣传的道德以及随着资本主义和资产阶级的兴起西方许多历史学家所提倡的道德非常相似。

邓小平本人还非常关注打击犯罪活动。他的这一态度取决于他对道德要求的严厉观点。1983年，党和政府进行了大规模的打击犯罪活动，清查、逮捕各种罪犯，并严惩这些罪犯。有几千人被判处死刑。在一些地区，是公开对罪犯实行死刑的。但是，邓小平对此并不满意。两年后，他在一次政治局会议上对这个问题发表了很严厉的谈话：

> 死刑不能废除，有些罪犯就是要判死刑。我最近看了一些材料，屡教屡犯的多得很，劳改几年放出来以后继续犯罪，而且更熟练、更会对付公安机关了。对这样的累犯为什么不依法杀一些？还有贩卖妇女、儿童，搞反动会道门活动，屡教不改的，为什么不依法从重判处？当然，杀人要慎重，但总得要杀一些，涉及政治领域、思想领域的问题，只要不触犯刑律，就不受刑事惩处，不涉及死刑问题。但是对于严重的经济犯、刑事犯，总要依法杀一些。现在总的表现是手软。判死刑也是一种必不可少的教育手段。

邓小平还是一位外交天才。在处理对外事务方面，他大胆突破了毛泽东的观念和做法。对于全球是否能够继续维持和平，他不像毛泽东那般悲观，而是持比较乐观的态度。他在谈到中共对世界一些地区性冲突和内战的态度时，开始主张和平解决，而不再一味鼓励进行革命；在谈到中国的对外经济政策时，他主张“对外开放”，而不是自给自足。他也放弃了列宁主义的一些观点，指出中西方建立经济关系，不但不会引发战争，反而会造成彼此的相互依赖，促进双方的友好合作。

虽然，在1978年以后的几年当中，他在口头上依然支持毛泽东关于三个世界的理论，但从他分析问题的方法与行动看，他对这一理论的兴趣越来越淡了，到了最后，他甚至不再提及这一理论。他的谈话更像某个正宗的西方外交家的传统观点。他说，一个国家与其他国家交往的目的是为了自己国家的安全和增加自己的财富。

邓小平认为，80年代中国所面临的最大威胁依然来自苏联。但这种威胁已不是入侵中国或使用原子弹，而是对中国实施战略包围。1979年圣诞节，苏联出兵阿富汗，并在短短几天之内，投入了10万多兵力。80年代初，越南甚至更偏向苏联，它提供了两个港口供苏联太平洋舰队使用。在邓小平看来，这是“霸权主义”行径，也就是苏联的进攻政策，目的在于建立苏联在亚洲地区的霸权力量，削弱美国和中国的力量。

但不管如何，由于中国已恢复了法律和秩序，经济改革也进行得很顺利，另外邓小平认为苏联的对外扩张已到了极限。因此，他深信，中国已比以往要强大一些，不必再过分依赖美国了。恰好这时，美国对台湾要求军事援助又持新的同情态度，所以中美关系一度陷入了紧张状态。这种紧张状态是从 1981 年 1 月里根就职到 1982 年 8 月中美双方就禁止美国向台湾出售武器达成协议为止。

中美双方就上述问题所进行的谈判共持续了 6 个月，最后达成了一项措辞严厉的协议。在此期间，中国方面多次批评了美国的对外政策，特别是对台政策。这一协定构成了中美关系的新框架。在这一框架内，中美关系不再取决于中苏关系或美苏关系，而是基于中美双方的实质利益，它给了中美双方，尤其是中国更大的自由活动空间。但也使得中国在以后要注意保持两方的平衡：一个是要想保持政治上的独立，那么势必经济的发展速度就要放慢，而要想加速经济发展，在政治上就要更多地依赖美国。另一个是实行开放政策，势必就要面对西方的思想观念，这可能会导致政治上不稳定，而关起门来，就无法接触西方的科技知识。从 1982 年以来，中共一直努力保持两方面的平衡。

与此同时，在不损害国家利益的前提下，中国也向两个超级大国提出了要求。关于中苏关系正常化，中国提出了三个条件：减少苏联在中苏边界与外蒙方的驻军；苏联从阿富汗撤军；放弃对越南的政治军事援助。随着国际形势及苏联国内形势的变化，中国没有做什么，上述三个问题就得到了解决。

中国对美国的要求是严格遵循有关中美关系的三个文件，即 1972 年周恩来与基辛格签订的上海联合公报；1978 年和 1982 年分别签订的中美关系正常化公报和禁止向台湾出售武器的协定。对于强迫美国遵守这三个文件，中国并没有太多的办法。但同样，美国的决策者也不能忽视他们的要求。因为中国在联合国安理会拥有否决权，而且，她是一个人口众多的大国，在国际事务中是不能忽视的。

邓对世界其他地区的态度既不是四海一家，也不是单纯仇外。他欢迎所有的来访者，但并不以为他们比自己的人民更有道德或更有智慧。他与外宾谈话时，有时候会很强硬甚至不客气，但有时也很幽默。1986 年 10 月他欢迎来访的英国女王时说："感谢你大老远跑来看我这位中国老头子。"

1979 年 1 月 31 日下午，邓小平在华盛顿接受美国广播电视界采访，回答记者们的提问，高度评价访美头两天会谈的成果。

毛泽东是一位热情的爱国主义者，但他对收回香港和澳门这两块英国和葡萄牙的殖民地缺少兴趣。他只是偶尔轻蔑地提一提香港报纸对中国政治的报道，但他并没有制订计划要收回这两块地方。

1967年夏天，也就是“文化大革命”的第二年，北京和广东的激进派给香港的工会首领下达命令，要他们起来反抗殖民政府，以此引发香港的劳工罢工，使香港陷于混乱。但没有证据显示，毛泽东对此有任何指示，或者是曾经鼓励他们这样做。英国政府拒绝接受示威者的最后通牒后，一伙暴徒冲进了英国驻华代办处，放火烧了一幢房子，但这似乎也与毛毫无关系。

邓小平恰好相反。他把国家统一看作首要任务。一开始，他主要考虑的是台湾问题。1981年他告诉美国一个参议员代表团，中国统一后，台湾可以保留自己的社会和经济制度，甚至还可以保留自己的军队。同年9月，叶剑英提出了“九条方针”，具体补充了邓小平的这一提议。“九条方针”的关键是两点：第一，台湾可以作为中华人民共和国的一个特别行政区，享有高度的自治权；第二，台湾的社会经济制度不变，生活方式不变，同外国的经济文化关系不变，私有财产、房屋、土地、企业所有权、合法继承权和外国投资不受侵犯。台湾当局和各界代表人士也可以“担任全国性政治机构的领导职务，参与国家管理”。[1]

紧接着，中国方面又根据叶剑英的这九条提出“一

① 1981年9月30日，全国人民代表大会常务委员会委员长叶剑英发表的关于大陆和台湾实现和平统一的九条方针政策。

国两制”的概念。邓小平并没有说是他提出这一概念的，也没有人正式将其归功于邓。但大家都认为这是邓的概念，邓小平本人经常把它挂在嘴边；而当外国人把它说成是邓小平的概念时，也没有任何一位中共官员表示反对。

叶剑英的“九条方针”提出后，国共双方并没有进行谈判。台湾的权威人士表示，台湾的政策不会改变，台湾不会与中华人民共和国进行协商，也不允许台湾人与大陆人来往。然而，不管官方的反应如何，80 年代以后，两岸之间各种形式的民间往来还是逐渐增多，贸易迅速增加。台湾对大陆的投资，特别是对福建省的投资迅速增加。1987 年以后，在北京或其他一些城市，人们经常可以见到来自台湾的旅游团，而且两岸之间最终实现了通邮。

在香港和澳门问题上，则取得了很大进展。经过一系列的外交活动，最终签署了正式协议。在香港问题上，英国人首先采取了行动。1979 年 3 月，香港总督麦理浩首次向中国方面提起了这个问题，他说根据英国和清政府签订的租约，英国向中国租借的新界地区（约占香港殖民地的 92%）的租期，将于 1997 年 6 月 30 日的前三天到期。但是在香港前途未确定之前，这项租约将无法延续，因此造成了英国政府的困扰。中英双方就这个问题进行了探讨，其结论是在各方预料之中的：中国方面不同意

1982年9月24日，邓小平在人民大会堂福建厅会见撒切尔夫人。

1997年以后续约。因此，香港的前途问题列入了中英双方的议事日程。双方先在各自的国内进行了探讨，接着又共同进行了探讨。

1982年1月，英国掌玺大臣艾金斯访问了北京。根据后来刊登最终协议的白皮书记载，当时中共领导人向他详细说明了中共对香港的政策。白皮书上说，这些政策证实了英国女王政府的观点即应该同中国政府进行谈判。9月，英国首相撒切尔夫人访问北京，中英双方开始了正式会谈。她不同意中方谈判代表以及邓小平本人对香港的看法。因为他们认为19世纪清政府与英国政府签订的割让香港和九龙的条约是不平等的，因而是无效的。但是她同意他们的另一个看法，即外交谈判应以维护香港的繁荣稳定为共同目的。双方随后发表了简短的联合声明，但并未提到双方谈判要达成何种协议，甚至也没有提谈判的基础。一开始他们只是在不影响香港安定的情况下进行谈判的。

谈判本身拖延的时间很长，内容复杂、敏感，从而影响到了港人的信心。英国政府最初的立场是，愿意把香港的主权交还中国，以换取对香港继续行使管理权。但中国方面很快就表明了自己的立场，绝不接受1997年以后英国政府以任何形式继续管理香港。因为从法理上讲，中国政府从没有将香港的任何主权交给英国，只不过是在履行其所承担的使命，所以，英国人继续统治香港，对中国没有任何好处。从政治上讲，中国政府不能同意英国政府继续管理香港的理由，正如1984年6月邓小平对一批香港客人所说的："我们相信香港人能治理好香港，不能继续让外国人统治，否则香港人也是决不会答应的"。

针对中国方面的这一立场，英国政府提出，"除了英国继续管理之外，任何行得通的有效措施，双方应该在有条件的基础上进行讨论，以维持香港的繁荣与稳定，并进一步探讨……中国对香港前途的看法……以便看出，在这种基本的安排下，是否能够确保香港持久的安定与繁荣"。

随后，双方开始进入实质的谈判。

经过漫长的谈判，中英双方终于在1984年就香港问题达成协议。9月26日，双方谈判代表团团长撒切尔夫人和赵紫阳分别代表本国政府在北京草签协定。邓小平出席了草签仪式。1985年5月27日，中英互换各自的立法机构批准的文件，协定从当天起正式生效。

事实表明，邓小平对中英两国关于香港问题的谈判给予了极大的关注。1984年出版的《邓小平文选》

中，有7篇涉及中英谈判和“一国两制”问题。由此可见，他对这一问题是非常重视的。他本人10月间在中央顾问委员会第三次全体会议上的讲话中也提到，1984年他只做了两件事，其中之一就是用“一国两制”的方式解决香港问题。中方谈判代表向英方谈判代表透露，邓小平有时要求他们汇报一下谈判的进展情况。

邓小平在会见外宾时，也经常提到中英谈判。他的谈话主要集中在三个方面。第一，他希望“一国两制”这个思路可以延伸到某些国际问题的处理上。1984年7月他对英国外交大臣杰弗里·豪说：“我们提出‘一个国家，两种制度’的构想，也考虑到解决国际争端应该采取什么方法。”第二，这一思路适用于香港和台湾，因为这两个地区人口不多，让它们继续保留资本主义不会影响中国其他地方的社会主义。12月，在同撒切尔夫人会谈时，他重申了这一点：

> 我还想请首相告诉国际上和香港的人士，“一国两制”除了资本主义，还有社会主义，就是中国的主体、十亿人口的地区坚定不移地实行社会主义。主体地区是十亿人口，台湾是近两千万，香港是五百五十万，这就是个十亿同两千万和五百五十万的关系问题。主体是很

大的主体，社会主义是在十亿人口地区的社会主义，这是个前提，没有这个前提是不行的。我们相信，在小范围内容许资本主义存在，更有利于社会主义。

第三，是关于爱国主义。1984 年 6 月，邓小平会见香港工商界访京团和香港知名人士时指出：

港人治港有个界线和标准，就是必须由以爱国者为主体的港人来治理香港。未来香港特区政府的主要成分是爱国者，当然也要容纳别人，还可以聘请外国人当顾问。什么叫爱国者？爱国者的标准是，尊重自己民族，诚心诚意拥护祖国恢复行使对香港的主权，不损害香港的繁荣和稳定。只要具备这些条件，不管他们相信资本主义，还是相信封建主义，甚至相信奴隶主义，都是爱国者。我们不要求他们都赞成中国的社会主义制度，只要求他们爱祖国，爱香港。

然而，有一点令人感到费解。中英会谈期间，中国代表强烈表示，香港方面不能组成一个单独的党派，也不同意所谓“三条腿的凳子”的说法。这是因为在他们看来，香港是中国的一部分，解决香港问题是中国的权力。另外，港人的一些做法也令他们失望。一部分人对“收回香港”是全体中国人的“共同愿望”持怀疑态度。但是，邓小平却注意到了三方面的利益。他在1984年10月同中央顾问委员的谈话中，在随后与撒切尔夫人的谈话中，都提到了这个问题：

1986年6月20日，邓小平会见香港知名人士李嘉诚。

采用和平方式解决香港问题，就必须既考虑到香港的实际情况，也考虑到中国的实际情况和英国的实际情况，就是说，我们解决问题的办法要使三方面都能接受。如果用社会主义来统一，就做不到三方面都能接受。勉强接受了，也会造成混乱局面。即使不发生武力冲突，香港也将成为一个萧条的香港，后遗症很多的香港，不是我们所希望的香港。所以，就香港问题而言，三方面都能接受的只能是“一国两制”，允许香港继续实行资本主义，保留自由港和金融中心的地位，除此以外没有其他办法。

第十四章

天安门

（1984—1989）

1989 年春天，席卷中国大陆各大城市——不仅只有北京而已——并因而动摇全国基础的一项大运动发生了。导致 1989 年学生运动的一项事件，是事先不可能预料到的：胡耀邦在 4 月初参加政治局的一项会议时，突然心脏病发作，一个星期后，在 4 月 15 日，胡耀邦去世了。到了 4 月 15 日傍晚，北大学生已经在校园的树上挂上白色花环，并在墙上贴上大字报。第二天，其他大专院校也群起效法。4 月 17 日星期一，几百名学生从北京西北郊区的大学区游行前往天安门广场，并在人民英雄纪念碑下面拉开悼念胡耀邦的挽联。

邓小平检阅三军部队。

1984年10月1日，伴随着隆隆的鼓乐声，中华人民共和国成立35周年庆典在北京举行。50年代，每年5月1日和10月1日，毛泽东和他的战友们习惯在天安门城楼上检阅从东到西经过天安门广场的游行队伍。沿用这一惯例，邓小平和他的亲密同事们，这天也在天安门检阅了游行群众。游行共进行了三小时。游行队伍前面是各个不同兵种组成的男女方阵，最后是载有弹道导弹的卡车，中间是工人、农民、学生和知识分子代表组成的队伍。队伍有大有小，人们大多都围绕在造型生动的彩车周围，徐徐地经过广场。由200多人组成的军乐队奏响了国歌，紧接着是各种革命进行曲。广场上，一个由青年人组成的方阵里反复展示各种图案，由图案构造显示出当时的一些口号。游行结束时，成千上万只气球腾空而起。整个游行进程十分规范，有条不紊，远远超过50年代的情景。那天的北京，天空晴朗。整个队伍的秩序、色彩，与摄人心魄的声音相汇合的场面，深深地打动了国外观光者们的心，给人以邓小平时代的中国正在蒸蒸日上的印象。

像毛泽东当年一样，邓小平在游行开始前也发表简短的演说。随后，他打破惯例，站在敞篷车上，检阅即将游行的部队。他身穿军装，向所检阅的每一支部队敬礼。部队中不断响起“首长好”的声音。刚过完 80 岁生日才六个星期的邓小平，站在缓行的设有扶手的汽车上约 15 分钟。他的精力和气魄，与后来发生在这里的许多事一样，令观光者终生难忘。

在讲话中，邓小平充满了信心，或者说是必胜的信心。关于中国的情况，他讲道：

> 35 年前，我国各族人民的伟大领袖毛泽东主席，在这里庄严宣布中华人民共和国的成立。他宣告：我们中国人从此站立起来了。35 年来，我国不但完全结束了旧时代的黑暗历史，建立了社会主义社会，也改变了人类历史的进程。特别是中国共产党第十一届三中全会以来，由于彻底纠正了“四人帮”反革命集团的倒行逆施，恢复和发展了毛泽东同志的实事求是的思想方法，陆续实行了一系列适合新情况的重大政策，全国的面貌更是焕然一新。在全国实现安定团结、民主法制的基础上，我们把进行社会主义现代化建

设放在一切工作的首位。我国的经济获得了空前的蓬勃发展，其他工作也都得到了公认的成就。今天，全国人民无不感到兴奋和自豪。

对于国家未来的前途，他也同样充满信心。他说：

党的十二大提出，到2000年，我国的工农业年总产值，要比1980年翻两番。最近几年的情况，表明这个宏伟目标是能够达到的。当前的主要任务，是要对妨碍我们前进的现行经济体制，进行有系统的改革。同时，要对全国现有的企业，进行有计划的技术改造。要大大加强科学技术研究工作，大大加强各级教育工作，以及全体职工和干部的教育工作。全党和全社会都要真正尊重知识，真正发挥知识分子的作用。这样，我们就一定会逐步实现现代化。

并且邓小平很骄傲地提到和英国就香港问题所达成的协议，他同时宣称“我们主张对我国神圣领土台湾实行和平统一”，他认为这是大势所趋，“祖国迟早总是要和平统一的”。不过，他还提醒“现在国际局势严重恶化”，并号召中国人民解放军全体指战员“务必时刻保持警惕，不断提高自己的军事政治素质，努力掌握应付现代战争的知识和能力”。他还说，和平统一的政策是众所周知和不会改变的，“并且正在深入全体炎黄子孙的心坎”。这最后一句，充分表现出了邓小平对国家和民族的感情，这比以前在任何场合中所讲的还要突出。

邓小平这种自信的心理是有道理的。1984 年，粮食大面积地获得丰收，总产量超过 4 亿吨，创历史的最高纪录。国内工业产值，超过 1978 年以来的任何一年。零售价格在缓慢上升，但速度比 70 年代要小一些。社会上无明显的政治麻烦，也没有任何不满情绪。尽管邓小平也提出严峻的国际形势，但人们也并不担心中国会受到苏联或其他国家的袭击。两年来，众多的海外评论和文章都指出，在世界人口中占有很大比例的中国，已经是充满希望的国家。中英关于香港问题联合声明的发表和中英协议的签订，深受海内外的普遍赞扬。邓小平重申，中国主张用谈判的方式来解决国际争端，中国说话是算数的。这也是为了排除居住在香港领土上 500 多万居民对未来的疑虑而必须做的。

邓小平本人似乎也更受到广大人民的爱戴。在游行过程中，当一队大学生经过天安门时，他们突然打开了一条自制的标语，上面写着“小平您好”四个大字。大学生们以这种朴素的方式，在一定程度上表达了他们的感情和对邓小平的认可。这种事在毛泽东时代从来没有过。许多人通过这件事会想到，如果学生们都满意的话，那么，从社会总体来看，不可能会存在不满情绪。

国庆 35 周年庆典盛况，对中国和中国领导人来讲，都是一个顶点。在这之后不到一年的时间，社会上便出现了明显的不安迹象。一些老干部开始对经济改革所造成的一些后果，对作家、艺术家和出版社失去控制表示不满。学生示威运动再度出现。高级领导人贪污腐化的一系列丑闻被公之于世。新的经济改革措施导致了国民经济出现过热的现象。

对改革成果持否定态度的人批评说，不应该在农村废除国家统购制度，由于统购制度的废除，使许多农户从粮食生产转向经济作物的生产。他们坚决反对缩小计划经济的范围，并大胆地断言，社会主义需要把计划经济放在第一位。另外一些人对在自由的知识界中所表现出来的、对社会主义的方式及其价值持否定态度的现象表示不安。然而，对于众多的批评，邓小平没有做直接的答复。他在讲话中明确地表示，改革绝不能停止，更不能改变方向。并说，他坚信党有能力解决在改革过程中必然会出现的所有问题。他说："当然，在改革过程中，难免带来某些消极的东西。只要我们正视这些东西，采取针对性的坚决步骤，问题是不难解决的。"

在党的代表会议召开的同一个月，学生在北京举行示威抗议。他们的人数很少，而且，活动范围局限在大学校园内。但这些示威活动的出现显示出，自从“文化大革命”结束以来，大致平静无声的学生们，现在再度出现不安的情绪。这也显示出，学生们再度对政治感兴趣。

学生们在抗议活动中抱怨他们所处的环境和前途，说他们被迫在拥挤、不舒适的环境中生活与工作，而且，他们很多人在毕业后将被分派从事一些待遇低且无法发挥他们才能的工作。他们也抱怨外国尤其是日本的经济侵略，和一些高级领导人和他们的家人所享受的特权，以及高干们的贪污腐化。

腐败行为确实相当普遍与严重。1985 年上半年，官方曾发表一篇社论，表示对这一弊病的担忧。此文或许受到一些领导人的支持。社论详细地披露了几个重大的典型案件。这些典型案件大多发生在海南一带。海南属于广东的一个海岛，在那里，许多官员都参与了一种倒卖外国进口产品的活动。他们将国家计划内的进口产品转卖给内地官员，然后由内地官员再转卖给用户，从中牟取暴利。他们利用官方的外汇配给，获取大量的外汇收入。所涉及的货币总量以及产品的数目十分巨大。1984 年 1 月至 1985 年 5 月之间进口汽车的总数为 9 万辆，摩托车 12 万辆，电视机近 300 万台，立体收音机 25 万台，总价值约 6 亿美元。最后，这些进口物品的绝大多数都流入了内地。

在党的上层机构中发现了这类丑闻，引起对建立“经济特区”构想的抨击，逼得最积极推动此构想的邓小平不得不出面宣称，中国大陆最大的经济特区——位于香港边界的深圳经济特区，只是实验性的。然而，最令老百姓不满的是，政府对涉及这类案件的领导人的惩罚并不那么严厉，最多只不过是降级而已。

到了1985年年底，城市居民最关心的，已经不是贪污，而是通货膨胀。他们时刻谈论着这个问题，甚至超过了腐败问题。出现通货膨胀是由于1984年农产品收购制度的重大调整，使1985年城市商品零售价格迅速上涨。官方最终公布的零售价格的通货膨胀率为9%。但是实际的商品价格，包括肉类和蔬菜的上涨比率比官方公布的高得多。如何抑制通货膨胀当时已成为一个政治问题。有些国内外学者建议，宜采用固定价格制来扭转和节制国内经济运行。

1986年的政治麻烦就更多了。胡耀邦及其党内领

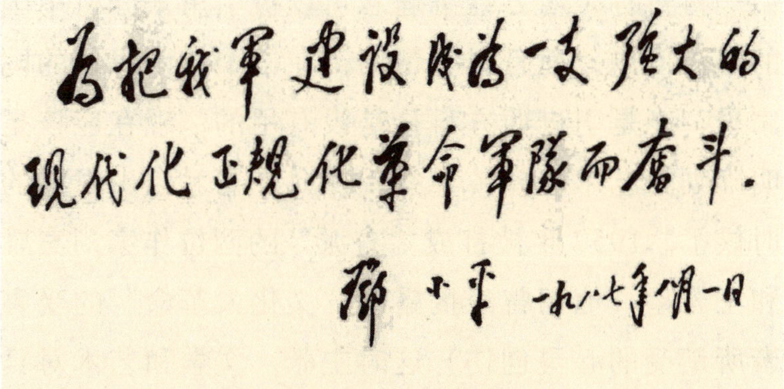

1987年，邓小平为中国人民解放军建军60周年的题词。

导层中的支持者发起了加速经济改革和全面开放的运动，引起了党内和社会上一些人的不满。要了解是什么原因促使胡耀邦加速经济改革，以及在党内究竟发生了什么样的争论是不容易的。因为加速改革以胡耀邦的失势而告终，他在这一年来的讲话也未被编入官方的文献内。但随着时间的推移，一些事情逐渐清楚了。在一段时间内，胡耀邦主张在政治生活中增加一定程度的自由主义。对于这一点，在邓小平所提拔的人选中，从来没有一个人持有这种特殊的见解。

从 1986 年年初起，中央就开始讨论起草一份对思想与文化领域的决议，胡耀邦这个三人小组就力争要使这一决议在语调上呈现出自由主义的味道。然而，9 月通过的文件却是一个放开和限制条文都有的混合物。它使读者不明白，究竟要放开多大的程度，是否可以宣传非马克思主义的思想。

在各种学术讨论会、座谈会和报纸杂志上，他们一再辩称，西方经济理念可以被引用来分析中国的经济问题，而且很有帮助；在一个控制思想的国家里，光是引进西方科技是没有用的；现在应该是明确划分艺术与宣传界线，并允许艺术自由发展的时候了。1957 年被打成“右派”的两位作家刘宾雁和王若望（他们曾经揭露了“文化大革命”的受害者所遭受的心灵创伤）这时主张，文学和艺术对真实生活的描绘与从苏联引进的所谓“社会现实主义原则”无关。

在政治上，最大胆的行为出自方励之。他是著名的天体物理学家，安徽省合肥市中国科技大学副校长。他开始给大学生们灌输人权思想。他的讲话被制作成录音带，在各大学轮回播放。他认为，人生来就有不可剥夺的权利，包括享受民主的权利。政治权是人民赋予政府的，而不是相反。这是具有爆炸性的思想。

邓小平对这类言论采取了两种反应。一方面，他反复强调1985年以来所实行的路线，反复强调对中国政治统一和社会安定的最大威胁来自“右”的资产阶级自由化。其次才是“左”的教条主义和宗派主义。9月，在党的十二届六中全会上，谈到文化和意识形态的问题时，他尖锐地批评了资产阶级自由化思潮。他说：

> 反对资产阶级自由化，我讲得最多，而且我最坚持。为什么？第一，现在在群众中，在年轻人中，有一种思潮，这种思潮就是自由化。第二，还有在那里敲边鼓的，如一些香港的议论，台湾的议论，都是反对我们的四项基本原则，主张我们把资本主义一套制度都拿过来，似乎这样才算真正搞现代化了。自由化是一种什么东西？实际上就是要把我们中国现行的政策引导到走资本主义道路。

> 这股思潮的代表人物是要把我们引导到资本主义方向去。所以，我多次解释，我们搞的四个现代化有个名字，就是社会主义四个现代化。我们实行开放政策，吸收资本主义社会的一些有益的东西，是作为发展社会主义社会生产力的一个补充。

另一方面邓小平就政治体制改革问题发表了谈话，他集中谈了政治体制改革，而很少涉及民主与法律问题。1986 年 6 月，在一次正式的政治局常委会上的讲话中，他谈到党和政府的关系这个老问题。他说，属于法律范围的问题，要用法制来解决，由党直接管不合适。法律范围的问题应该由国家和政府管。党要善于领导，不能干预太多，应该从中央开始。这样提不会削弱党的领导。干预太多，搞不好倒会削弱党的领导。11 月，他设计出了一个政治体制改革的方案。11 月初，他在会见日本首相中曾根康弘时说，政治体制改革要向着三个目标进行：第一个目标是始终保持党和国家的活力。这里说的活力，主要是指领导层干部的年轻化；第二个目标是克服官僚主义，提高工作效率。第三个目标是调动基层和工人、农民、知识分子的积极性。在经过整个夏秋之间的思考之后，他强调，改革的目的是要加强和改善党的领导，而不是削弱党的领导。9 月，他在与一些党的领导干部谈话时，明确表示不考虑西方的模式。他说："在改革中，不能照搬西方的，不能搞自由化。"

邓小平关于自由化与改革的这些看法，并未被广为宣传。这一点使人十分不解。其后果是，至少有一部分人会产生这样的印象：不管党中央对思想和文化的决议怎么说，在政策的贯彻执行中，是要放松党对政治和文化生活的控制。不少人认为或希望，党已不再坚持四项基本原则了。1983 至 1984 年冬，反"精神污染"的迅速搁浅说明，那些老革命宣传家已是一股失去效能的政治力量。

在这样的政治气氛下，大学生们再一次活动起来。先是合肥方励之的那个大学爆发了示威游行，很快，上海、北京和其他地方的 20 所大学纷纷响应。他们大多数的要求与他们自身的利益有关，但也有很多的要求与政治有关。他们表示强烈不满的是，他们用民主选举的方式产生的学生代表，在进入地方人民代表大会时，受到上级的歧视，并遭拒绝。很快，许多学生开始用大字报的方式（现在是不合法的），表达他们的不满情绪，并在大字报和小字报中揭露官方对国民所采用的民主选举活动的敌意，认为这一做法是有违真正民主的。

一开始，邓小平对这次学生游行没有发表任何讲话。三个星期以后，12 月 30 日，邓小平才做出了明确的指示，他不赞成学生游行。在一次中央领导人参加的会议上，

1986年9月28日，邓小平在中共十二届六中全会上讲话，强调在决议中写进“反对资产阶级自由化”的必要性。

他提出，要严格执行关于游行示威的新规定，并主张将方励之、刘宾雁和王若望开除出党。（“他们狂妄到极点，想改变共产党，他们有什么资格当共产党员？”）邓小平再次对资产阶级自由化提出了批判。他说：

> 反对资产阶级自由化至少还要搞二十年。民主只能逐步地发展，不能搬用西方的那一套，要搬那一套，非乱不可。我们的社会主义建设，必须在安定团结的条件下有领导、有秩序地进行。我特别强调有理想、有纪律，就是这个道理。如果搞资产阶级自由化，就是再来一次折腾。搞资产阶级自由化，否定党的领导，十亿人民没有凝聚的中心，党也就丧失了战斗力，那样的党连个群众团体也不如了，怎么领导人民搞建设？

由于学生们被禁止在公开场所抗议示威，所以不管游行队伍走到哪儿，都会被警察包围。只要他们一发表演讲，就会被武警以卡车或汽车送回校园。1987年1月初，学生们放弃了他们煽动性的活动，没有达到任何目的。到头来他们的一些头头被逮捕审问或处罚。凡是上街参与游行的学生都留下了心灵的痛苦。而且这样的学生人数，远比邓小平所分析的要多得多。方励之、刘宾雁和王若望按正常方式被开除了党籍。方励之离开了合肥，调到北京天文台一个技术部门工作。

在政治上，学生运动所造成的最大影响，是胡耀邦被迫下台。邓小平和其他老一辈领导人批评胡对这次事件没有采取得力措施，胡耀邦因此被迫在 1 月中旬的政治局扩大会议上提出自我批评，并自动辞去总书记一职。他在会上的谈话全文并未对外公布，但根据另一份文件的记载，他在会上承认犯了一连串的错误。他被允许暂时保留政治局常委的身份。但他却在会后不再公开露面，也中断和外国友人的联络。根据 1989 年的一项传言，他搬出中南海的办公住地，住到外面的一栋四合院建筑里，大部分时间都在研究清史。赵紫阳获选代理总书记，这可能是邓小平提议的，也可能是邓的支持。

胡耀邦的下台，完全破坏了邓小平对他之后党和政府人事的全盘安排。自从 1982 年 9 月的十二大以来，国内外都一致认为，胡耀邦将一直担任总书记，而邓小平和他的那些年老领导同志们将逐渐减少他们的政治活动。现在，邓

1985 年 6 月军委扩大会议期间，邓小平接见各大军区司令员、政委。军委副主席杨尚昆一一向他介绍。邓小平看到这些年富力强的同志，高兴地说：“好啊，年轻化了。”

小平必须再找个接班人，可是这次合适的人选并不多。老一代的领导人年纪太大，而年青一代中，赵紫阳缺乏在党中央工作的资历，而且他和胡耀邦曾一起工作过，所以，他很可能得不到那些年迈领导人的信任。当时担任第一副总理的李鹏，年龄不到60岁，有很好的行政资历，但他也缺乏党务工作经验。

邓小平本人也经常向外宾谈到经济改革和政治改革这两种改革的目的，以及它们彼此的关系。他的语气充满信心，好像他已经摆脱前年冬天的那场惊吓，也没有显示出智力老化的迹象。相反，他在思想理论领域里还获得很多新的突破，是他在过去几年当中所比不上的。他这时已经82岁，在接见外宾时，经常表现出怡然自得的神情，给很多外宾留下深刻印象。

他的谈话主旨是：

> 改革一定不能缩水，也不能向后退。政治改革是必需的，目的在清除经济改革的障碍；经济改革也是非进行不可，如此才能加速开发中国的生产能力（生产力）；而开发国家生产力正是消除贫穷（这是社会主义的最终目标）的不二法门。在阐释他的这一思想时，他没有忘记攻击资本主义。

例如，1987年4月，他在接见西班牙工人社会党一名高级干部阿方索·古耶拉（Alfonso Guerra）时，就对他发表了这样的一席谈话。他说，如果中国全盘西化，并走上资本主义道路，那中国就不可能实现现代化，因为中国所要解决的问题，是如何使十亿人摆脱贫穷，并获得繁荣；如果在中国大陆实行资本主义，则可能只有不到百分之十的人会致富，其余百分之九十多的人口仍将永远一贫如洗。他说，如果发生这种情况，那么大多数的人将起来进行革命，所以，唯有实施社会主义而不是实行资本主义，中国才能实现现代化。

邓小平也经常说明他为什么反对西方民主，他的主要论点并不是用正统的马克思主义观点来分析的，西方式民主会造成“资产阶级专政”，而是说，如果在中国实施西方式民主，将会产生许多不必要的过激的政治运动。他在接见南斯拉夫共产主义者联盟中央主席团委员斯特凡·科洛塞克（Stefan Korosec）时，对这一点阐释得最有力量。

他说：

资本主义社会的民主是资产阶级的民主，事实上，就是独裁式的资本主义民主，而不再是多党选举或是三权分立制。我们可不可以实行这种制度？……我们的制度是在党领导下的全国人大和人民式的民主，社会主义制度的最大优点是，当中央领导做出决定后，可以立即执行，不会受到任何其他部门的干预。

1987年10月底举行的党的第十三次全国代表大会（十三大）是一件大事。邓小平在会前就已经示意，他不想再被选入中央委员会，所以他的名字并未被列入候选人名单中。另外多位年老领导人也是一样，包括陈云和彭真。由于不再是中央委员，所以，邓小平也就没有资格被中委会选举进入政治局或政治局常委会。但是，他还是再度被选为军事委员会主席。据说，邓小平本来也想从军委会主席一职上退下来，但到最后关头才被劝说留任（中共党章规定，军委会主席至少一定是中央副主席，因此，中委会特别修改这条规定，才能任命邓小平出任军委会主席）。事实上，邓小平再度担任中央军委主席，幕后的原因是，军委会的那些老一辈军人不欢迎没有军事背景的人出任他们的主席，而邓小平本人又不愿让军方人士出任这个职位。

另有三位资深老干部也获选出任重要的职位：陈云成为中央顾问委员会主任，薄一波出任副主任，杨尚昆则成为军委会常务副主席。杨尚昆这个职位是新设的，从而使赵紫阳出任中央军委第一副主席（这是邓小平坚持的）。

根据政治局常委会的建议，新选出的中央委员会在第一次全会中做出决定：邓小平虽然已经退出中央委员会，但他的党与国家领导人的地位并没有改变。中共官员在1987年秋天一再向外宾强调，邓小平仍然是中国的“最高领导人”，而且在十三大结束后所出版的邓小平官方传记中，也清楚记载了中委会的这项决定。

在1988年当中，很少有人谈到资产阶级自由化或是精神污染等问题。当时，在党和政府的秘密会议上，以及一般社会大众所最常谈到的问题，是通货膨胀——原料和消费品物价仍然快速上涨。

当时担任代总理的李鹏，在向全国人大提出的报告中承认，这个问题相当严重。他在报告中指出，中国当前在经济与社会生活中所面对的最重大问题是，物价的过度上涨，而且，在某种程度上来说，这个问题已经影响到人民生活水平的改善，甚至已经降低某些城市居民的生活水平。他说，物价改革正按照既定计划“一步一步”进行，但他也提到增加供应与抑制需求的一些措施，同时也宣布一些主要物品的价格上限。他没有提出当时的通货膨胀率是多少，但大家都知道，很多消费品的通货膨胀率已经超过20%。

物价飞涨使人们争先恐后抢购物品，以免物价上涨得太快，而供货商看到这种情形，也开始囤积商品。这种情形造成恶性循环，物价愈涨愈凶。到了那年夏末，抢购消费品已经成为上海等大城市每天常见的市景，银行也开始出现抢兑人潮。

党采取两项步骤对付这项危机。8 月间，政治局决定，虽然应该继续进行“价格解放”政策，但财政与金融政策应该紧缩。9 月间，中央委员会冻结物价改革，并且通过决议，把“改善经济环境和矫正经济秩序”列为 1989 年和 1990 年的施政指导方针。

在这个过程中，邓小平究竟扮演什么样的角色，并不清楚。

1989 年春天，席卷中国大陆各大城市——不仅只有北京而已——并因而动摇全国基础的一项大运动发生了。

导致 1989 年学生运动的一项事件，是事先不可能预料到的：胡耀邦在 4 月初参加政治局的一项会议时，突然心脏病发作，一个星期后，在 4 月 15 日，胡耀邦去世了。

到了 4 月 15 日傍晚，北大学生已经在校园的树上挂上白色花环，并在墙上贴上大字报。第二天，其他大专院校也群起效法。

4 月 17 日星期一，几百名学生从北京西北郊区的大学区游行前往天安门广场，并在人民英雄纪念碑下面拉开悼念胡耀邦的挽联。

胡耀邦的追悼大会在人民大会堂举行，时间是 4 月 22 日，正好是他去世后一周。包括邓小平在内，大部分的党领导人都出席了这次追悼大会。赵紫阳宣读对胡耀邦的悼念文，高度赞扬了胡耀邦的功绩，丝毫未提及胡耀邦所犯的错误或缺点，也没有提到造成他下台的原因。

在人民大会堂外面，将近十万名学生在广场上或站或坐，每当有参加追悼会的官员到达或离去时，他们就高喊口号，但其余时间则很安静。这些学生都是在前一天晚上排着整齐的队伍抵达广场，并获得追悼大会主办单位的保证，只要他们在追悼大会进行期间留在广场内，就不会对他们采取行动。但他们并未获准进入人民大会堂向胡耀邦遗体告别。

邓小平可能花了好几天时间思考“学运”的问题。4 月 25 日，他明确地对学生运动表态，而他的态度也就成为官方对“学运”立场的基础。当天，李鹏和杨尚昆（他这时是国家主席和军委会常务副主席）一起到邓小平家中，向邓小平报告政治局前一天晚上开会的情形。

政治局这次会议的情况显得相当神秘。赵紫阳前往朝鲜进行正式访问，因此，这次会议就由排名第二的李鹏召开与主持。

邓小平在听完李鹏的报告后，表示他同意政治局所做的决定，并且进一步提出他自己的看法：这次学运不是普通的学生闹事事件，而是一次政治动乱，目的在制造混乱，以便否定党的领导和社会主义制度。

《人民日报》在 4 月 26 日发表一篇题为“必须旗帜鲜明地反对动乱”的社论，文中引用邓小平的几句话。社论中说，如果允许“一小撮人”继续利用民众对胡耀邦去世的哀思来闹事，将使全国陷入混乱中，并将毁掉人民的希望。

从5月15日到18日，苏联总统戈尔巴乔夫访问北京时，情况更是糟糕。原先安排好的接待计划，包括在天安门广场对戈尔巴乔夫举行正式的欢迎仪式，都被迫取消。戈尔巴乔夫不但没有在礼车引导下，坐车风风光光地行经街道两旁挂满两国国旗、忙碌而和平的北京市，相反，他必须在重重军队的保护下，坐车穿过虽然友善但显然已不受官方控制的混乱人群。

在天安门广场上，为了欢迎戈尔巴乔夫而悬挂的他的画像，早已被学生取下，改而挂上胡耀邦的画像，并有一大群学生对着他的车队挥舞长挽联，挽联上的文字内容是欢迎他以改革和开放的创始人身份来访，并且质问，中国的戈尔巴乔夫在哪里？

邓小平和戈尔巴乔夫见了两次面，一次在人民大会堂，一次在接待戈尔巴乔夫的晚宴上。两人相谈甚欢。但两人一定也对当时的混乱情况表示遗憾，邓小平一定也对未能好好接待这位斯大林与赫鲁晓夫的继承人，表示抱歉。但更令邓小平感到惊讶的，一定是这个事实：全世界的新闻媒体代表（包括几百名新闻记者和几十名摄影记者）所感兴趣的，竟然是露宿在人民大会堂台阶下的那一群对政治表达不满的学生和他们的所有活动，而不是大会堂内的活动；吸引他们

1989年6月，邓小平接见首都戒严部队军级以上干部。

注意力的竟然是学生们的标语和挽联，而不是意义如此重大的他和戈尔巴乔夫的握手。

5月上旬，学运的规模愈来愈大，而且气氛愈来愈激烈。学生成立一个正式组织，每天发行报纸，并在5月13日开始在天安门广场绝食抗议。

赵紫阳，在5月19日清晨四点前往天安门广场探视学生，并对学生说，他“来晚了”，请求学生原谅，从那时候起，赵紫阳就不再公开露面。根据一项官方说法，赵紫阳拒绝参加当天举行的中央与北京市党政军干部大会，而李鹏则在会上宣布，将采取坚定的行动对付一切动乱，揭露“极少数人”的政治阴谋。这项官方说法说：“因此，他（赵紫阳）公开显示和党脱离。”

北京在5月20日早晨宣布实施戒严，国务院的戒严命令是由李鹏签署的。接着又很快颁布三道命令。第一道命令禁止游行、示威、罢市、罢课与罢工；第二道命令授权军队和安全部门在必要时可以使用武力处理状况；第三道命令禁止所有新闻记者（中国或外国记者都包括在内）在未获官方许可下进入戒严地区报道或摄影。这些命令所显示的意思相当明显——党和政府已经下定决心结束学运，驱散学生。但在这个阶段，对政府来说，比较不确定的是，要是“学运”

真的解散了——这时候，学生内部一些领导人的立场已经开始出现分裂，同时，也有一些学生父母哀求学生们回家，还有很多知识分子呼吁学生结束抗争。

军队终于在6月3日晚上至4日凌晨这段时间进入北京。

6月9日，邓小平在电视上露面，这也是他自戈尔巴乔夫访问北京以来的首次公开露面。电视的新闻报告中显示，邓小平在戒严部队指挥部，向戒严部队军级以上干部讲话。这时，戒严部队已经控制北京城内所有重要建筑物和重要路口。

邓小平首先对在冲突中死去的军人、武警与公安警察的烈士，表示沉痛哀悼，对受伤的官兵与警察表示慰问。接着，他要求在场所有的人起立替“这些烈士”默哀。

邓小平接着对戒严部队的这些军级以上干部指出，这场风波迟早都会发生。他说：“这是由国际的大气候和中国自己的小气候所决定的，是一定要来的，是不以人们的意志为转移的，只不过是迟早的问题，是大小的问题。”

邓小平接着又指出，党的这些年轻战士完成了他们的任务，而且“在生命危险面前，他们没有忘记人民，没有忘记党的教导，没有忘记国家利益，面对死亡毫不含糊，慷慨赴死，从容就义”。他说，这些军人证明了，军队是“党和国家的钢铁长城”，“我们永远也不要忘记，我们的敌人是多么凶残，对他们，连百分之一的原谅都不应有。”

邓小平在接下来的谈话中，完全谈到他的政治与经济计划，好像他是在某项工作会议上向一群党或政府官员谈话，而不是向一群参加战斗的军人讲话。他很详细地回顾了中共自 1978 年以来的政治历史。他提出了好几个问题，然后自己一一加以解答，最后则问到，党的十三大制定的路线方针政策——也就是所谓的“一个中心、两个基本点”，“一个中心”是指“以经济发展为中心”，“两个基本点”是指“四个坚持”和“改革开放”——是不是错了？当然，他的答案是可以想象得到的：这些路线方针政策是正确的，没有错。

邓小平后面这一部分的讲话内容，并没有引起国外人士的太多注意。然而，从他的谈话中可以看出，他敏锐的政治头脑仍然在活动中，并且正在严密提防可能降临在他身上的两项危险：他的很多同志可能把造成“学运”的原因，归咎于他的改革政策；赵紫阳的失势，可能使得这一战略容易受到他人的攻击。这也同时显示出，邓小平的政治方法并没有改变，他仍然采取先发制人的办法，但当时全世界都不知道，他的这项谈话竟然藏着这么多的玄机。

第十五章

可敬的老人

（1989—1993）

邓小平说他的身体仍旧很好。应该说，没有任何理由怀疑这一事实。但是，看上去他忽然间显得老了许多。就身体状况来说，他选择这个时候退休是正确的。退休后他是如何打发时间的呢？人部分时间他是和孩子们在一起。他的孩子们大多也是中年人了。他似乎与小女儿邓榕的关系最亲近。1992 年 10 月，在第十四次党代会上扶着他走进会场的就是她。邓小平继续打桥牌，还是与他的老牌友一起，包括万里和杨尚昆等人。他偶尔也接见外国来访者。1989 年秋，他会见了基辛格和朝鲜的金日成。

勇往直前。

毛泽东选定的三位接班人，刘少奇、林彪和华国锋，两位已经去世，一位下台。邓小平所挑选的第一位接班人胡耀邦，也去世了。6月底，李鹏向中央委员会上提出了“赵紫阳同志在反党、反社会动乱期间所犯的错误”的报告，对赵紫阳未能坚持“四个坚持”与反对资产阶级自由化，提出严厉的批评，并说这次动乱的发生，他（赵紫阳）有着“难以逃避的责任”。在组织方面，赵紫阳的命运跟邓小平在1968年和1976年所遭遇的完全一样。他被撤销中央委员的身份，也因此丧失了以中央委员身份出任的所有职务，只是在他的名字之后加上“同志”二字，允许他保留党籍。从此以后，他完全销声匿迹了。时不时地他也打一两次高尔夫球。1992年曾有传闻，说他有复职的可能，但在秋末，中央委员会公布不改变对他的处理，这一谣言不攻自破。

除赵紫阳本人失去在政治局和国务院的领导职务之外，其他几位中央委员也被给予降职处理，胡启立失去了他在中央政治局和书记处的职务。政治局常委名单中增加了三名新常委：江泽民、宋平和李瑞环。江泽民担任总书记。

江泽民是一位未在预料中的人选。像李鹏一样，他原来也是一位技术工程师，20 世纪 60 年代至 70 年代在许多技术部门工作过。江泽民看起来比较和蔼可亲，笑口常开。他从小在上海长大，所以兴致来时，也会唱唱英语老歌。他也很喜欢 20 世纪 40 年代的美国电影。年轻时，为了逃避国民党军警搜查共产主义分子，他曾藏在校长汽车的行李箱里逃出校园。江泽民坚决反对资产阶级自由化，非常关注经济的发展。

李瑞环是一位年轻活跃的人物。1958 年他曾经因为用 8 个月的时间完成人民大会堂的修建工程，而获得“青年鲁班”的美名。他担任过天津市市长，是一位极富想象力的、能干的市长，他好像是一团火，谈话也不死板。他鼓励海外对天津投资，这一点让他引起众人对他的关注。他的提升与江泽民一样，反映了邓小平要坚持进行改革开放的决心。

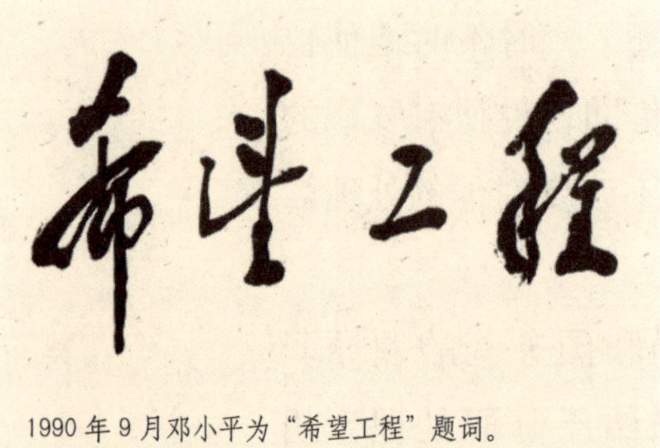

1990 年 9 月邓小平为“希望工程”题词。

中央委员会后两个月，邓小平没有接受其他人的劝阻，准备辞去中央军委主席一职。但是有一点是明确的，邓小平离开工作岗位并非是完全放弃政治。邓小平很明白地声明，即使他完全退下来，也还要继续为党和国家工作。他十分清楚，在一个一党制的国家中，领导人离开办公室之后的命运有两种可能：一是成为元老级领导人，一是远离政治环境。作为一位具有70多年政治生涯的领导人，即使完全退休，党和国家的领导人也还会向他请教各种问题。

邓小平同志致信中央政治局
请求辞去中央军委主席职务
退下来以后将继续忠于党和国家的事业

新华社北京十一月九日电　邓小平同志请求辞去中央军委主席职务的信

中央政治局：

我向中央请求辞去现在担任的中共中央军事委员会主席职务。

一九八〇年我就提出要改革党和国家的领导制度，废除干部领导职务终身制。近年来，不少老同志已相继退出了中央领导岗位。一九八七年，在党的第十三次全国代表大会召开以前，为了身体力行地废除干部领导职务终身制，我提出了退休的愿望。当时，中央反复考虑我本人和党内外的意见，决定同意我辞去中央政治局常委、中央政治局委员、中央顾问委员会主任的职务，退出中央委员会和中央顾问委员会，决定我留任党和国家的军委主席的职务。此后，当中央的领导集体就重大问题征询我的意见时，我也始终尊重和支持中央领导集体多数同志的意见。但是，我坚持不再过问日常工作，并一直期待着尽早完成新老交替，实现从领导岗位完全退下来的愿望。

党的十三届四中全会选出的以江泽民同志为首的领导核心，现已卓有成效地开展工作。经过慎重考虑，我想趁自己身体还健康的时候辞去现任职务，实现夙愿。这对党、国家和军队的事业是有益的。恳切希望中央批准我的请求。我也将向全国人民代表大会提出辞去国家军委主席的请求。

作为一个为共产主义事业和国家的独立、统一、建设、改革事业奋斗了几十年的老党员和老公民，我的生命是属于党、属于国家的。退下来以后，我将继续忠于党和国家的事业。我们党、我们国家和我们军队所取得的成就是几代人努力的结果。我们的改革开放事业刚刚起步，任重而道远，前进中还会遇到一些曲折。但我坚信，我们一定能够战胜各种困难，把先辈开创的事业一代代发扬光大。中国人民既然有能力站起来，就一定有能力永远屹立于世界民族之林。

邓小平
一九八九年九月四日

邓小平的辞职信。

在辞职信中，邓小平说他的身体仍旧很好。应该说，没有任何理由怀疑这一事实。但是，看上去他忽然间显得老了许多。就身体状况来说，他选择这个时候退休是正确的。退休后他是如何打发时间的呢？大部分时间他是和孩子们在一起。他的孩子们大多也是中年人了。他似乎与小女儿邓榕的关系最亲近。1992 年 10 月，在第十四次党代会上扶着他走进会场的就是她。邓小平继续打桥牌，还是与他的老牌友一起，包括万里和杨尚昆等人。他偶尔也接见外国来访者。1989 年秋，他会见了基辛格和朝鲜的金日成。

邓小平仍旧关心国际事务。民主德国、捷克斯洛伐克、罗马尼亚共产主义制度在1989年至1990年的崩溃，坚定了他的看法，中国应该振作起来反对西方企图推翻世界社会主义的联合运动。邓小平看到了国际形势变化对中国的影响，1990年年初，他告诫人们说：

> 每个人都应该清楚，在目前的国际形势下，敌人的所有矛头将会对向中国。他们会利用各种借口制造麻烦，增加我们的困难和对我们的压力。不管怎样，中国需要稳定，稳定，再稳定。对我们党和国家来说，以后的三至五年将是相当困难的，但也是至关重要的。如果我们垮下了，中国的历史将会倒退几十年甚至一百年。

邓小平和中国新的党和国家领导人就是以这种态度来看待西方国家1989年以后对中国进行的制裁的。

邓小平相信，西方资本主义世界已制定了对整个共产主义世界实行“和平演变”的策略。邓小平主张中国在外交上要采取谨慎的态度。他提出要善于利用时机解决发展问题。在国际上要冷静观察、稳住阵脚、沉着应付，做好自己的事情，实现奋斗目标，而不要搞意识形态领域的争论。

邓小平的观点受到重视。由于执行了邓小平的思想，中国又重新取得了优势。西方对中国的经济制裁宣告失败，西方的部长们又开始对中国进行访问。1992年，杨尚昆在北京接待了笑容满面的叶利钦。耐心与谨慎外交策略果然使中国获得了成功。在一些突发事件的影响下，特别是伊拉克入侵科威特，使得西方国家必须在联合国争取中国的支持，中国又恢复了在国际舞台上的地位。

邓小平在经济改革上也取得了胜利。这要归功于他在接见戒严部队军以上干部时的那篇讲话，以及他提拔了江泽民等人。因此，1989年之后，在继续贯彻80年代的政策上没有什么严重的障碍。在农业上仍实行家庭联产承包责任制；计划经济的范围并未扩大；对国外投资者的鼓励政策也没有改变。而且，邓小平还要进一步扩大改革开放，加快改革开放的步伐。

1992年2月7日，邓小平在南浦大桥留影。

由于邓小平不再在党的会议上发表讲话，也很少接见外国访问者，所以要了解他这一时期的思想发展是不太容易的。不过，在1990年年初至1991年年底，他经常与党的高级领导人谈论改革之事。有一点很清楚，就是很多人对他的观点漠不关心或表示反对。1991年春，上海一家报纸发表了一篇阐述他的观点的文章，而一些全国性的报纸甚至不曾提到这篇文章。

1992年年初，他开始到中国的南方视察。视察华中、华南、华东。他的行动很快就被香港报道出去。他在武汉、深圳特区、珠海和上海还发表讲话。很快，他讲话的全部内容和一些引语就出现在香港的报纸、电台和电视节目中。观看香港电视的成千上万的华南观众很快就获得这一消息，不久这一消息又传遍中国各地。

从北京对此事反应的速度来看，中共领导阶层未经过太多的争议就决定支持邓小平的观点了。2月21日，邓小平发表视察南方的最后一次讲话。28日，他讲话的部分内容就以中央委员会文件形式大量下发到各级党组织。

在视察南方的谈话中，邓小平谈到两个大问题：经济发展和政治改革。在发展问题上，他强调“一个中心、两个基本点”的路线是正确的，不能改变，必须大胆地、创造性地贯彻这条路线。在一段讲话中，他说出了一段在思想上有重大突破的话。这段话即使胡耀邦这个当年最激进的改革者听了也会大吃一惊。他说：

> 计划多一点还是市场多一点，不是社会主义与资本主义的本质区别。计划经济不等于社会主义，资本主义也有计划；市场经济不

等于资本主义，社会主义也有市场。计划和市场都是经济手段。社会主义的本质，是解放生产力，发展生产力，消灭剥削，消除两极分化，最终达到共同富裕。就是要对大家讲这个道理。

邓小平同样批判了那些对经济改革持批评态度的人。他说：

现在，有“右”的东西影响我们，也有“左”的东西影响我们，但根深蒂固的还是“左”的东西。有些理论家、政治家，拿大帽子吓唬人，不是“右”，而是“左”。“左”带有革命的色彩，好像越“左”越革命。“左”的东西在我们党的历史上可怕呀！一个好好的东西，一下子被他搞掉了。“右”可以葬送社会主义，“左”也可以葬送社会主义。中国要警惕“右”，但主要是防止“左”。“右”的东西有，动乱就是“右”的！“左”的东西也有。把改革开放说成是引进和发展资本主义，认为和平演变的主要

邓小平发表南方谈话。

危险来自经济领域，这些就是“左”。

这些话很清楚地表明，对自由化的反应过头了，甚至已威胁到经济发展和全民士气，所以需要阻止这种反作用力。

在政治上，同他过去多次所说的一样，主张搞好社会秩序，要打击各种犯罪活动，排除各种不良的社会现象。要坚持四项基本原则，把青年人提拔到党的领导岗位上来，创造性地使用马克思主义的精髓，“实事求是”。最后，他说：“我坚信，世界上赞成马克思主义的人会多起来的，因为马克思主义是科学。它运用历史唯物主义揭示了人类社会发展的规律。”他还说：“一些国家出现了严重曲折，社会主义好像被削弱了，但人民经受锻炼，从中吸取教训，将促使社会主义向着更加健康的方向发展。因此，不要惊慌失措，不要认为马克思主义就消失了，没用了，失败了。哪有这回事！”

当年夏初，邓小平的讲话在《人民日报》发表后，在中国的政治生活中产生了很大的反响，成了中国政治的转折点。从此，中国的政治形势向着邓小平所希望的方向发展。

邓小平的成功在 1992 年 10 月中共第十四次代表大会上成为定局。江泽民在政治报告中把邓小平比喻成改革开放和中国社会主义现代化建设的总设计师，并指出，大会的任务是把邓小平建设有中国特色的社会主义理论作为指导方针……加速改革、开放和实现四个现代化的步伐。并说，经济体制改革的目标是“建设社会主义市场经济体制”。

大会最后一天，当邓小平在邓榕小心的搀扶下缓慢地经过会见大厅时，他完全体会到了成功的滋味。邓小平没做任何发言，也没待很久。但代表们热烈的掌声说明，人们对这位总设计师的热爱比对舵手毛泽东更胜一筹。代表们将会很想念他。因为，他们知道，邓小平设计的中国现代化是许多人共同奋斗的结果，邓小平理论也是中国共产党人共同创建起的一套基础理论。但是，他们也知道邓小平一直是中国现代化最主要的推动者。如果没有邓小平，中国将会怎么样？确实，在新的领导层中，或者说在全国各地、各个领域，无论在声望、经验还是在能力方面，没有任何人能与邓小平相比。

结论

邓小平在他不平凡的一生中究竟取得了哪些成就？他去世以后，中国又将会怎样呢？

在我看来，邓小平一生取得的第一项成就是担任了中国党和国家的领导职务，这也是他取得其他成就的前提条件。他很早就参加了革命，年轻是他的最大优势；当他开始信仰马克思主义时，他比当时中国共产党的第一代领导人要年轻5岁甚至更多，所以他能活得比他们长。但是20世纪20年代至30年代，他在党内的地位远远落后于他们，甚至不如与他同辈的一些人，如陈云。1945年以前，他不是中央委员，更不是政治局委员。他当选为中央委员时，已经40多岁了。1952年他从四川调到北京时，在新的国家领导人当中，也不是排在前几名。尽管1956年以后他被迅速提拔，当上了总书记，并没有人将他视为毛泽东的接班人。“文化大革命”中他被打倒了，大家以为他再也不可能东山再起了，更不用说超过周恩来、林彪或其他毛泽东的革命战友，邓小平能够东山再起的确应归功于毛：1968年他没有开除邓小平的党籍；1972年他接受了邓小平请求复出的要求，决定让他复出。当然，这也不排除邓小平政敌的愚蠢。但是，最主要的还是邓小平本人的优秀品质。他坚强、不屈不挠，并结交了很多忠诚的朋友。从1976年他再次失势到当年9月毛泽东逝世这段时间，“四人帮”一直无法对他下毒手，就是因为他的朋友保护了他。

作为一位国家领导人，邓小平取得的第二大成就是使中国走上了经济迅速发展的道路，把中国引入了国际生活的主流。在经济发展方面，他的主要贡献是把经济工作列为全党工作的重点，并且打开了中国的大门。他得到了其他人的帮助，他顺应了时代的潮流。经过20年的革命，人们渴望生活安定与经济发展。是他1978年12月在中央工作会议上的讲话，使得党中央有可能把周恩来提出的四个现代化列为“全党工作的重点”；也是他的讲话促使中央委员们当着华国锋的面否决了“两个凡是”，并决定放弃“以阶级斗争为纲”，从而消除了经济发展的障碍。

在方法上，邓小平的贡献不多。他是第一个提出“对外开放”政策的，对经济特区的发展也给予了很大的关注，并且使经济特区成为开放政策的最有力的证明。但具体的细节问题，他总是交与其他人去办。这样或许比较好。

邓小平所提倡和推动的改革，虽然脚步还有些蹒跚，但所取得的成就却是令人瞩目的。从1980年到1992年的13年间，中国的国民生产总值每年递增 8%，这一发展速度同亚洲“四小龙”相当，并远远超过了欧洲国家的发展速度（1992 年，世界银行首席经济学家撰文指出，中国比美国最近几年的经济发展速度快 6.4%，如果这一速度保持不变，11 年以后，中国的国民生产总值将超过美国）。从 1980 年到 1990 年，中国的对外贸易额从 380 亿美元增加到 1150 亿美元，中国从一个外贸活动很少的国家，进步到以外贸作为经济发展的动力。与此同时，中国所吸引的外资超过了其他发展中国家。到 1990 年，外国资本已在中国兴建或扩建了 3 万多家企业，总投资超过了 20 亿美元（还有更多的资金已签订了引进合同）。诚然，在内地一些省份，人民的生活依然很贫困，但就是在这些地区，人民的生活条件也已有了改善。

经济改革也带来了一些问题。第一是通货膨胀。1988 年到 1990 年，国家零售商品的物价指数也在上升，这与 1989 年的政治动乱不无关系。1992 年国民经济再度增长，创造了年增长 10%的好成绩，但是却又出现了新的通货膨胀。第二个问题涉及政府的财政收入。由于政府把许多产品的征税权下放到了省，因而使得各省上缴国家的税收在国家总收入中的比例从 1979 年的 47%下降到 1990 年的 16%，远远低于美国和欧洲国家。第三个问题涉及国有企业。由于国有企业要负担所有职工包括退休职工的各种福利，而且经常要按照很低的固定价格出售产品，因而，越来越多的国有企业出现了亏损。1990 年，国有企业亏损高达 200 亿美元，相当于国民收入的 5%。

问题是严重的。但是同中国经济发展所取得的成就相比，同苏联和东欧大多数国家共产党的领导结束之后所产生的动乱相比，这些问题就显得微不足道了。那么，中国共产党经济改革成功的秘密何在呢？有三点可以指出。第一，中国改革的起点是农业而不是工业和商业。随着家庭联产承包责任制的实施，粮食和轻工业所需的原材料极大地丰富起来，从而为城市改革创造了条件。第二，在实施价格改革的过程中，避免发生大的社会动荡。具体的做法是对那些旧经济体制的既得利益者和企业进行耐心的劝说，而不是强迫他们投身竞争更为激烈的经济领域。消费者也没有因通货膨胀和生活水平下降而反对改革。中国的通货膨胀率最高点是在 1988 年，为 18.50%，苏联 1991 年的通货膨胀率是 91%，而且以后更为严重。第三，置政治改革于经济改革之后。这当然令很多人感到失望，因此造成了 1989 年那场可怕的悲剧。但这也表明，国家仍然可以控制那些不赞成改革的人，诸如，计划经济体制下负责制订计划的人和享有各种福利和退休保障的大型企业的工人，改革使他们的利益受到了伤害。在没有属于自己的报纸、工会或政治组织的情况下，他们只能在党内施加他们的压力，但这些压力将会被党内相对的压力化解。换言之，整个改革计划不会因外在的政治活动而被迫停止，也不会因此而被迫修改可能对社会某一特殊团体非常不利的一些计划，即使是那些最不受欢迎的改革计划，也能继续加以实施。

这并不是说邓小平和他的同事们所采取的无产阶级专政很仁慈。不是的。也不是说，邓小平和中国共产党其他的领导人希望将来有朝一日无产阶级专政和党的领导会被多党制和行政与立法机构的竞选所代替，他们从来没有这样想过。而是说，要随着政治体制改革的逐步实施，建立一个更为开放的政治秩序。在一个发展中国家，要逐步地实行民主，只有当这个国家的经济和教育发展到一定程度时，才能彻底地实行民主。

从 1950 年到 1972 年尼克松访华之前，中国一直与世界隔绝。即使在其他一些共产主义国家人民的心目中，中国也是一块遥远和神秘的地方。当然，朝鲜、蒙古和越南除外。造成中国与世界隔绝的一个重要原因是美国自朝鲜战争后一直对中国实行封锁。另外，毛泽东本身的有些做法也是重要的原因之一。他对于世界的大多数地区不感兴趣，对于他唯一出访过的一个国家——苏联也不喜欢。因此，世界对于中国的了解越来越少，中国对于世界的认识，也同样越来越狭隘。

邓小平改变了这一切。在他的指引下，中国引进了外国的资本、技术和工商业管理规则，以满足迅速实现现代化的需要。与此同时，他让中国在处理国际与地区争端问题时，发挥与中国国力相当的影响；他改变了中国对一些问题的看法，不再强调革命和战争。在过去的十年中，中国一直致力于消除世界的紧张局势，设法使一些“热点”地区降温。中国还加入了许多国际性组织，如国际货币基金会、国际维和部队，等等。还向许多发达国家派遣了留学生，在美国就有中国留学生 3 万多人，另外她自己也接受了来自全世界各地的顾问、学者和学生。北京国际机场每天都有十几次班机飞往欧洲和美国，而 15 年前，每天只有 3 至 4 次班机。

未来的中国将会怎样呢？中国是如此之大，发展又是如此之快，因此要想预计她的未来是困难的。如果我们以中国过去的发展为借鉴的话，那么我们至少可以从四个方面描述她未来的发展趋势。

第一，政治方面。邓小平百年后，将有一个人（在 20 世纪末，中国的这位领导一定是男的）成为党的最高领导者，最后成为国家的领导人，但要经过一段时间的运作和争执。中国的传统和民主集中制都需要一位最高领导人。这并不是说集体领导将成为一句空洞的口号，而是说新的领导者的最亲密的人将是他的助手而不是他的同事。

第二，社会方面。受过高等教育的人将不断增加，社会的知识水平也将相应地提高。因而对社会与文化自由的要求将越来越强烈。受过高等教育的这些人及社会其他阶层的人将会就放弃一党执政是否明智这一问题展开争论。因此，中国可能会像香港早期那样，允许甚至加强各种自由，但多党制的进展却很缓慢。

第三，经济和社会方面。目前中国的人口已经超过了 11 亿，而且还会迅速增长，到 20 世纪末将突破 12 亿。粮食问题将成为新的问题，甚至会减少对每个家庭的粮食供应。是重新实行配给制，还是增加粮食进口，这是中国方面必须要做出的选择。

第四，政治和文化方面。西藏、新疆和内蒙古的少数民族将会要求享有更多的文化自由和政治自治。到目前为止，世界的注意力主要集中在西藏。但是，新疆的少数民族在伊斯兰教复兴主义和苏联境内伊斯兰教兄弟姐妹纷纷建立自己的国家的影响下，会更为坚定地要求文化自由与政治自治。

与此同时，中国人将要对毛泽东去世后一直领导他们的这个人（邓小平）做出判断。大多数中国人都会看到他身上的一些弱点。有些人会认为他过大于功，但绝大多数人会认为他功大于过，因为是邓小平领导他们把生活水平提高到以往闻所未闻的水平，而这是他们的父辈做梦也想不到的。

附录

邓小平生平大事年表

（1904—1997）

1904 年

8 月 22 日，生于四川省广安县协兴乡牌坊村，取名邓先圣。

1909 年

进私塾读书，学名邓希贤。

1910 年

入协兴乡初级小学学习。

1915 年

入广安县高等小学学习。

1918 年

入广安县立中学学习。

1919 年

5 月 4 日，北京爆发学生群众反帝爱国运动。

秋，考入重庆留法预备学校，同全校同学一起参加抵制日货、声讨卖国贼的活动。

1920 年

10 月，抵达法国，不久入诺曼底区巴耶男子中学学习。

1921 年

4 月，到克鲁梭市施奈德钢铁总厂当轧钢工。月底，辞去工作赴巴黎。

7 月 1 日，中国共产党成立。

10 月，进香布朗工厂做工，两星期后被解雇。

1922 年

2 月，进哈金森橡胶厂做工。

夏，参加旅欧中国少年共产党（次年改名为旅欧中国共产主义青年团，也称中国社会主义青年团旅欧支部）。

1923 年

夏，参加旅欧共青团支部工作，开始了职业革命家的生涯。

1924 年

参加旅欧共青团机关刊物《赤光》的编辑工作。

7 月，当选为旅欧共青团执行委员会书记局委员，同时转为中国共产党党员。

1925 年

春，任中共旅欧支部里昂地区特派员。

6 月至 9 月，参与组织旅法华人多次举行的声援国内五卅反帝运动的大规模示威和集会。

11 月，进雷诺汽车厂做钳工。

1926 年

1 月，赴苏联，在莫斯科中山大学学习。

1927 年

春，离苏回国，受中共派遣，到冯玉祥的国民联军所属西安中山军事学校工作，任政治处处长、学校中共组织的书记。

4 月 12 日，蒋介石在上海发动反革命政变，收缴工人纠察队武器，屠杀共产党员和进步人士。

7 月，到武汉，任中共中央秘书，更名邓小平。

8 月 7 日，列席中共中央紧急会议。会议结束了陈独秀“右倾投降主义”在中共中央的统治，确定了土地革命和武装反抗国民党反动派的总方针。

12 月，到上海，任中共中央秘书长。

1928 年

年初，和张锡瑗结婚。张于 1930 年病逝。

1929 年

夏，以中共中央代表身份前往广西，领导党的工作，准备武装起义，化名邓斌。

10 月，任中共广西前敌委员会书记。

12 月，同张云逸、韦拔群等发动百色起义，创建中国工农红军第七军，任红七军政治委员、前委书记。

1930 年

2 月，同李明瑞、俞作豫等发动龙州起义，建立中国工农红军第八军，兼任红八军政治委员。李明瑞任红七军、红八军总指挥。

在广西右江地区 11 个县建立了革命根据地。

1931 年

2 月，同李明瑞率红七军转战到江西崇义后，根据前委决定，赴上海向中共中央汇报工作。

4 月，在上海写出《七军工作报告》，详述了红七军、红八军的战斗历程。

8月，到达江西中央革命根据地，任中共瑞金县委书记。

1932年

7月，任中共会昌中心县委书记，支持毛泽东打破国民党军事“围剿”的战略战术和正确的土地政策，反对“左”倾路线。

1933年

春，任中共江西省委宣传部部长。

5月，遭“左”倾路线打击，被撤销职务，受党内“严重警告”处分，到乐安县南村当巡视员。不久，调任红军总政治部秘书长。

8月，主编红军总政治部主办的《红星》报。

1934年

10月，随中央红军长征。

年底，任中共中央秘书长。

1935年

1月，参加在贵州遵义召开的中共中央政治局扩大会议。会议确立了以毛泽东为代表的新的中央的正确领导。

6月，调任红一军团政治部宣传部部长。

10 月，中央红军长征到达陕北。

1936 年

5 月，任红一军团政治部副主任，后任主任。

1937 年

7 月 7 日，发生卢沟桥事变，中国全民族的抗日战争爆发。随后，以国共两党第二次合作为基础的抗日民族统一战线正式形成。

8 月，随周恩来、朱德、叶剑英赴南京参加国民党政府召开的国防会议。

8 月 25 日，红军改编为八路军，任政治部副主任。

1938 年

1 月，任八路军一二九师政治委员，与师长刘伯承一起在太行山区开辟晋冀豫边区抗日根据地。

9 月至 11 月，参加在延安召开的中共扩大的六届六中全会。全会确定，要不断巩固和扩大抗日民族统一战线，并重申党的独立自主地放手组织人民抗日武装斗争的方针。在会上做关于地方工作的报告。

1939 年

7 月 3 日，参加在延安召开的中共中央政治局扩大会议。

9月，同卓琳结婚，后一起回到太行山。

1940年

8月至12月，参与指挥百团大战。这是八路军在华北地区发动的一次规模最大的带有战略性的对日军的进攻战役。

1941年

4月15日，发表《党与抗日民主政权》一文，阐述中国共产党关于建立抗日民主政权的基本理论和政策。

1942年

9月，任中共中央北方局太行分局书记。

1943年

1月26日，在中共中央太行分局高级干部会议上对5年来对敌斗争做了系统总结，概括了军事、政治、经济、文化等方面对敌斗争的重要经验，并提出今后对敌斗争的方针。强调一切政策、一切工作的出发点，都必须掌握中日矛盾的实质，发展抗日民族统一战线。要以坚持敌后斗争去影响全国，争取战后团结建国。

7月2日，发表《太行区的经济建设》一文。指出发展生产是打破敌人封锁、建设根据地自给自足经济的基础，发展农业和手工业是生产的重心。

10 月 6 日，中共中央北方局与太行分局合并，任北方局代理书记，主持晋冀鲁豫地区党政军工作。

1945 年

6 月，在中国共产党第七次全国代表大会上，当选为中央委员。

8 月，日本宣布投降。此时，与刘伯承领导的抗日根据地已扩大为太行、太岳、冀鲁豫、冀南等四个地区。中共中央决定成立晋冀鲁豫中央局和晋冀鲁豫军区，任中央局书记和军区政治委员。

9 月至 10 月，为反击国民党军向解放区的进攻，同刘伯承指挥上党战役、邯郸战役。

1946 年

6 月，蒋介石大举进攻中原解放区，发动全面内战。

8 月至翌年 1 月，与刘伯承先后组织指挥了陇海、定陶、鄄城、滑县、巨（野）金（台）鱼（乡）等战役。

1947 年

5 月，任中共中央中原局书记。

6 月 30 日，同刘伯承率晋冀鲁豫野战军主力，强渡黄河，发动鲁西南战役，拉开了人民解放军全国性战略进攻的序幕。

8月，同刘伯承率野战军主力，千里跃进大别山地区。在国民党军重兵围攻中坚持了大别山斗争，把战线推进到长江北岸，在中原地区站稳了脚跟。

1948 年

5月9日，任中共中央中原局第一书记、中原军区及中原野战军政治委员。

5月25日，与刘伯承发起宛东战役。

7月，与刘伯承发起襄樊战役。

9月至翌年1月，人民解放军进行了辽沈、淮海、平津三大战役，摧毁了蒋介石赖以维持其反动统治的主要军事力量。

11月16日，中共中央军委决定由刘伯承、陈毅、邓小平、粟裕、谭震林组成总前委，邓小平任书记，指挥淮海战役。淮海战役共歼灭国民党军55万人。

1949 年

2月5日，中原野战军改编为第二野战军，任政治委员。

3月，参加中共七届二中全会，后任中共中央华东局第一书记。

3月31日，为总前委起草《京沪杭战役实施纲要》。

4 月至 5 月，同刘伯承、陈毅等指挥渡江战役，解放南京、上海及苏、皖、浙、赣、闽等省广大地区。

9 月 30 日，在中国人民政治协商会议第一届会议上，当选为中央人民政府委员。

10 月 1 日，出席中华人民共和国开国大典。

10 月 19 日，在中央人民政府委员会第三次会议上，被任命为中国人民革命军事委员会委员。

10月至12月，同刘伯承等率部进军西南，解放川、康、滇、黔等省。

11 月 23 日，任中共中央西南局第一书记。

12 月 2 日，任西南军政委员会副主席。

1950 年

2 月 22 日，任西南军区政治委员。

本年，领导西南地区的土地改革、剿匪、政权建设、恢复和发展生产。

1951 年

领导进军西藏工作。西藏和平解放。

1952 年

7 月，调北京，任政务院副总理，兼任财政经济委员会副主任，后兼任政务院交通办公室主任和财政部部长。

1953 年

10 月，出席全国粮食工作会议，代表政务院做关于实行粮食统购统销的讲话。

1954 年

1 月，在全国财政厅局长会议上讲话，提出要把国家财政放在经常的、稳固的、可靠的基础上；财政工作要有全局观念。

4 月，任中共中央秘书长。

9 月，任国务院副总理、国防委员会副主席、中共中央军事委员会委员。

1955 年

3 月，在中国共产党全国代表会议上，代表中央做《关于高岗、饶漱石反党联盟的报告》。

4 月，在中共七届五中全会上，增选为中央政治局委员。

1956 年

9 月 15 日至 27 日，中国共产党第八次全国代表大会召开，在会上做关于修改党的章程的报告，当选为中央委员。随后，在中共八届一中全会上，当选为中央政治局常务委员、中央委员会总书记。

1957年

3月至4月，到山西、陕西、甘肃等地视察工作，宣传贯彻中共八大精神。

5月15日，在中国新民主主义青年团第三次全国代表大会上，代表中共中央致祝词。

11月，随毛泽东率领的中国党政代表团出访苏联，参加十月革命40周年庆祝大会、各国共产党和工人党代表会议。

1958年

8月，出席中共中央政治局在北戴河举行的扩大会议。会议做出《关于在农村建立人民公社问题的决议》。

9月至11月，到黑龙江、吉林、辽宁、广西、云南、贵州、四川等地视察工作。

11月至12月，出席在武昌召开的中共八届六中全会，做关于人民公社若干问题决议的说明。

1959年

1月，主持中共省、自治区、直辖市委员会书记会议并做报告和总结发言。会议主要讨论年度计划、工农业生产和市场安排等问题。

4月，在中共八届七中全会上做关于经济工作和国家机构的人事配备的说明。

9月，任中共中央军事委员会常务委员。

1960年

1月，出席在广州召开的中央军委扩大会议。会议研究了人民解放军的战略方针和国防建设问题。

2月，到河南、安徽、天津等地视察工作。

3月25日，在中共中央天津会议上讲话，强调要正确宣传毛泽东思想，不要庸俗化。

11月至12月，与刘少奇率中国党政代表团参加在苏联莫斯科举行的十月革命43周年庆典和81个国家的共产党、工人党代表会议。

1961年

3月，出席中共中央在广州举行的工作会议。做反对平均主义等问题的发言。会议制定了《农村人民公社条例（草案）》（“农业六十条”）。会后在广东考察。

4月至5月，《农村人民公社条例（草案）》印发讨论后，和彭真到北京顺义县、怀柔县搞调查研究，随后写信给毛泽东，就条例中有关供给制、粮食征购、公共食堂等问题提出意见。

8月至9月，出席中共中央在庐山召开的工作会议。会议通过了由邓小平主持起草的《国营工业企业工作条例（草案）》（“工业七十条”）和《中华人民共和国教育部直属高等学校暂行工作条例（草案）》（“高教六十条”）。

1962 年

2 月 6 日，在扩大的中央工作会议（又称“七千人大会”）上讲话，强调要发扬党的革命传统，加强民主集中制。

7 月 7 日，在共青团三届七中全会上发表讲话，提出要恢复农业生产，在生产关系上不能完全采取一种固定不变的形式，哪种形式能够比较容易比较快地恢复和发展农业生产，就采用哪种形式。

1963 年

7 月，率中国共产党代表团赴莫斯科，同苏联共产党代表团举行会谈，坚决维护中国共产党的独立自主原则。

1964 年

6 月 19 日，在共青团第九次全国代表大会上，代表中共中央做政治报告。

7 月，到吉林、黑龙江等地视察工作。

1965 年

3 月，针对江青等对文艺界人士和文艺作品的错误批判，在主持召开的中央书记处会议上提出严厉批评。

11月至12月，到四川、贵州、云南等地视察工作。

1966 年

3月到4月，在西北地区视察工作。

5月，“文化大革命”开始。不久，受到错误的批判和斗争，失去一切职务。

1969 年

10月，被押送到江西省新建县，在拖拉机修造厂参加劳动。

1971 年

9月13日，林彪谋害毛泽东阴谋败露，乘飞机外逃叛国，途经蒙古温都尔汗坠落，机毁人亡。

1972 年

8月3日，致信毛泽东，希望再为党和国家多做几年工作。毛泽东批示肯定了邓小平的历史功绩。

1973 年

3月10日，中共中央做出《关于恢复邓小平同志的党组织生活和国务院副总理职务的决定》。

8月，在中国共产党第十次全国代表大会上，当选为中央委员。

12月，根据中共中央决定，任中央政治局委员、中央军委委员。

1974年

4月，率中国政府代表团前往纽约，出席联合国第六届特别会议，在会上系统阐述了毛泽东关于三个世界划分的论断。

1975年

1月，任中共中央副主席、国务院副总理、中央军委副主席、人民解放军总参谋长，主持党和国家的日常工作。开始全面整顿，纠正"文化大革命"错误。

1月至10月，在党的会议上，在关于军队、铁路、钢铁、国防工业、科教、农业等方面的工作会议上，多次发表讲话，提出各方面都要整顿，整顿的核心是党的整顿。强调要安定团结，把国民经济搞上去。整顿取得明显成效。

5月，应邀对法国进行正式访问。

年底，在"反击右倾翻案风"运动中再度受到错误批判。

1976 年

4 月，北京发生悼念周恩来总理、拥护邓小平、反对“四人帮”的“天安门事件”，被撤销一切职务。

10 月，中共中央政治局执行党和人民意志，粉碎“四人帮”。“文化大革命”结束。

1977 年

4 月 10 日，致信中共中央，提出我们必须世世代代地用准确完整的毛泽东思想来指导我们全党、全军和全国人民。5 月 3 日，中共中央批转此信，肯定了邓小平的意见。

5 月 24 日，同中央两位有关负责人谈话时指出，“两个凡是”（“凡是毛主席做出的决策，我们都坚决维护；凡是毛主席的指示，我们都始终不渝地遵循”）不符合马克思主义；一定要在党内造成一种空气，尊重知识，尊重人才。

7 月，中共十届三中全会通过决议，恢复邓小平原任的党政军领导职务。邓小平在会上讲话指出，要完整准确地理解毛泽东思想；群众路线和实事求是，是毛泽东倡导的作风中最根本的东西。

8 月至 9 月，多次召开座谈会，强调不抓科学、教育，四个现代化就没有希望。领导和推动科技和教育战线的拨乱反正。

1978 年

3 月 8 日，当选为第五届全国政治协商会议主席。

3 月 18 日，在全国科学大会开幕式上讲话，系统地论述科学技术在社会主义现代化建设中的关键作用。

9 月，率中国党政代表团访问朝鲜。后到东北三省、河北省、天津市视察，反复强调恢复实事求是的思想路线。提出，社会主义制度优越性的根本表现，就是能够允许社会生产力以旧社会所没有的速度迅速发展，使人民不断增长的物质文化生活需要能够得到满足。

10 月 10 日，会见德意志联邦共和国新闻代表团。谈话时提出，中国要实行开放政策，要引进国际上的先进技术、先进装备，作为发展的起点。

10 月 11 日，在中国工会第九次全国代表大会致辞中提出，实现四个现代化，各个经济战线不仅需要进行技术上的重大改革，而且需要进行制度上组织上的重大改革。

10 月 22 日至 29 日，访问日本，出席互换《中日和平友好条约》批准书仪式。

12 月 13 日，在中共中央工作会议闭幕会上做《解放思想，实事求是，团结一致向前看》讲话。指出，解放思想是当前一个重大政治问题。不打破思想僵化，不大大解放干部群众的思想，四个现代化就没有希望。

民主是解放思想的重要条件，必须使民主制度化、法律化。要研究新情况，解决新问题。强调如果现在再不实行改革，我们的现代化事业和社会主义事业就会被葬送。提出允许一部分地区、一部分人先富起来，是带动整个国民经济不断波浪式向前发展的大政策。这个讲话实际上是中共十一届三中全会的主题报告。

12月18日至22日，出席中共十一届三中全会。三中全会恢复了党的实事求是思想路线，停止使用“以阶级斗争为纲”的口号，做出把工作重点转移到社会主义现代化建设上来的战略决策。会议标志中国进入了改革开放的新的历史时期。

1979年

1月28日至2月6日，中美正式建立外交关系后访问美国，这是新中国领导人第一次访美。

3月30日，在中共中央召开的理论工作务虚会上，提出必须坚持四项基本原则，即坚持社会主义道路，坚持人民民主专政，坚持共产党的领导，坚持马克思列宁主义、毛泽东思想。强调这是实现四个现代化的根本前提。

6月28日，会见日本公明党第八次访华团。谈话时说，要加强民主就要加强法制，民主和法制两手都不能削弱。

10月4日，在中共省、自治区、直辖市委员会第一书记座谈会上讲话，提出经济工作是当前最大的政治。今后长期工作的重点都要放在经济工作上面。经济工作要按经济规律办事。利用外资是一个很大的政策。扩大企业自主权，有利于发展生产，必须坚持。

10 月 19 日，在全国政协、中共中央统战部宴请出席各民主党派和全国工商联代表大会代表时讲话指出，我国新的历史时期的统一战线，已经发展成为全体社会主义劳动者、拥护社会主义的爱国者和拥护祖国统一的爱国者的最广泛的联盟。

11 月 26 日，会见美国不列颠百科全书出版公司编委会副主席吉布尼和加拿大麦吉尔大学东亚研究所主任林达光等。谈话时提出，社会主义也可以搞市场经济。

12 月 6 日，会见日本首相大平正芳。谈话指出，中国 20 世纪的目标是实现小康。

1980 年

1 月 16 日，在中共中央召集的干部会议上做《目前的形势和任务》报告，强调要把经济建设当作中心，其他一切任务都要服从这个中心，围绕这个中心，决不能干扰它，冲击它。

4 月至 5 月，多次谈话指出，要充分研究如何搞社会主义建设的问题，强调不要离开现实和超越阶段。社会主义首先要发展生产力。社会主义经济政策对不对，归根到底要看生产力是否发展，人民收入是否增加。

5 月 31 日，同中央有关负责人谈农村政策问题，强调要因地制宜，实行多种形式的生产责任制。

7 月，到四川、湖南等地视察工作。

8 月 18 日，在中共中央政治局扩大会议上做《党和国家领导制度的改革》报告时指出，对现行制度存在的官僚主义、家长制作风、权力过分集中、党政不分、特权现象和干部领导职务终身制等弊端，必须进行有计划、有步骤而又坚决彻底的改革。提出要建立退休制度，干部队伍要在坚持社会主义道路和党的领导的前提下，年轻化、知识化、专业化。

8 月 21 日、23 日，会见意大利记者奥琳埃娜·法拉奇。在回答提问时说，我们要对毛泽东一生的功过做客观评价。我们将肯定毛泽东的功绩是第一位的，他的错误是第二位的。

9 月，辞去国务院副总理职务。

1981 年

6 月，中共十届六中全会通过邓小平主持起草的《关于建国以来党的若干历史问题的决议》。决议彻底否定了“文化大革命”，全面评价了毛泽东的历史地位，提出必须坚持和发展毛泽东思想。会议选举邓小平为中央军委主席。

7月2日，中共省、自治区、直辖市委员会书记座谈会上讲话提出，老干部第一位的任务是选拔中青年干部。

8月，视察新疆。

9月19日，在华北某地检阅军事演习部队，讲话时提出，要建设强大的现代化正规化的革命军队。

1982年

4月10日，在中共中央政治局会议上讲话，提出坚持社会主义道路的四项必要保证：体制改革；建设社会主义精神文明；打击经济犯罪活动；整顿党的作风和党的组织。强调一手坚持对外开放和对内搞活经济的政策，一手坚决打击经济犯罪活动。

5月6日，会见利比里亚国家元首多伊。谈话时说，我们一方面实行开放政策，一方面仍坚持自力更生为主的方针。

8月21日，会见联合国秘书长德奎利亚尔。谈话时重申，中国是第三世界的一员。反对霸权主义、维护世界和平是中国对外政策的纲领。

9月1日，在中国共产党第十二次全国代表大会上致开幕词，提出建设有中国特色社会主义的主题。

9月12日至13日，中共十二届一中全会召开，选举邓小平为中央政治局常务委员，决定他任中央军委主席。

9 月 13 日，在中共中央顾问委员会第一次全体会议上，当选为中央顾问委员会主任。

9 月 18 日，陪同朝鲜劳动党中央委员会总书记金日成去四川访问。

9 月 24 日，会见英国首相撒切尔夫人，阐述中国对香港问题的基本立场，为以后中英两国政府的谈判定了基调。

1983 年

1 月 12 日，同国家计委、国家经委和农业部门负责人谈话时指出，各项工作都要有助于建设有中国特色的社会主义，并强调农业是根本，不要忘掉。

2 月，视察江苏、浙江、上海等地。

6 月，在第六届全国人大第一次会议上，当选为中华人民共和国中央军事委员会主席。

6 月 26 日，会见美国新泽西州西东大学教授杨力宇，谈话时明确提出中国大陆和台湾和平统一的设想。

7 月 1 日，《邓小平文选（1975—1982 年）》出版发行。

7 月 8 日，同中央几位负责人谈话时提出，要利用外国智力和扩大对外开放。

7 月 19 日，在北戴河同公安部负责人谈话时指出，必须严厉打击刑事犯罪活动，保护最大多数人的安全。

10月1日，为景山学校题词："教育要面向现代化，面向世界，面向未来。"

10月12日，在中共十二届二中全会上做《党在组织战线和思想战线上的迫切任务》讲话，强调思想战线不能搞精神污染。

1984年

2月，在视察广东、福建后，肯定建立经济特区的政策是正确的，并建议增加对外开放的城市。

4月，中共中央、国务院根据邓小平的意见召开沿海部分城市座谈会，并于5月4日发出《沿海部分城市座谈会纪要》的通知，确定进一步开放14个沿海港口城市。

6月22日、23日，分别会见香港工商界访京团和香港知名人士钟士元等。在同他们谈话时指出，用"一个国家，两种制度"的办法来解决香港和台湾问题，是全国人民代表大会通过的政策，不会变。

6月30日，会见中日民间人士会议日方委员会代表团。谈话时指出，社会主义阶段的最根本任务就是发展生产力。

10月1日，在中华人民共和国成立35周年庆祝典礼上检阅部队并讲话。

10月20日，中共十二届三中全会通过《中共中央关于经济体制改革的决定》。

10月22日，在中共中央顾问委员会第三次全体会议上讲话。在谈到台湾问题时指出，我们坚持谋求用和平的方式解决台湾问题，但是始终没有放弃非和平方式的可能性，我们不能做排除使用武力的承诺。这是一种战略考虑。

10月，多次谈话指出，中国的发展离不开世界；对内搞活经济、对外开放是根本政策；对内搞活经济，首先从农村着手。中国社会是不是安定，经济能不能发展，首先要看农村能不能发展，农民生活是不是好起来。现在改革由农村转入城市，改革包括工业、商业、服务业，还包括科教、文化等领域，是全面改革。

12月19日，出席中英两国政府关于香港问题联合声明的签字仪式。

1985年

1月19日，会见香港核电投资有限公司代表团。谈话时说，中国的对外开放、吸引外资的政策，是一项长期持久的政策。我们的开放政策不会导致资本主义。

3月4日，会见日本商工会议所访华团。谈话时指出，和平和发展是当代世界的两大问题。

3月7日，在全国科技工作会议上做《改革科技体制是为了解放生产力》讲话。随后做即席讲话，强调要教育全国人民做到有理想、有道德、有文化、有纪律。

3月28日，会见日本自由民主党副总裁二阶堂进。谈话时指出，改革是中国的第二次革命。

4月15日，会见坦桑尼亚联合共和国副总统姆维尼。谈话时说，我们的经验教训最重要的一条，就是要搞清楚什么是社会主义，如何建设社会主义。

5月19日，在全国教育工作会议上讲话指出，各级党和政府要把教育工作认真抓起来。强调一个地区、一个部门，如果只抓经济、不抓教育，那里的工作重点就是没有转移好或者说转移得不完全。

6月4日，在中央军委扩大会议上宣布，中国政府决定裁减军队员额一百万，并阐述了中共十一届三中全会以后对国际形势判断和对外政策的两个重要转变。

7月11日，在听取中央负责人汇报当前经济情况时指出，没有改革就没有今后的持续发展。要抓住时机，推进改革。

8月28日，会见津巴布韦非洲民族联盟主席、政府总理穆加贝。谈话时指出，改革是中国发展生产力的必由之路。

9月23日，在中国共产党全国代表会议上讲话，强调改革中要始终坚持公有制占主体和共同富裕这两条社会主义的根本原则，要加强精神文明建设和干部理论学习。

1986年

1月17日，在中共中央政治局常委会上讲话，强调搞四个现代化一定要有两手，即一手抓建设，一手抓法制。指出，不能不讲专政，这个专政可以保证我们的社会主义现代化建设顺利进行，有力地对付那些破坏建设的人和事。

1月至2月，到四川、广西等地视察工作。

3月5日，对四位科学家提出的关于跟踪世界高技术发展的建议批示："这个建议很重要，不可拖延。"11月，中共中央、国务院批准《高技术研究发展计划纲要》，简称"863"计划，"863"指1986年3月。

3月28日，会见新西兰总理朗伊。谈话时说，我们现在搞两个文明建设，一是物质文明，一是精神文明。实行开放政策必然会带来一些坏的东西，我们依靠人民的力量，用法律和教育这两个手段来解决这个问题。

4月19日，会见香港知名人士包玉刚、王宽诚、霍英东、李兆基等。谈话时说，教育是一个民族最根本的事业。

8月，视察天津市。

9月2日，接受美国哥伦比亚广播公司"60分钟"节目记者迈克·华莱士电视采访，就中苏、中美关系问题，台湾问题，改革和现代化建设问题等回答了记者的提问。

9月28日，在中共十二届六中全会讨论关于社会主义精神文明建设决议草案时讲话指出，我们搞的四个现代化是社会主义的四个现代化，搞自由化就是要把我们引导到资本主义道路上去，就会破坏我们安定团结的政治局面。

9月至11月，多次谈话阐述政治体制改革要与经济体制改革相适应，要向着三个目标进行：一是始终保持党和国家的活力，主要是指导领导层干部的年轻化；二是克服官僚主义，提高工作效率；三是调动基层工人、农民、知识分子的积极性。

12月19日，在听取中央几位负责人汇报当前经济情况和明年设想时指出，企业改革主要是解决搞活国有大中型企业的问题，金融改革的步子要迈大一些。

1987年

1月至3月，针对1986年年底一些高等院校少数学生闹事，多次谈话指出，要加强四项基本原则教育，旗帜鲜明地反对资产阶级自由化；要有领导、有秩序地进行社会主义建设。

2月6日，同中共中央几位负责人谈话时指出，计划和市场都是发展生产力的方法，只要对发展生产力有好处就可以利用。

4月13日，出席中葡两国政府关于澳门问题联合声明的签字仪式。

4 月 16 日，会见香港特别行政区基本法起草委员会委员并讲话，阐述按“一国两制”方针解决统一问题后，对香港、澳门、台湾政策要真正能做到 50 年不变，50 年以后也不变，就要保证大陆社会主义制度不变。

4 月 30 日，会见西班牙工人社会党副总书记、政府副首相格拉。谈话时系统阐述中国经济发展分三步走的战略目标。第一步，在 20 世纪 80 年代人均国民生产总值翻一番，达到 500 美元，解决温饱问题。第二步，到 20 世纪末再翻一番，达到人均 1000 美元，实现小康。第三步，在 21 世纪用 30 年到 50 年再翻两番，实现人均 4000 美元，达到中等发达国家的水平。

6 月 12 日，会见南斯拉夫共产主义者联盟中央主席团委员科罗舍茨。谈话时提出，中国要加快改革开放的步伐。在谈到党与党之间要建立新型关系时说，任何大党、中党、小党，都要相互尊重对方的选择和经验，对别的党、别的国家的事情不应随便指手画脚。

7 月 4 日，会见孟加拉国总统艾尔沙德。谈话时指出，中国方针政策有两个基本点。一是实行改革开放，二是坚持四项基本原则。这两个基本点是相互依存的。

8 月 29 日，会见意大利共产党领导人约蒂和赞盖里。谈话时指出，中国处在社会主义初级阶段，一切都要从这个实际出发，根据这个实际来制定规划。

10月13日，会见匈牙利社会主义工人党总书记卡达尔。谈话时说，整个社会主义历史阶段的中心任务是发展生产力。贫穷不是社会主义，发展太慢也不是社会主义。

11月，根据中共十三届一中全会决定，任中央军委主席。

1988年

1月23日，在一份关于加快沿海地区对外开放和经济发展的报告中批示："完全赞成。特别是放胆地干，加速步伐，千万不要贻误时机。"

5月25日，会见捷克斯洛伐克共产党中央总书记雅克什。谈话时指出，我们现在要进一步改革，进一步开放。我们的思想要更解放一些，改革开放的步子要更快一些。改革开放要贯穿中国整个发展过程。中国解决所有问题的关键是要靠自己的发展。

9月5日，会见捷克斯洛伐克总统胡萨克。谈话时提出，科学技术是第一生产力。

9月12日，在听取关于价格和工资改革初步方案汇报时指出，要注意教育和科学技术，千方百计把教育问题解决好，这是一个战略方针问题；改革要成功，就必须有领导、有秩序地进行。中央要有权威。要在中央统一领导下深化改革。

10月24日，视察北京正负电子对撞机工程时强调，中国必须在世界高科技领域占有一席之地。

11月2日，在祝贺广西壮族自治区成立30周年时题词：“加速现代化建设，促进各民族共同繁荣。”

12月21日，会见印度总理拉吉夫·甘地。谈话时提出，要以和平共处五项原则为准则建立国际政治新秩序和国际经济新秩序；应当把发展问题提到全人类的高度来认识。

1989年

2月26日，会见美国总统布什。谈话时指出，中国的问题，压倒一切的是需要稳定。离开国家的稳定就谈不上改革开放和搞经济建设。

3月4日，同中共中央负责人谈话，指出中国不允许乱。十年来最大失误是在教育方面，对青年的政治思想教育抓得不够，教育发展不够。

4月，针对北京发生的动乱，两次发表谈话，对中共中央政治局常委会关于平息动乱、稳定局势的决定，表示完全赞同和支持。主张旗帜鲜明地反对动乱。

5月16日，会见苏联最高苏维埃主席团主席、苏共中央总书记戈尔巴乔夫，宣布中苏关系实现正常化。

5月至6月，在平息动乱前后提出，中国共产党要组成一个实行改革的有希望的第三代领导集体。新的领导集体要以江泽民为核心。在谈到当务之急时强调，要在更大胆地改革开放和惩治腐败方面做几件使人民满意的事情，常委会要聚精会神地抓党的建设。

6月9日，接见首都戒严部队军以上干部，并发表重要讲话，指出这次事件爆发出来，促使我们冷静地考虑过去和未来，党的“一个中心、两个基本点”的基本路线、十一届三中全会以来制定的一系列方针、政策，包括改革开放、“三部曲”发展战略目标，都没有错。今后要继续坚定不移地照样干下去。

6月，中共召开十三届四中全会，选举江泽民为中央委员会总书记。

8月，《邓小平文选（1938—1965年）》出版发行。

9月4日，同中共中央几位负责人谈话时指出，中国肯定要沿着自己选择的社会主义道路走到底，谁也压不垮我们。对国际局势我们要冷静观察，稳住阵脚，沉着应付。

11月，中共十三届五中全会同意邓小平辞去中共中央军委主席的请求。

11月20日，会见编写第二野战军战史的老同志，畅述第二野战军的光辉战斗历程。

12月1日，会见以樱内义雄为团长的日本国际贸易促进协会访华团主要成员。谈话时指出，国家的主权和安全要始终放在第一位。

1990 年

2月17日，会见出席香港特别行政区基本法起草委员会第九次全体会议的委员。

3月3日，同中共中央几位负责人谈话时指出，中国能不能顶住霸权主义、强权政治的压力，坚持社会主义制度，关键就看能不能争得较快的增长速度，实现我们的发展战略。

3月，第七届全国人大第三次会议接受邓小平辞去中华人民共和国中央军事委员会主席职务。

1991 年

1月至2月，视察上海。同上海市负责人谈话时提出，抓紧开发浦东，不要动摇，一直到建成；希望上海人民思想更解放一点，胆子更大一点，步子更快一点。

8月20日，同中共中央几位负责人谈话时指出，坚持改革开放是决定中国命运的一招。

1992 年

1月至2月，到武昌、深圳、珠海、上海等地视察，发表重要谈话，分析了国际国内形势，总结了十一届三中全会以来党的基本实践和基本经验，明确回答了经常困扰和束缚人们思想的许多重大认识问题。指出，计划和市场都是经济手段，不是社会主义与资本主义的本质区别。社会主义的本质，是解放生产力，发展生产力，消灭剥削，消除两极分化，最终达到共同富裕。提出判断是非的标准，主要看是否有利于发展社会主义社会的生产力，是否有利于增强社会主义国家的综合国力，是否有利于提高人民的生活水平。强调要抓住机遇，大胆改革，加快发展，坚持党的基本路线一百年不动摇。

10 月，中国共产党召开第十四次全国代表大会。会议确定经济体制改革的目标是建立社会主义市场经济体制，提出用邓小平建设有中国特色社会主义理论武装全党的战略任务。邓小平会见了出席十四大的全体代表。

1993 年

11 月 2 日，《邓小平文选》第三卷出版发行。中共中央举行学习《邓小平文选》第三卷报告会，江泽民发表重要讲话。

1994 年

11 月 2 日，经修订增补的《邓小平文选（1938—1965 年）》《邓小平文选（1975 ~ 1982 年）》，改称《邓小平文选》第一卷、第二卷出版发行。

1995 年

5 月 10 日，中共中央发出《关于印发〈邓小平同志建设有中国特色社会主义理论学习纲要〉的通知》。《通知》指出：中央宣传部组织编写的《纲要》比较全面准确地反映了《邓小平文选》的思想，有助于更好地理解建设有中国特色社会主义理论的科学体系。要求各级党委组织干部认真深入研读邓小平著作，把《纲要》的学习纳入建设有中国特色社会主义理论的学习计划。

5 月 26 日，中共中央文献研究室编辑的《邓小平建设有中国特色社会主义论述专题摘编》(新编本)，由中央文献出版社出版。新编本按照《邓小平文选》第二卷和第三卷的版本，对 1993 年 1 月编辑出版的《邓小平关于建设有中国特色社会主义的论述专题摘编》进行了增补修订，专题由原来的 9 个扩展为 20 个，篇幅由原来的 18 万字增加到 32 万字。

1996 年

7 月 24 日，《邓小平文选》一卷本中文繁体字版在香港出版。《邓小平文选》一卷本，是根据已出版的《邓小平文选》一至三卷选编而成，收入作者 1956 年至 1992 年的 80 篇文稿。该书由中共中央文献研究室编辑，人民出版社和三联书店（香港）有限公司联合出版。

1997 年

1 月 1 日，十二集电视文献纪录片《邓小平》，在中央电视台第一套节目开始播出。这是一部全面反映邓小平光辉业绩和伟大理论，真实再现邓小平革命生涯和伟人风采的电视文献纪录片。这部文献纪录片由中共中央文献研究室和中央电视台联合摄制。邓小平在医院病房观看了这部电视文献纪录片。

2 月初，春节前夕，在医院会见前来看望的江泽民等中央领导人。在谈话中，请江泽民等转达他对全国各族人民的节日祝贺，并希望在以江泽民为核心的党中央领导下，把今年恢复对香港行使主权和召开党的十五大这两件大事办好。

2 月 19 日，21 时 08 分逝世，终年 93 岁。同日，中共中央、全国人大常委会、国务院、全国政协、中央军委发布《告全党全军全国各族人民书》，宣告：邓小平患帕金森病晚期，并发肺部感染，因呼吸循环功能衰竭，抢救无效，在北京逝世。《告全党全军全国各族人民书》高度评价：邓小平是我党我军我国各族人民公认的享有崇高威望的卓越领导人，伟大的马克思主义者，伟大的无产阶级革命家、政治家、军事家、外交家，久经考验的共产主义战士，我国社会主义改革开放和现代化建设的总设计师，建设有中国特色社会主义理论的创立者。

摄影（按姓氏笔画排列）

于　志	毛众役	马俊田	邓　林	邓　楠
邓　榕	王　刃	王中元	王传国	王达军
王景英	王敬德	王新庆	车　夫	朱　果
刘　峰	刘少山	刘东鳌	刘立松	刘建国
刘铁生	刘晨庚	那爱德（美）	吕厚民	吕相友
庄　唯	汤孟宗	孙　侯	齐铁砚	陈沫军
邹健东	吴化学	吴寿庄	吴锦生	宋佑民
张　彬	张问渔	张宝忠	张桂玉	张董芬
张燕辉	杜万英	杜修贤	杜荣春	杜铁柯
杨　飞	杨绍明	杨武敏	杨明辉	李　丹
李　平	李　煊	李广佑	李广宽	李书良
李生南	李治元	李保国	李秋蔚	李振森
周万平	单兰山	林　扬	林群英	武基国
孟庆彪	孟昭瑞	和　坪	侯　波	柳中央
胡　痴	胡宝玉	段继文	胥志成	赵天聘
俱孟军	高　帆	郭占英	袁　苓	袁　浩
袁克忠	徐肖冰	唐理奎	钱嗣杰	黄本强
黄道明	崔宝林	梦　珊	梁双明	章　洁
谢　奇	谢丰泉	谢秀栋	彭　红	贾朝正
楚　英	谭先德	熊雪夫	裴　植	薛铁军

声　明

在此，我们对为本书做出了贡献的人们，一并表示最衷心的谢忱。由于种种原因，个别图片作者的姓名可能有遗漏，在此深表歉意。

需要说明的是，对部分图片作者，因地址不详而无法联系，也无法支付稿酬。请作者见书后与我们联系。